Der zweite Fall für das deutsch-österreichische Ermittlerteam Alexa Jahn und Bernhard Krammer

Nichts geht mehr in der Grenzregion Karwendel, heftige Schneefälle bringen über Nacht alles zum Erliegen. Mitten im Chaos verschwindet in der Jachenau eine junge Frau auf dem Weg zum Geburtstagsessen bei ihren Eltern. In Innsbruck kommt es zu einem Zwischenfall in einem Studentenwohnheim, zwei Studentinnen werden seither vermisst, alles deutet auf einen gewaltsamen Übergriff.

Oberkommissarin Alexa Jahn und Chefinspektor Bernhard Krammer tun ihr Möglichstes, um die Ermittlungen voranzutreiben und unter den erschwerten Bedingungen grenzübergreifend zusammenarbeiten. Als zwei weitere Vermisstenmeldungen eingehen – dieses Mal handelt es sich um ein junges Paar – ist den Ermittlern klar, dass das kein Zufall mehr sein kann und dass die Fälle mit großer Sicherheit zusammenhängen.

Bald beschleicht Bernhard Krammer eine ungute Ahnung, er fühlt sich an einen alten Fall erinnert. Doch noch bevor er Alexa Jahn einweihen kann, gerät sie in große Gefahr …

»Das ist hochspannend, kompliziert, einleuchtend und doch auch wieder verblüffend einfach. Genial fügen sich wie bei einem Puzzle alle Teile zusammen.« Süddeutsche Zeitung zu »Grenzfall – Der Tod in ihren Augen«

Weitere Informationen finden Sie unter www.fischerverlage.de

Anna Schneider

GRENZ FALL

Ihr Schrei
in der
Nacht

Kriminalroman

FISCHER Taschenbuch

Aus Verantwortung für die Umwelt hat sich der S. Fischer Verlag zu einer nachhaltigen Buchproduktion verpflichtet. Der bewusste Umgang mit unseren Ressourcen, der Schutz unseres Klimas und der Natur gehören zu unseren obersten Unternehmenszielen.

Gemeinsam mit unseren Partnern und Lieferanten setzen wir uns für eine klimaneutrale Buchproduktion ein, die den Erwerb von Klimazertifikaten zur Kompensation des CO_2-Ausstoßes einschließt.

Weitere Informationen finden Sie unter: www.klimaneutralerverlag.de

FSC
www.fsc.org
MIX
Papier aus verantwortungsvollen Quellen
FSC® C014496

Originalausgabe
Erschienen bei FISCHER Taschenbuch
Frankfurt am Main, Februar 2022

Redaktion: Carlos Westerkamp

Satz: Fotosatz Amann, Memmingen
Druck und Bindung: GGP Media GmbH, Pößneck
Printed in Germany
ISBN 978-3-596-70546-7

Für Noah

1.

Der Schnee knirschte unter den Sohlen ihrer dicken Fellstiefel. Es war das einzige Geräusch, das sie ausmachen konnte. Die dicht fallenden Schneeflocken verschluckten jeden anderen Laut. Bis zur Hälfte des Schienbeins sank sie in den Neuschnee ein und schwitzte vor Anstrengung, trotz der eisigen Kälte. Zum Schutz senkte sie den Kopf, konnte ohnehin kaum die Hand vor Augen sehen. Sie musste sich einfach geradeaus halten, bis die ersten Häuser in Sicht kamen.

Warum war sie nur so spät losgefahren? Im ersten Moment war sie wütend auf den Taxifahrer gewesen, hatte ihm die Schuld in die Schuhe geschoben, weil er sich geweigert hatte, sie bis zu ihrem Elternhaus zu bringen. »Unbefahrbar. Ich bin doch nicht lebensmüde«, hatte er bloß geantwortet und war weder mit Worten zu erweichen noch mit Geld zu bestechen gewesen, sie weiter als zum Loipenparkplatz beim Dannerer zu bringen. Er war einfach umgedreht und hatte sie dort mit ihrer Tasche stehen lassen.

In Wahrheit trug sie selbst die Verantwortung dafür, dass sie diesen Marsch jetzt unternehmen musste. Wie jedes Mal hatte sie ihre Abfahrt bis zum allerletzten Augenblick hinausgezögert. Dabei waren sämtliche Wettervorhersagen katastrophal gewesen. Ihre Mutter hatte ihr mehrmals auf den Anrufbeantworter gesprochen, dass die Verkehrsbedingungen äußerst schlecht waren und sie sich Sorgen mache, dass Juliane nicht heil nach Hause kommen würde.

Aber vor ein paar Stunden war die Vorstellung, das warme Bett zu verlassen, in dem sie mit David gelegen hatte, der immer wieder sanft die empfindliche Stelle an ihrem Hals küsste, und stattdessen in die eisige Kälte einzutauchen, die seit ein paar Tagen in Oberbayern herrschte, keine reizvolle Alternative gewesen. Deshalb hatte sie ihre Bedenken stumm gestellt und lachend die Decke über ihre Köpfe gezogen, um noch einmal in der Wärme seiner Umarmung zu versinken und seine Zärtlichkeiten zu genießen, von denen sie beide nicht wussten, wohin sie führen würden. Für sie zählte nur dieser Moment, und David war eindeutig das beste Geburtstagsgeschenk, das sie sich vorstellen konnte.

Nun ärgerte sie sich jedoch. Wenn sie weiterhin in dem Tempo vorwärtskam, würde sie erst weit nach 19 Uhr das Haus ihrer Eltern erreichen. Der allabendliche Kirchgang ihrer Mutter dürfte bei der Witterung sowieso ausfallen, insofern wäre die Uhrzeit im Grunde kein Problem. Aber sie ahnte, wie frostig die Begrüßung sein würde, wenn sie sich so sehr verspätete, das Gemüse längst verkocht und der Braten trocken war. Sie spürte sie schon, die Blicke ihres Vaters, der noch nie etwas für sie übriggehabt hatte. »Stundenlang steht deine Mutter in der Küche, reibt sich auf für dich. Und das ist dein Dank?! Na sauber.«

Sie hielt kurz an, blickte in den dunklen Nachthimmel. Kein Stern war zu sehen, nichts als Millionen weißer Punkte, die sich aus den Wolken entluden. Unaufhörlich. Und es wurden immer mehr.

Nur die höheren Schneemassen auf den Seitenstreifen

ließen erahnen, wo die Straße ungefähr entlangführte. Wenn der Wind weiter so kräftig über das Land zog, konnten die Schneewehen sie jedoch täuschen. Zwar war sie hier groß geworden und kannte die Gegend wie ihre Westentasche – doch sie wusste auch, wie gefährlich es in dieser Jahreszeit sein konnte, allein im Schnee zu laufen.

Mit zitternden Händen zog sie ihr Handy hervor, um ihre Mutter anzurufen. Aber wie schon befürchtet, hatte sie keinen Empfang. In dem Tal gab es so manche Lücke im Funknetz. Also nahm sie Tempo auf, um zügig nach Hause zu kommen.

Sie tröstete sich damit, dass es dort warm war, ein leckeres Essen auf dem Herd stand, das sie für die Strapazen entschädigen würde. Kurz flammte die Erinnerung an David auf und entlockte ihr einen tiefen Seufzer. Nein, sie durfte nicht an ihn denken, sonst würde sie sofort wieder umdrehen.

Natürlich freute sie sich auf ihre Mutter und war gerührt gewesen, dass sie sie an ihrem Geburtstag bekochen wollte. Sie würde ihr Lieblingsessen machen: Schweinebraten mit Blaukraut und Knödeln. Und zum Nachtisch noch eine richtige Geburtstagstorte.

Aber mit ihrem Vater an einem Tisch zu sitzen, weckte schlimme Erinnerungen. Nicht nur, dass er die meiste Zeit übel roch. Er schien seinen Schweiß zu lieben, ihn als Bestandteil seiner selbst zu sehen, den andere genauso zu ertragen hatten wie seine Bosheiten und seine schlechten Manieren. Nach jeder Mahlzeit, die in der Regel schweigend verlief, schob er seinen Teller von sich, lehnte sich zurück und rülpste laut. Sie war sich sicher, er tat es, weil ihre Mutter sich so sehr davor ekelte, dass sie sofort aufhörte zu essen. Schließlich sollte sie nicht fett werden, das sagte er ihr immer wieder. Danach rieb er sich seinen ausladenden Bauch und begann, mit den Fingernägeln seine Zahnzwischenräume zu reinigen.

Juliane verzog sich jedes Mal rasch mit dem Geschirr in die Küche, ihre Mutter brachte ihm noch sein Bier ins Wohnzimmer und stellte den Fernseher an. Dann konnte der gemütliche Teil des Abends beginnen. Juliane und ihre Mutter saßen gemeinsam am kleinen Küchentisch und tauschten mit gedämpfter Stimme Neuigkeiten aus, über ihr Leben in der Stadt und über die Leute im Dorf, bis es Schlafenszeit war.

Nachdem sie eine weitere Kurve gelaufen war, spähte sie in den dichten Flockenvorhang und hoffte, schon die erleuchteten Fenster des geduckten Holzhauses zu sehen. Aber sie war noch immer zu weit weg.

Auch dem war sie entflohen. Den dunklen Räumen mit viel zu winzigen Fenstern, die kaum Helligkeit nach innen ließen. Den fast schwarz gebeizten, massiven Möbeln und dem stickigen Geruch nach verbranntem Holz, der sich auf die Stimmbänder legte und das Atmen erschwerte.

In der Ferne tauchten plötzlich helle Scheinwerfer auf. Erst dachte sie, sie würde es sich nur einbilden, aber dann hörte sie es: Ein Schneemobil kam auf sie zu. Erleichtert stellte sie sich mitten auf den Weg, hob die Arme und winkte, damit der Fahrer sie sehen konnte. Bestimmt war es jemand von der Bergwacht, der sie nach Hause bringen konnte.

Als das Fahrzeug vor ihr zum Stehen kam, strahlten ihr die gleißenden Scheinwerfer direkt ins Gesicht. Geblendet wandte sie den Kopf ab und musste blinzeln. Als sie wieder hochsah, hob sie die Hand zum Schutz, doch bevor sie erkennen konnte, wen sie vor sich hatte, spürte sie einen harten Schlag an der Schläfe, der helle Lichtpunkte vor ihren Augen tanzen ließ.

»Nummer fünf«, hörte sie eine tiefe Männerstimme sagen. »Jetzt kann die Party beginnen.«

Und während sie zu Boden sank, in den weißen Schnee, wärmte ein Rinnsal von Blut ihre Wange.

Warte nicht darauf, dass irgendjemand dich einlädt.
Veranstalte deine eigene Party.
Die Gäste sollten etwas Besonderes sein.
Alle handverlesen.

2.

Der Schnee fiel dichter und Alexa Jahn zog den Kragen ihrer wattierten Jacke enger. Sie schaute auf ihr Smartphone. Da sie viel zu früh dran war, musste sie wohl oder übel noch zwanzig Minuten auf der Ludwigsbrücke oberhalb des Auer Mühlbachs ausharren, wo sie sich verabredet hatte. Die Temperaturen waren in den letzten Tagen rapide nach unten gegangen, und es schneite seit Mittag ohne Unterlass. In den Bergen war vor Unwettern gewarnt worden, aber in München war davon bisher nicht viel zu merken. Der nasse Schnee taute schnell weg, und es lag nicht mehr als eine dünne weiße Schicht über allem.

Unablässig rauschte der Freitagabendverkehr an ihr vorbei, die Fahrzeuge dicht an dicht. Kalter Dunst stieg aus der mit hohen Bäumen bestandenen Senke auf, in der sich die Muffathalle befand, wo sie heute zu einem Popkonzert wollte, das kurzfristig wegen eines Rohrbruchs vom Backstage in diese Location verlegt worden war. Sie hatte einen früheren Zug genommen, um zuvor noch durch die Geschäfte in der Innenstadt zu ziehen, aber ein erneuter Anruf ihrer Mutter hatte ihr die Lust darauf gründlich verdorben.

Die schien offenbar nicht begreifen zu wollen, dass ihr absolut nicht nach Reden zumute war. Seit Tagen klingelte nach Feierabend das Telefon. In unregelmäßigen Abständen immer und immer wieder. Alexa hatte es längst aufgegeben, die Nachrichten abzuhören, die ihre Mutter jedes Mal auf der Mailbox hinterließ. Sie konnte sich die ewige Litanei an Entschuldigungen sparen.

Im Gegenteil: Es machte sie nur noch wütender. Ihre Mutter Susanna hatte genau gewusst, was sie tat, und hatte sich die Konsequenz selbst zuzuschreiben.

Kurz entschlossen stellte Alexa ihr Telefon einfach lautlos. Wenigstens heute wollte sie ihre Ruhe haben, feiern und tanzen, vor allem aber an etwas anderes denken.

Erst vor wenigen Tagen hatte sie von ihrer Mutter erfahren, dass ihr Vater nicht so unauffindbar war, wie sie sie immer hatte glauben lassen. Im Gegenteil: Er hatte nicht die leiseste Ahnung gehabt, dass es sie, Alexa, überhaupt gab. Und bei ihrem allerersten Fall bei der Weilheimer Kriminalpolizei hatte Alexa im Rahmen einer grenzübergreifenden Ermittlung ausgerechnet mit diesem Mann zusammengearbeitet. Fassen konnte sie es immer noch nicht. Und sie hatte auch keinen blassen Schimmer, wie sie mit dieser Information umgehen sollte. Deshalb hatte sie bislang versucht, ihn und das ganze Thema so weit wie möglich zu ignorieren. Was ihr nicht schwergefallen war, bei all der Arbeit in der neuen Dienststelle.

Nur eines ließ sich nicht wegdrücken: die Enttäuschung über das Verhalten ihrer Mutter, die alles andere überlagerte. Sie hatte immer fest daran geglaubt, sie beide seien ein perfektes Team, stets füreinander da. Ihr konnte sie blind vertrauen. Aber die Tatsache, dass Susanna ihre Schwangerschaft für sich behalten und ihr Vater dadurch bis heute nie etwas von Alexas Existenz erfahren hatte, setzte alles, was gewesen war, in ein anderes Licht.

Am schlimmsten aber wog für Alexa, dass ihre Mutter ihr damit die Chance genommen hatte, ihn überhaupt kennenzulernen. Ohne diesen gewaltigen Zufall vergangene Woche hätte sie womöglich nie von seiner Existenz erfahren.

Zwar musste sie der Fairness halber einräumen, dass sie bisher nichts vermisst hatte. Aber das lag vielleicht nur daran, dass sie gar nicht wusste, wie sich ein echtes Familienleben angefühlt hätte. Ein Leben mit zwei Elternteilen. Susannas Entscheidung war unfair und egoistisch – auch ihrem leiblichen Vater gegenüber.

Das hatten sie beide nicht verdient.

Seit dem Telefonat und Susannas Eingeständnis stellte Alexa jedoch auch alles andere in Frage, was sie zuvor mit ihrer Mutter verbunden hatte. Denn Susanna selbst war es gewesen, die Ehrlichkeit ständig als höchstes Gut gepriesen hatte. Und hatte dennoch ihre Tochter derart hintergangen. Der reinste Hohn.

Deshalb weigerte Alexa sich bislang auch, mit ihr zu reden. Ihre Wut war riesig, und sie hatte Angst, dieses Gespräch könnte zu einem Bruch führen, der sich nicht mehr kitten ließ. Denn trotz allem blieb ihre Mutter der wichtigste Mensch in ihrem Leben.

Ihre erste Woche in der neuen Inspektion war zum Glück so turbulent gewesen, dass sie sich die meiste Zeit hatte ablenken können. Die Berichte und Auswertungen des letzten Falls, das Kennenlernen aller Kollegen und der Gegebenheiten vor Ort hatten die Tage im Nu vergehen lassen. Die Abende in ihrem Zimmer in der Pension in Weilheim, in dem sie sich noch immer fremd fühlte, waren hingegen lang und trist gewesen.

Gedankenverloren starrte Alexa auf die bunten Lichter, die vor der Halle glitzerten, und beobachtete die Konzertbesucher, deren Fußtritte sich im Schnee deutlich abzeichneten.

Das Martinshorn eines Polizeifahrzeugs zog für einen Moment ihre Aufmerksamkeit auf sich. Nur mit Mühe konnte sich der Wagen einen Weg durch den Feierabendstau bahnen. Am liebsten hätte Alexa sich auf die Straße gestellt und den Verkehr geregelt, damit die Einsatzkräfte besser durchkamen. Sie musste sich zwingen, woanders hinzusehen.

Weiter oben am Anstieg zum Gasteig hob plötzlich jemand die Hand. Es war Line Persson. Ihre blonden, schulterlangen Haare trug sie zu einem Pferdeschwanz gebunden, der bei jedem Schritt hin und her schwang. Alexa hatte die Psychologin, die im gleichen Alter wie sie selber war und aus Schweden stammte, letzte Woche im Rahmen ihrer Arbeit kennengelernt und sich auf Anhieb mit ihr verstanden.

Freudig winkte Alexa zurück und beschloss, die trübseligen Gedanken für heute komplett auszublenden. Diesen Abend würde sie sich weder von ihrer Mutter noch von dem Schneegestöber, das nun immer dichter wurde, verderben lassen.

»Wartest du schon lange?«, fragte Line und deutete auf Alexas Haare. »Du bist ja ganz nass!«

»Alles gut, ich bin nicht aus Zucker. Drinnen ist es warm, da trocknen die sicher ganz schnell.«

Line strahlte über das ganze Gesicht. Ihre gute Laune wirkte ansteckend, also hakte Alexa sich spontan bei ihr unter, und gemeinsam liefen sie über das rutschige Kopfsteinpflaster zu dem Veranstaltungsgebäude hinab, vor dem bereits eine Menschenschlange auf den Einlass wartete.

»Und wie lange kennst du diesen Konstantin schon?«, fragte Line, als sie kurze Zeit später ihre Winterjacken in dem Garderobenzelt neben dem Eingang des Ampere, der kleineren der beiden Hallen des Muffatwerks, abgaben. Alexa nahm die Zettel mit den Nummern entgegen und schlang die Arme um den Oberkörper.

»Ehrlich gesagt kenne ich ihn gar nicht richtig«, antwortete sie. »Er war einer der Zeugen bei dem Fall vergangene Woche, weil er früher mal zur Miete in demselben Haus in Bad Tölz gewohnt hat wie das Opfer. Bei der Befragung hat er mir von diesem Konzert erzählt.«

»Nicht wahr!« Line zwinkerte ihr zu. »Du scheinst ja ein ganz besonderes Vertrauensverhältnis zu deinen Zeugen aufzubauen, wenn er dich spontan zu einem Konzert einlädt. Alle Achtung!«

»Seine Wohnung war voller Gitarren und Konzertposter«, fügte Alexa eilig hinzu und machte eine wegwerfende Geste, um zu überspielen, dass sie sich irgendwie ertappt fühlte.

»Ist das denn in Ordnung, ich meine, kriegst du da keinen Ärger?«, fragte Line nach. »Ich trenne das immer ganz strikt, das Berufliche und das Private.«

»Der Fall ist doch schon abgeschlossen«, bemerkte Alexa hastig, der es unangenehm war, dass Line so auf dieser Sache herumritt. »Außerdem hat er ja nichts verbrochen. Wie gesagt, er war nur ein Zeuge.« Dann setzte sie nach: »Und so ganz perfekt gelingt dir die Trennung ja wohl nicht. Immerhin kennen wir uns auch von der Arbeit.«

»Auch wieder wahr«, sagte Line lächelnd und schüttelte den Schnee von ihrem blonden Pferdeschwanz.

Endlich waren sie bei den Ordnern am Eingang der Halle

angelangt. »Hallo. Ich müsste auf der Liste stehen. Alexa Jahn mit Begleitung.«

Alexa spürte einen Seitenblick von Line. Kein Wunder, denn tatsächlich durfte Alexa als Beamtin so etwas eigentlich nicht annehmen. Zudem war die Frau, die die Gästeliste durchging, schon fast am Ende angelangt, ohne sie zu finden. Machte sie sich hier gerade zum Narren? War die Einladung nur eine hohle Floskel gewesen?

»Wie war noch gleich der Name?«, fragte die Ordnerin nach.

»Jahn«, wiederholte Alexa und buchstabierte ihren kurzen Namen. »Konstantin Bergmüller wollte mich auf die Liste setzen. Er ist bei Teachers Rock, der Vorgruppe.«

»Ach, sagen Sie das doch gleich!« Die Ordnerin schlug die Seite auf ihrem Klemmbrett um, und eine weitere, wesentlich kürzere Namensliste kam zum Vorschein. »Da steht ihr. Viel Spaß dann.«

Sie drückte ihnen einen Stempel auf den Handrücken, und gleich darauf fanden sie sich in einem Vorraum wieder, von dem es rechts in die Halle ging. Line verschwand noch einmal zur Toilette. »Bevor da gleich wieder eine riesige Schlange ist.«

Die Beleuchtung war bereits gedimmt, nur oberhalb der Theke erhellten Lichtinstallationen den Raum. Vor der Bühne, auf der schon die Instrumente bereitstanden, drängten sich die Fans der Hauptgruppe, die bunte Plakate mit sich führten und bayerische Trachtenhüte trugen. Die Musik kam vom Band, und Alexa musste brüllen, um zwei Bier zu bestellen. Dann sicherte sie einen Platz auf der kleinen Empore, die sich seitlich auf gleicher Höhe mit der Bühne befand. Von dort hatten sie einen guten Blick auf die Band, standen aber nicht gedrängt in den Massen. Sie stellte die Getränke auf dem Boden ab und betrachtete neugierig die Leute im Saal. Sofort fiel ihr auf, dass das Publikum vorwiegend aus Frauen bestand. Viele hatten sich extrem zurechtgemacht, trugen trotz der Kälte draußen Lederhosen und tief ausgeschnittene Tops, hatten oft auch bunte Trachtentücher umgebunden. Lässig, aber ziemlich sexy.

Sie selbst hatte sich für ein Ringelshirt, eine Strickjacke, Jeans und hohe Boots mit dicker Sohle entschieden. Sie hatte sich nie besonders für Mode interessiert, ihr war es vor allem wichtig, dass ihre Kleidung bequem war. Line war zwar ähnlich gekleidet wie sie selbst, dennoch fühlte Alexa sich in ihrem praktischen Look plötzlich irgendwie fehl am Platz.

In dem Moment lief jemand eilig auf die Bühne. Alexa strich sich die nassen Ponysträhnen aus der Stirn, und ihr Blick folgte dem Mann gespannt. Aber es war nur ein Helfer, der den letzten Check der Instrumente und Mikrophone machte und mit dem Techniker am Mischpult Zeichen austauschte.

Als sie merkte, dass sie offenbar die ganze Zeit die Luft angehalten hatte, musste sie über sich selber lachen. Sie benahm sich wie ein Teenie.

Dennoch beschloss Alexa, vor dem Beginn des Konzerts auch noch kurz die Toilette aufzusuchen, um wenigstens ihre Haare einigermaßen zu richten. Und Lippenstift aufzutragen.

Schaden würde das jedenfalls nicht.

3.

Chefinspektor Bernhard Krammer, der Leiter der Gruppe Leib und Leben im Innsbrucker Landeskriminalamt, stand regungslos mit verschränkten Armen vor dem Bürofenster. Eisiger Wind drang an sein Gesicht. Dieses Wetter hatte ihm gerade noch gefehlt. Seit er am vergangenen Montag aus Deutschland zurückgekehrt war, hatte er sich nicht mehr richtig auf seine Arbeit konzentrieren können, war aber dennoch jeden Tag bis zum späten Abend geblieben.

So auch heute.

Schon seit Stunden hatte er Dienstschluss, aber ihn zog nichts nach Hause. Im Gegenteil. Es graute ihm vor der Stille dort und davor, mit seinen Gedanken allein zu sein. Vor den ungefüllten Stunden des Wochenendes, die sich wieder einmal wie Kaugummi in die Länge ziehen würden.

Er hatte einen Ausflug in die Berge vorgehabt, wollte sich beim Wandern abreagieren, seine Gedanken sortieren und dann noch irgendwo einkehren, um ein warmes Essen und einen Roten zu genießen. Oder auch zwei. Aber bei diesem Wetter konnte er das vergessen.

Es verhieß aber auch, dass sie eine ereignislose Woche vor sich hatten, denn die Verbrechensrate war bei Schneestürmen geringer als bei allen anderen Wetterlagen. Während Diebe bei jeder Witterung unterwegs waren, gingen Tötungsdelikte und Sexualstraftaten im Allgemeinen deutlich zurück. Nur an Feiertagen stieg sie wieder an, doch Ostern lag ja schon lange hinter ihnen.

Gerade deshalb war es viel zu spät für diese Schneemassen. Der Frühling war längst überfällig. Aber das Wetter spielte ja immer öfter verrückt.

Resigniert wandte Krammer sich um. Sein Blick fiel dabei auf den großen Zeitungsartikel, der seit letzter Woche an seiner Pinnwand hing. Über den Grenzfall, den er zusammen mit einer deutschen Kommissarin gelöst hatte. Neben dieser jungen Frau, die auf dem Foto herausfordernd das Kinn gehoben hatte, sah er verdammt alt aus. Und genau so fühlte er sich gerade.

Er schob den Gedanken weg, nahm an seinem Schreibtisch Platz und griff nach der Mappe, die zuoberst auf dem Stapel von Altfällen lag, die er sich für diese Woche vorgenommen hatte. Der Aktendeckel war abgegriffen und die Farbe verblichen. Wie viele Male hatten seine Vorgänger wohl schon darin geblättert, ohne die entscheidende Spur zu finden? Es ging um ein sechzehnjähriges Mädchen, das vor nunmehr zwölf Jahren auf dem Heimweg von seiner besten Freundin spurlos verschwand. Was ihr wohl an diesem Abend passiert war?

Er wusste genau, wie sie aussah: ein lachender Teenager mit ebenmäßigen Zähnen, großen blauen Augen und blonden Haaren. War sie abgehauen, um Abenteuer zu suchen? Oder war sie der falschen Person begegnet und einem Verbrechen zum Opfer gefallen? Wenn sie noch am Leben war, dann wäre sie mittlerweile Ende zwanzig. Würde sie wirklich die ganze Zeit untertauchen, sich nie melden? Eher nicht. Er hielt es für wahrscheinlicher, dass sie irgendwo in den Tiroler

Wäldern verscharrt war, ihr Körper längst eins geworden mit dem Erdreich.

Er seufzte bei dem Gedanken an ihre Eltern. Die nie zur Ruhe kommen würden, solange sie ihr einziges Kind nicht zu Grabe tragen konnten. Denn die Hoffnung, es würde alles doch noch ein gutes Ende nehmen, war wie eine Zecke, die an ihnen saugte, trotz allem wuchs und immer neue Nahrung fand.

Er selbst wusste im Grunde nichts über diesen Schmerz. Er hatte nie eigene Kinder gehabt. Aber auch wenn er nicht beurteilen konnte, wie sie sich fühlten, so war es ihm immerhin möglich, ihrer Tochter Achtung zu erweisen, indem er sie selbst viele Jahre später nicht vergaß und sich weigerte, einfach aufzugeben. Er würde weiter nach dem entscheidenden Hinweis suchen, der erklärte, was damals geschehen und wieso sie verschwunden war.

Wenigstens das.

Langsam ging Krammer zu der Stereoanlage, die sich auf seinem Sideboard befand, legte eine CD ein und stellte sie auf mittlere Lautstärke, bevor er wieder Platz nahm. Seine heutige Wahl fiel auf Schuberts achte Sinfonie.

Als die Streicher einsetzten, schloss er die Augen, lehnte den Kopf gegen die Lehne und versuchte, sich zu entspannen. Aber in seiner Schläfe pochte ein fieser Schmerz, und sein steifer Nacken ließ nicht zu, dass er den Hals ganz nach hinten durchbog. Er stöhnte auf, als er versuchte, mit den Schultern zu kreisen, um die Muskulatur zu lockern.

Es war ein Kreuz mit dem Alter. Mittlerweile tat ihm jeden Tag ein anderer Körperteil weh. Und der Kopfschmerz war längst zu einem dauerhaften Begleiter geworden. Was war geblieben von den sogenannten guten Jahren? Finanziell war er zwar abgesichert, dafür hatte er gesorgt und immer bescheiden gelebt. Aber im Privaten hatte er völlig versagt. Manchmal kam er sich vor wie ein alter Narr, der sich aus schierer Panik vor dem Alter und der Einsamkeit weigerte, seinen Job an den Nagel zu hängen.

Er starrte ins Leere, lauschte auf die Musik.

Andererseits war gerade diese Beharrlichkeit vielleicht die letzte Chance für dieses Mädchen. Weil er nicht bereit war aufzugeben und hartnäckig blieb. Er konnte sich natürlich weiter einreden, dass es an seiner Art lag. Oder an seiner Haltung zu seinem Beruf. Doch im Grunde wusste er selbst, dass er diesen Charakterzug perfektioniert hatte, weil es in seinem Leben nichts anderes von Bedeutung gab, das ihn hätte ablenken können.

Resolut schlug er den Aktendeckel auf, musterte das Bild der Verschwundenen, blätterte dann ein paar Seiten weiter bis zum Vernehmungsprotokoll des Nachbarn, der damals im Fokus der Ermittlungen gestanden hatte.

Was wohl Alexa Jahn zu den Aufzeichnungen sagen würde? Er hatte oft an die Kriminaloberkommissarin aus Weilheim gedacht, mit der er in der vergangenen Woche eng zusammengearbeitet hatte. Schon seit Tagen überlegte Krammer, sie anzurufen. Immer wieder musste er an den letzten gemeinsamen Abend in Deutschland denken, an dem er sich ihr gegenüber unmöglich aufgeführt hatte. Sicher hielt sie ihn für impertinent und ungehobelt. Leider hatte sie damit nicht ganz unrecht – und er wusste, dass er sich entschuldigen sollte. Er streckte die Hand nach dem Telefonhörer aus, zögerte aber, ihn abzuheben.

»Du bist noch da?«, riss ihn eine Stimme aus seinen Gedanken.

Er hatte nicht damit gerechnet, dass seine Kollegin noch im Haus war. Irritiert sah er auf die Uhr.

Es war schon nach acht.

Roza Szabo, eine zierliche Rothaarige, die aus Ungarn stammte, ging schnurstracks zu dem gekippten Fenster und schloss es mit einem lauten Knall. Resolut, genau wie sie es auch im sonstigen Leben war.

»Irgendwann wirst du hier drin zu Eis erstarren!«

Krammer ließ sich gegen die Stuhllehne fallen, wischte sich einmal über das Gesicht, um wieder frisch zu werden. Denn ohne Grund war Roza sicher nicht mehr hier. »Bist du nur gekommen, um mich zu kritisieren?«

Sie lachte und hielt ihm ein Blatt hin. Das Bild zeigte eine verschleierte junge Frau mit braunen Augen, buschigen Augenbrauen und markanter Nase. Anfang oder Mitte zwanzig, schätzte er.

»Was ist mit ihr?«

»Lela Neshan wird von ihrer Kommilitonin vermisst.«

»Seit wann?«

»Erst ein paar Stunden. Aber sie waren zum Lernen verabredet, und das Mädchen ist felsenfest überzeugt, dass Lela das niemals ausfallen ließe, ohne sich zuvor abzumelden.«

Krammer zog eine Augenbraue hoch. »Vielleicht ist sie bei dem Wetter irgendwo stecken geblieben? Es herrscht ein ziemliches Chaos auf den Straßen.«

Roza Szabo winkte ab. »Sie wohnt im Studentenwohnheim Am Gießen und geht immer zu Fuß in die Uni. Ein Auto hat sie nicht. Diese Nasrin Bahno, die mich angerufen hat, kann sich deshalb nicht vorstellen, dass das Wetter mit ihrem Verschwinden zu tun hat. Schließlich kann sie sie auch auf dem Handy nicht erreichen.«

»Aber sie ist noch nicht lange weg, oder?«

»Nasrin Bahno hat sie vor zwei Tagen zum letzten Mal gesehen, als sie Unterricht bei ihr hatte. Lela Neshan finanziert sich wohl über Nachhilfe. Frau Bahno klang wirklich überzeugend, und ich verstehe ihre Sorge. Wenn diese Lela das Geld unbedingt braucht, um die Miete und ihren Lebensunterhalt zu bezahlen …«

Roza Szabo griff nach ihren Haaren und steckte sie geschickt mit einer Nadel zu einem Knoten. Das war ihr amtlicher Look und ein sicheres Zeichen, dass sie sich auf den Weg machen wollte.

»Sie ist Ausländerin. Trägt einen Hidschab, insofern ist sie sicher religiös. Scheint mir nicht der Typ zu sein, der am Wochenende einen draufmacht und alles um sich herum vergisst«, sagte sie. »Ich will mir nicht vorwerfen lassen, nicht früh genug gehandelt zu haben und schau auf dem Heimweg einfach noch dort vorbei. Das Wohnheim ist kein großer Umweg. Wenn es falscher Alarm war, kann ich wenigstens am Wochenende ruhig schlafen.«

Sie beugte sich über den Schreibtisch, griff nach dem Foto der jungen Frau und steckte es ein.

»Außerdem habe ich eh nichts Besseres vor«, fügte sie hinzu. »Also, baba und ein schönes Wochenende.«

Szabo war schon an der Tür, als Krammer kurz entschlossen die Akten zusammenschob, in seine Tasche räumte und den Computer herunterfuhr.

»Warte. Ich komme mit«, rief er ihr zu und schaltete die Musik aus. Es war in jedem Fall besser, den Lebenden zu helfen. Die Toten konnten warten.

4.

Immer wieder wanderte Alexas Blick über die vielen Köpfe hinweg in Richtung Eingang. Der Hauptact, der mit temporeichem Bayernrock das Publikum zum Mitgrölen animierte, erreichte sie nicht wirklich. Die Musik war einfach nicht ihr Ding. Und ihr Fuß, den sie sich bei ihrem letzten Einsatz leicht verletzt hatte, war von dem langen Stehen geschwollen und pochte schmerzhaft. Offenbar war das Konzert nicht die beste Idee gewesen. Erst recht nicht bei diesem scheußlichen nasskalten Wetter. Sie hätte allen Grund gehabt, genervt zu sein.

Wäre da nicht Konstantin gewesen. Als er vor seinem Auftritt über eine kleine Rampe auf die Bühne lief, hatte er sie bemerkt und mit einem strahlenden Lächeln zu ihr herübergewinkt.

Sofort war Alexa die Röte ins Gesicht gestiegen, als sie die neugierigen Blicke der Umstehenden spürte. So aus der Masse herausgehoben zu werden, machte sie verlegen. Doch gleichzeitig hatte ihr Herz eine Spur schneller geschlagen, und sie war gespannt darauf, was der Abend noch bringen würde. Line hatte sie in die Seite geknufft und ihr vielsagend zugezwinkert.

Gebannt hatte Alexa Konstantin auf der Bühne beobachtet, seine lässige Art, mit der er sich völlig selbstverständlich vor all diesen Menschen präsentierte, als hätte er nie etwas anderes in seinem Leben getan. Die Coversongs, die Teachers Rock gespielt hatte, kannte Alexa fast ausnahmslos und hatte schon bald im Chor mit den anderen im Saal gesungen. Die Arrangements der Band waren zwar noch nicht perfekt, aber sie performten mit Leidenschaft, und Konstantin zog das Publikum voll in seinen Bann. Er genoss sichtlich die Blicke, agierte mit dem Mikrophonständer, flirtete mit den Frauen und bewegte sich im Takt wie ein echter Rockstar.

Als sie zum Schluss ein sehr gefühlvolles Lied von Coldplay anstimmten, saß Konstantin allein mit einem Kollegen auf einem Barhocker, nur ein einzelner Strahler war auf die beiden gerichtet, der Rest der Halle blieb dunkel. Seine tiefe, rauchige Stimmfarbe zur akustischen Gitarre brachte so starke Emotionen rüber, dass Alexa eine Gänsehaut bekam und im Saal die Handylichter wie ein Sternenmeer funkelten. Dann war er rasch hinter der Bühne verschwunden.

Mittlerweile spielte die zweite Band schon seit einer Stunde. Mindestens. Aber Konstantin war nirgends zu sehen. Dabei hatte Alexa geglaubt, dass er sich das Konzert des Hauptacts noch mit ansehen würde, und war ein wenig enttäuscht, dass er sich nicht mehr blicken ließ.

Aber was hatte sie eigentlich erwartet? Er hatte nichts dergleichen versprochen. Außerdem kannten sie einander nur flüchtig, und es war schon eine tolle Geste, dass er sie überhaupt eingeladen hatte.

Sicher wäre es besser gewesen, nach seinem Auftritt abzuhauen, mit Line irgendwo eine Kleinigkeit essen zu gehen und noch ein wenig zu plaudern. Denn trotz ihrer Vorsätze drängte nun auch das andere Thema wieder in ihr Bewusstsein, das ihr schon seit Tagen auf der Seele lag. Doch Line schien die Musik sehr gut zu gefallen, sie strahlte über das ganze Gesicht, tanzte und klatschte mit. Es wäre nicht fair, sie jetzt zu drängen, nach Hause zu fahren, nur weil es ihr die Stimmung verhagelt hatte. Vielleicht gab es eine Bar in der Nähe, in die sie noch einkehren konnten. Ein Cocktail und ein gutes Gespräch würden ihre Laune sicher gleich wieder bessern.

Plötzlich bemerkte Alexa einen Tumult im Publikum. Ein paar Leute sprangen zur Seite. Irgendetwas war da vorne passiert, direkt unterhalb der Bühne. Schon brach die Musik ab, und die Künstler starrten zu Boden.

Alexa stellte sich auf die Zehenspitzen, konnte aber von ihrem Platz aus nichts erkennen. Doch die Stille im Raum verhieß nichts Gutes.

Plötzlich teilte sich die Menge.

»Da liegt jemand!«, sagte Line und rannte auch schon los.

Ohne zu zögern lief Alexa hinterher. Sie bahnten sich ihren Weg durch die Konzertbesucher, und tatsächlich: Eine junge Frau lag reglos da. Die Umstehenden blieben auf Abstand und glotzten bloß.

Während Line niederkniete und den Puls fühlte, rief Alexa den Notruf an und orderte einen Krankenwagen. Die Frau zitterte plötzlich am ganzen Körper.

»Sie riecht nach Cannabis«, fügte Line hinzu. »Vielleicht hat sie zu viel davon erwischt und hatte einen Whiteout. Schnell, wir brauchen was Zuckerhaltiges.«

Alexa eilte zur Theke, orderte einen Schokoriegel und eine Fanta. Als sie sich umdrehte, stellte sie fest, dass die meisten Konzertbesucher sich bereits Richtung Ausgang bewegten und auch die Musiker von der Bühne verschwunden waren. Klar, alle wollten nur weg. Bevor es unbequem wurde.

Line hockte allein neben der jungen Frau, die noch immer nicht bei Bewusstsein war. Alexa reichte Line die Sachen, die sie geholt hatte, und lief nach draußen, um den Sanitätern den Weg zu weisen.

Der kalte Wind schnitt ihr ins Gesicht. Mittlerweile hüllte eine weiße Schneedecke alles ringsherum ein, und es schneite unablässig weiter.

Weil noch kein Martinshorn zu hören war, bog sie rasch in das Garderobenzelt ab und drängte sich mit ihrem Dienstausweis an der Schlange vorbei nach vorne, um die beiden Jacken abzuholen. Das Murren einiger Leute überhörte sie einfach. Keiner der Meckerer hatte auch nur versucht, der Frau in der Halle zu helfen. Geschah ihnen recht, dass sie nun einen Moment länger frieren mussten. Die ignorante Haltung vieler Menschen erstaunte sie immer wieder.

Rasch schlüpfte Alexa in ihre Jacke, trat nach draußen und setzte ihre Kapuze auf. Ernüchtert betrachtete sie die Fassade der alten Halle, in der vormals ein E-Werk untergebracht war. Zuvor hatte sie es nicht bemerkt, aber an einigen Stellen bröckelte der Putz. Der Geruch nach fetter Bratwurst und Pommes hing schwer in der Luft.

Endlich hörte sie die Sirenen und ging noch ein paar Schritte weiter auf den Vorplatz hinaus, machte mit erhobenen Armen auf sich aufmerksam.

Ein Stück von ihr entfernt, an der zur Isar gelegenen Seite, entdeckte sie Konstantin Bergmüller, der mit jemandem sprach. Den dunkelhaarigen Typen mit Locken, der einen halben Kopf kleiner als Konstantin war und in dem Parka in

Übergröße fast verschwand, konnte sie im Halbdunkel kaum erkennen. Doch zur Band gehörte er definitiv nicht. Und noch etwas wurde deutlich: Das Gespräch war keineswegs freundlich. Die beiden stritten, heftig sogar.

Die Gestik des Kleineren war fahrig und aggressiv. Bei jedem Satz trat er näher zu Konstantin, bewegte seinen Kopf ruckartig vor, als würde er nach seinem Gegenüber hacken. Als der Rettungswagen gerade den kopfsteingepflasterten Weg zur Halle hinunterfuhr, stieß er Konstantin mit beiden Händen gegen die Brust, wodurch der beinahe gestürzt wäre. Instinktiv griff Alexa mit der Rechten unter ihre Armbeuge, aber natürlich hatte sie ihr Schulterholster nicht hierher mitgenommen.

Am liebsten wäre sie zu den Streitenden hinübergegangen, doch sie musste erst den Notarzt zu der Frau lotsen.

Kurz bevor sie mit dem Sanitäter zurück in die Halle eilte, warf sie noch einmal einen Blick über die Schulter, aber sie konnte die beiden Männer nicht mehr entdecken.

Drinnen hatte sich das Bild völlig verändert: Die junge Frau saß nun aufrecht, schüttelte wütend den Kopf und fuchtelte wild mit den Armen. Line hatte alle Mühe, sie zusammen mit einem Mann, der ihr offenbar zu Hilfe gekommen war, festzuhalten. Die Frau brüllte dabei wie am Spieß, stieß übelste Beschimpfungen aus und versuchte immer wieder, sich aus dem Griff der beiden herauszuwinden.

Alexa und der Arzt rannten zu dem Trio und halfen ebenfalls mit, die Frau zu fixieren, während Line kurz zusammenfasste, was passiert war.

»Sie behauptet, sie würde verfolgt. Ich habe keine Ahnung, was sie genommen hat, aber sie leidet ganz offenbar unter

Wahnvorstellungen. Gras kann ich riechen, aber wer weiß, was sie sonst noch intus hat«, erklärte Line dem Notarzt und nannte ihren Namen und ihren Beruf.

Der Arzt nickte und zog hinter dem Rücken der Patientin eine Spritze auf. Die Verabreichung eines Sedativums war notwendig, denn ihre Gegenwehr wurde immer heftiger, und es bestand die Gefahr, dass sie sich in ihrem Wahn selbst verletzte. Sie knurrte wie ein wildes Tier, schrie voller Angst, jemand wolle sie in seine Gewalt bringen.

Die Wirkung des Mittels setzte zum Glück schnell ein. Die Frau würde eine Weile schläfrig und benommen sein. Wie erwartet, endete ihre Gegenwehr abrupt, und sie sackte langsam in sich zusammen.

Nun konnte der Arzt untersuchen, ob sie sich bei dem Sturz verletzt hatte. Obwohl er nichts feststellen konnte, ließ er sie zur Sicherheit auf eine Trage legen und in die Klinik bringen.

Line und Alexa händigten dem Arzt noch ihre Karten aus für den Fall, dass im Nachgang Fragen auftauchen sollten.

Dann standen sie allein mitten in der Halle, in der bereits die normale Beleuchtung eingeschaltet war und die Roadies mit dem Abbau der Instrumente begonnen hatten.

»Kommst du noch mit zu mir? Ich könnte nach der Geschichte gut ein Gläschen vertragen«, sagte Line und strich sich eine Strähne aus dem Gesicht, die sich aus ihrem Zopf gelöst hatte.

»Ich würde total gerne, aber bei dem Schneechaos befürchte ich, dass ich mit dem späteren Zug vielleicht nicht mehr nach Weilheim zurückkomme.«

»Dann übernachte doch bei mir«, schlug Line vor. »Ich

habe eine Couch, die man ausziehen kann, und einen Pyjama kann ich dir auch leihen. Also, falls du nichts vorhast, meine ich. Oder willst du noch backstage deinen Sänger treffen?« Vielsagend hob sie die Augenbrauen.

Alexa spürte, wie ihr die Röte ins Gesicht stieg. Sie hasste es, dass ihr das immer wieder passierte.

Als sie gemeinsam vor die Tür traten, lugte sie noch einmal in die Richtung, in der sie Konstantin zuletzt im Halbdunkel gesehen hatte, doch der Platz war längst leer. Zwar war sie erschöpft, und es wäre sicher vernünftiger, zurückzufahren. Aber sie hatte wenig Lust, auf dem zugigen Hauptbahnhof herumzustehen und auf die Bahn zu warten. Und darauf, allein in ihrem Zimmer zu hocken, am allerwenigsten.

»Wo müssen wir denn lang? Den Hügel hoch, richtig?«, fragte Alexa deshalb rasch und hakte sich bei Line unter. Dann stapften sie los durch den Schneematsch.

So würde dieser seltsame Abend vielleicht doch noch eine gute Wendung nehmen.

5.

Szabo bog langsam in die verschneite Straße ein, fuhr durch ein zweiflügeliges Tor und stellte den Wagen auf dem Parkplatz ab. Das Studentenwohnheim war ein in die Jahre gekommener Betonbau aus den späten Siebzigern, welcher vormals das Internat des Ursulinenordens beherbergt hatte und von einem bekannten Tiroler Architekten erbaut worden war.

Das hell erleuchtete Gebäude wirkte zwar auf den ersten Blick nüchtern, war jedoch so ausgerichtet, dass beinahe alle Zimmer nach Süden hin lagen und lichtdurchflutet waren. Zum Großteil verfügten sie über Balkone.

Der Schnee fiel dicht, und der Vorplatz war menschleer. Kein Wunder: Bei diesem fiesen Aprilwetter würde man nicht mal einen Hund auf die Straße jagen. Die Sicht war so schlecht, dass selbst die Umrisse der Nordkette kaum mehr zu erkennen waren, die hinter der Stadt aufragte.

Als sie auf den Haupteingang zusteuerten, schob eine junge Frau die Glastür auf. Sie hatte schwarzes, lockiges Haar, das ihr bis zur Mitte des Rückens reichte, einen dunklen Teint, braune Augen und volle Lippen. Anders als Krammer erwartet hatte, trug sie kein Kopftuch.

»Frau Bahno?«, fragte Szabo sie schon. »Wir hatten vorhin telefoniert, Roza Szabo mein Name. Und das ist mein Kollege Chefinspektor Bernhard Krammer. Wollen Sie uns vielleicht zu dem Zimmer bringen, in dem Ihre Freundin wohnt?«

»Natürlich«, antwortete Nasrin Bahno und führte sie ohne lange Vorrede zum Treppenhaus.

Sie passierten ein paar große, helle Räume, in denen sich vereinzelt Studierende über ihre Laptops beugten oder in dicken Büchern lasen.

Während sie in den zweiten Stock hinaufstiegen, sah Krammer auch in den Gängen einige Sitzecken. In seiner Jugend hätte man hier vermutlich krachlaute Musik durch die Flure schallen hören. Immerhin war es schon spät und Freitagabend. Doch heutzutage blieb man selbst mit seiner Musik für sich und genoss lieber seine individuelle Playlist über Kopfhörer.

Für ihre Ermittlungen war es sicher gut, dass sich so viele Personen im Haus aufhielten. Falls etwas hinter der Sache stecken sollte, gab es genug Leute, die sie befragen konnten, ob vielleicht jemand etwas Verdächtiges beobachtet hatte. Wobei in diesen Wohnheimen, in denen ständig jemand ein- oder auszog oder zu Besuch kam, ein Fremder nicht wirklich auffiel. Gerade deshalb fanden zahlreiche sexuelle Übergriffe in einem solchen belebten Umfeld statt und nicht in der Stille und Abgeschiedenheit, wie oft vermutet wurde.

Doch die wenigsten davon wurden gemeldet.

Aus Scham.

»Wir treffen uns immer hier im Wohnheim und setzen uns in einen der Lernräume«, ließ Nasrin sie wissen. »Lela war noch nie unpünktlich. Wirklich nie. Es muss etwas passiert sein. Ich bin mir ganz sicher.«

»Seit wann nehmen Sie denn Nachhilfe bei ihr?«

»Schon über ein halbes Jahr. Ich hatte zu Beginn des letzten Wintersemesters jemanden gesucht, der mich in Biologie unterstützt. Ich habe in dem Fach einiges aufzuholen, was in einer fremden Sprache doppelt schwer ist, und muss lernen, mich noch präziser im Deutschen auszudrücken. Seitdem komme ich jeden Freitag.«

»Aber Sie sprechen ganz hervorragend«, fasste Szabo in Worte, was Krammer gerade gedacht hatte.

Nasrin Bahno errötete leicht, wies das Lob aber von sich. »Meine Dozenten sehen das anders. Ich lebe jetzt schon drei Jahre in Österreich, aber die Grammatik fällt mir immer noch richtig schwer.«

Die junge Frau beäugte die Zimmernummern und lief nun noch etwas schneller den Gang entlang.

»Sie kennen ihr Zimmer gut? Und würden merken, wenn etwas fehlt?«, fragte Krammer neugierig.

Nasrin Bahno schüttelte vehement den Kopf. »Nein. Ich weiß die Zimmernummer, aber ich war nie dort. Wir sind ja keine Freundinnen. Lela ist auch schon etwas älter als ich.«

»Haben Sie denn schon Leute im Wohnheim gefragt, ob sie sie vielleicht gesehen haben?«, wollte Szabo wissen. »Es gibt doch sicher noch andere Räume, wo sie sein könnte. Gemeinschaftsküchen oder etwas in der Art.«

Wieder verneinte Nasrin. »Ich kenne hier niemanden. Aber ich habe ihr auf WhatsApp geschrieben. Mehrfach. Und sie auch angerufen.« Sie zog ihr Smartphone hervor. »Schauen Sie: zwei Haken. Sie hat es nicht einmal gelesen. Das passt nicht zu ihr.«

Obwohl Krammer natürlich wusste, dass diese Generation es vollkommen normal fand, eingehende Meldungen auf dem Smartphone sofort zu überprüfen, konnte er nicht verstehen, dass jemand tatsächlich jederzeit überall erreichbar sein wollte. Und trotz dieser weltweiten engen Vernetzung gab es offenbar immer mehr Menschen, die sich einsam und allein fühlten. Ein verrücktes Paradox.

Nasrin deutete auf die vorletzte Tür. Dann trat sie zurück, so als erwartete sie, dass gleich eine Art Springteufel aus dem Raum hervorschnellte. Krammer gefiel es, dass die junge Frau so viel Respekt vor der Privatsphäre ihrer Mentorin hatte.

Szabo trat vor und klopfte. Als keine Antwort kam, drückte sie die Klinke herunter. Doch das Zimmer war – wie nicht anders zu erwarten – verschlossen. Szabo drehte sich mit weit aufgerissenen Augen zu Krammer um, was ein deutliches Zeichen dafür war, dass sie sich ärgerte.

»Bitte, Sie müssen nachsehen!«, bettelte Nasrin Bahno. Sie zitterte am ganzen Körper, was vermutlich daran lag, dass sie trotz des Schneefalls bloß Sneakers und eine knöchellange Hose trug. Beides durchnässt und viel zu dünn für dieses Wetter.

Als Szabo Nasrin gerade erklärte, dass sie sich nicht ohne triftigen Grund Zutritt zu Lelas Räumlichkeiten verschaffen durften, ging Krammer ein paar Schritte weiter und musterte den Eingangsbereich des Nachbarzimmers, das letzte im Gang. Ihm fiel auf, dass die Tür einen schmalen Spalt offen stand. Als er anklopfen wollte, bewegte sie sich leicht.

»Sie sind ganz sicher, dass es nicht dieses Zimmer hier ist, Frau Bahno?«, fragte Krammer mit gedämpfter Stimme.

Szabo sah ihn irritiert an.

Er nickte seiner Kollegin zu und legte seine Hand auf das

Holster, während Roza Szabo die Studentin eilig mit sich zog.

»Polizei! Ich komme jetzt herein«, sagte Krammer laut, als die beiden Frauen weit genug entfernt waren, und stieß mit dem Fuß die Tür auf.

Gegenüber stand eines der Fenster weit offen, was vermutlich die Bewegung der Tür verursacht hatte. Auf dem äußeren Rand des Schreibtischs lag eine dünne Schneeschicht.

Vielleicht hielt sich jemand um die Ecke verborgen, nachdem er sie draußen auf dem Flur hatte reden hören. Langsam ging Krammer in den Raum hinein, zog zur Sicherheit seine Pistole.

Das Zimmer war knapp vier Meter lang und ebenso breit. Er schaute ins Bad, kontrollierte den Einbauschrank. Erst als er auch draußen auf dem Balkon nachgesehen hatte und dort niemanden ausmachen konnte, steckte er die Waffe weg.

Doch eines war jetzt sicher: Nasrin Bahno hatte richtig gehandelt, sie zu rufen. Denn auch ohne den Raum näher zu untersuchen, war klar, dass hier etwas nicht stimmte. Es ging um weit mehr als einen simplen Einbruch. Auf der Schreibtischkante waren Blutspuren. Sie hatten es mit großer Wahrscheinlichkeit mit einem Gewaltverbrechen zu tun.

Krammer trat auf den Gang hinaus und ging zu den beiden Frauen. Er wechselte einen kurzen Blick mit Szabo, die sofort verstand.

»Frau Bahno«, sagte sie, »es wäre besser, wenn Sie uns hier einen Moment allein lassen würden.«

Das Gesicht der jungen Frau war blass geworden, die Lippen zu einem schmalen Strich zusammengepresst. Sie kämpfte mit ihren Ängsten, bestätigte aber mit einer Kopfbewegung, dass sie verstand, und zog sich langsam in Richtung des Treppenhauses zurück. Auf halbem Weg blieb sie stehen.

»Ist ihr etwas zugestoßen?«, fragte sie mit bebender Stimme.

»Das können wir noch nicht sagen«, versuchte Krammer sie zu beruhigen. »Wir müssen alles erst genauer untersuchen. Aber halten Sie sich doch bitte unten bereit, falls wir noch Fragen haben.«

Als sie weit genug entfernt war, bat er seine Kollegin, ihm noch einmal das Bild der Vermissten zu zeigen. Szabo reichte es ihm. Erst dann betraten sie zusammen den kleinen Raum. Krammer hörte, wie Szabo zischend die Luft ausstieß.

»Grundgütiger«, murmelte sie.

»Der hat damit nichts zu tun«, entgegnete er, während er Handschuhe anzog. Er machte einen großen Schritt über den umgefallenen Stuhl, um das Fenster zu schließen, damit nicht weiter nasser Schnee hereindrang, blieb aber darauf bedacht, mit seinem Mantel keinesfalls die Kante des Schreibtischs zu berühren, damit er etwaige Spuren nicht verwischte. Szabo rief bereits bei den Kollegen der Spurensicherung an und gab die Adresse des Wohnheims durch.

Wortlos standen sie eine Weile in dem Zimmer, nahmen die Einzelheiten auf, die sie von nun an wieder und wieder durchkauen würden, bis sie wussten, was geschehen war: die Blutspuren auf dem Tisch und an dem linken Vorhang, der durchnässt und halb heruntergerissen war, der fehlende Rechner, dessen Netzkabel sich noch auf dem Schreibtisch befand, und das schief nach unten hängende Regal. Die leuchtend grüne Bettwäsche auf dem Bett war zerwühlt, eine zerrissene silberne Kette lag auf dem Boden. Hier hatte eindeutig ein Kampf stattgefunden. Und es war nicht schwer zu erraten, wer die Unterlegene gewesen war.

Krammer nahm das Bild von Lela Neshan und hielt es neben eine Serie von Automatenfotos, die er an einer Pinnwand entdeckt hatte. Zwei junge Frauen strahlten darauf um die Wette: eine hatte Sommersprossen, eine wallende rote Mähne, warf den Kopf selbstbewusst in den Nacken, von der anderen konnte man unter dem Kopftuch nur das schmale, längliche Gesicht erkennen, auf dem sich ein Lächeln andeutete. Aber die dunklen Augen und die markante Nase waren eindeutig die von Lela Neshan.

»Ich hole den Hausmeister«, sagte Szabo knapp. »Der muss uns sofort auch Lela Neshans Zimmer nebenan aufschließen.«

Als Szabo sich eilig entfernte, starrte Krammer durch das Fenster nach draußen. Der Himmel verdüsterte sich immer mehr, die Sicht wurde schlechter. Eisige Flocken schlugen gegen das Fenster und glitten daran herunter.

Dann blickte er sich wieder in dem Raum um und zog einen Stift aus der Tasche, mit dem er vorsichtig ein Blatt zur Seite schob, um auf den Deckel eines Ringblocks sehen zu können, auf dem ein Name notiert war: Karolin Nowak.

Noch einmal schaute er auf die Bilder der beiden Studentinnen an der Pinnwannd. So jung, voller Erwartung und Lebensfreude.

Er seufzte. Wenigstens musste er sich jetzt nicht mehr den Kopf darüber zerbrechen, wie er das Wochenende verbringen sollte.

6.

Line Perssons Altbauwohnung war extrem gemütlich, mit vielen Kerzen, Decken und jeder Menge flauschiger Kissen. Da sie beide nach dem Heimweg ziemlich durchgefroren waren, hatte die Schwedin eine Flasche Glögg aufgesetzt, der von Weihnachten übrig war, und stellte noch eine Schüssel mit Crackern dazu.

Sofort hatte Line zu erzählen begonnen, dass sie wegen ihrer Liebe zu den Bergen nach Süddeutschland gekommen war. Ihre Mutter hatte Ende der siebziger Jahre eine Zugreise von Kopenhagen nach Rom mit dem Alpen-Express unternommen. Den Fahrplan von damals hatte Line als Teenager gefunden und seit dieser Zeit alle Städte sehen wollen, die dort aufgeführt waren: München, Kufstein, Innsbruck, Verona und Rom. Mit achtzehn hatte sie sich auf den Weg gemacht, war aber in München hängengeblieben, um dort Psychologie zu studieren. Mittlerweile führte sie mit einem Kollegen, der auf Hypnose spezialisiert war, eine Gemeinschaftspraxis in der Innenstadt, die gut ausgelastet war. Die Arbeit beim Kriseninterventionsteam, über die Alexa sie kennengelernt hatte, machte sie ehrenamtlich.

»Mich bedrückt die Trauer der Hinterbliebenen immer sehr«, hatte Alexa gesagt, »und es fällt mir auch heute noch schwer, das abzuschütteln. Ist es nicht ungeheuer schwierig, Menschen in solchen Situationen beizustehen?«

»Oft reicht es schon, einfach nur da zu sein. Zuzuhören. Damit die Menschen spüren, dass sie trotz ihres Verlustes nicht allein auf der Welt sind. Ich empfinde es nicht als schwierig. Im Grunde ist das ja der Kern meines Berufs: dass meine Patienten sich den Schwierigkeiten des Lebens stellen, die Untiefen annehmen und ich mit ihnen erarbeite, wie sie lernen können, künftig damit umzugehen.«

Lines Worte erinnerten Alexa daran, wie sehr ihr eigenes Leben vor ein paar Tagen auf den Kopf gestellt worden war. Bislang hatte sie keiner Menschenseele davon erzählt. Generell trug sie ihr Herz nicht auf der Zunge, machte Probleme eher mit sich selbst aus. Über ihre unglückliche Verliebtheit in ihren früheren Kollegen Jan hatte sie zum Beispiel nie ein Wort verloren. Nicht einmal ihre Mutter, die schon immer ihre engste Vertraute gewesen war, hatte davon gewusst.

Aber Lines offene Art bewirkte etwas in ihr. Vielleicht lag es auch am Alkohol, der sie sentimental werden ließ. Denn plötzlich sprudelte alles aus ihr heraus: wieso sie Aschaffenburg verlassen hatte, von der verlockenden Aussicht auf einen Karrieresprung, wie sehr sie zunächst mit ihrer neuen Stelle gehadert hatte, die Zweifel, ob sie wirklich schon in der Lage war, selbständig eine Ermittlung zu leiten, oder ob sie sich schlicht übernommen hatte. Und schließlich berichtete sie von dem Abend, als ihre Mutter endlich die Wahrheit über ihren Vater herausgelassen hatte.

»Du kennst ihn sogar. Es ist Bernhard Krammer«, schloss Alexa ihre Erzählung, bei der sie von Line nicht ein einziges Mal unterbrochen worden war.

»Der Kommissar aus Österreich?«, fragte die Schwedin verblüfft.

Alexa nickte.

»Wow. Jetzt verstehe ich auch, warum du heute Abend manchmal so abwesend gewirkt hast. Aber eine solche Geschichte hatte ich niemals erwartet. Krass.« Line verteilte schnell den letzten Rest des Getränks aus der Warmhaltekanne in ihre Tassen. »Was wirst du denn nun machen?«

Alexa zuckte die Schultern. »Wenn ich das wüsste ... Es geht mir so vieles durch den Kopf. Ich bekomme einfach keine Ordnung in meine Gedanken.«

Line sah sie aus ihren großen blauen Augen an, ohne sie zu drängen. Alexa genoss die unglaubliche Ruhe, die von der Schwedin ausging, die Zeit, die sie ihr gab, um die richtigen Worte zu finden.

»Ich bin so wütend«, begann Alexa. »So kenne ich mich gar nicht. Manchmal habe ich das Gefühl, ich könnte völlig die Beherrschung verlieren. Es ist so unfair von ihr! Sie hätte mir das doch sagen müssen! Allerspätestens an dem Tag, an dem ich mich bei der Polizei beworben habe. Diese Parallele ...« Sie stockte kurz. »Ich habe mich immer gefragt, woher meine Leidenschaft für diesen Beruf kam. Ich will nicht sagen, dass ich die geerbt habe, aber vielleicht gibt es Ähnlichkeiten zwischen ihm und mir, die diesen Weg vorgezeichnet haben.«

»Nenn mal ein Beispiel.«

»Hm ...« Sie überlegte. »Sinn für Gerechtigkeit. Hartnäckigkeit. Oder Teamfähigkeit und Durchsetzungsvermögen.«

»Risikobereitschaft«, fügte Line an.

»Empathie«, vervollständigte Alexa die Aufzählung.

»Und das alles hat deine Mutter nicht?«, fragte Line.

Doch. Das hatte sie. Aber sie lebte es auf eine völlig andere

Weise aus. Menschen zu helfen war auch ihrer Mutter wichtig, deshalb hatte sie sich zur Osteopathin ausbilden lassen. Doch was ihr fehlte, waren die Risikobereitschaft und eine gewisse Lust an der Gefahr, die den Unterschied machten. An der dunklen Seite des Lebens.

»Das ist es ja gerade, weshalb ich so sauer bin. Meiner Mutter ist Ehrlichkeit so unglaublich wichtig. Gerechtigkeit genauso. Das hat sie zumindest immer behauptet. Deshalb will mir einfach nicht in den Kopf, wieso sie es weder mir noch ihm gesagt hat. Es ist doch total egoistisch, mich nur für sich haben zu wollen. Überleg mal: Wenn ich nicht nach Weilheim gekommen wäre, hätte ich womöglich nie etwas von ihm erfahren.«

»Vielleicht hatte sie weniger Angst davor, ein Kind ganz allein großzuziehen, als davor, an einen Fremden gebunden zu sein und mit ihm ihr restliches Leben zu verbringen.«

Alexa musterte Lines Gesicht. Aus der Perspektive hatte sie die ganze Sache noch gar nicht betrachtet. Aber etwas in ihr wehrte sich auch jetzt dagegen, Verständnis für die Haltung ihrer Mutter aufzubringen. Sie fühlte sich um einen Teil ihres Lebens betrogen, den sie nie zurückbekommen würde. Das konnte sie ihr nicht so schnell verzeihen.

»Weißt du, ich dachte immer, der Mann wäre es vielleicht nicht wert gewesen. Dass es nur seine körperliche Anziehung war, die meine Mutter in diese Affäre geführt hat. Sie war jung, hübsch, ungebunden. Ich habe mir immer ausgemalt, er wäre so ein Charmeur, der sie um den Finger gewickelt hat. Attraktiv, aber nicht besonders zuverlässig. Jemand, mit dem man kein solides Leben aufbauen kann. Ein Herumtreiber. Weißt du, was ich meine?«

»So, wie dieser heiße Sänger?«

Alexa erstaunte der plötzliche Themenwechsel. »Was? Wie meinst du das?«

Line zuckte die Schultern. »Ich wollte dich nur aufziehen. Ich kenne deinen Konstantin nicht und will mir kein vorschnelles Urteil erlauben.«

Alexa nahm noch einen Schluck aus ihrer Tasse und versuchte zu überspielen, dass Lines kurze Bemerkung sie getroffen hatte. Auch sie hatte nicht schlecht gestaunt, wie anders Konstantin auf der Bühne wirkte und wie er mit seinem vornehmlich weiblichen Publikum gespielt hat.

»Hast du denn etwas vermisst, ohne Vater?«, kam Line wieder auf das ursprüngliche Thema zurück.

»Gute Frage. Eigentlich dachte ich bisher immer, dass meine Kindheit rundum perfekt gewesen ist. Meine Mutter und ich waren ein echtes Dream-Team.«

»Für mich klingt das alles sehr schön.« Lines Wangen waren von dem heißen Getränk gerötet.

Alexa schwieg für einen Moment, bevor sie fragte: »Wie ist es bei dir, hast du ein gutes Verhältnis zu deinen Eltern?«

Line nahm die Tasse in die Hand und strich mit dem Daumen über die blaue Blume, die darauf gemalt war. »Die gehörte meiner Mama. Ihre Lieblingstasse. Sie ist gestorben, als ich zwölf Jahre alt war. Lungenkrebs.«

Alexa streckte die Hand aus und legte sie Line auf den Arm. »Das tut mir leid. Du vermisst sie, oder?«

Line lächelte. »Sehr. Jeden Tag. Mein Vater hat sein Bestes gegeben, und unsere Nachbarn haben ihn toll unterstützt, mich und meinen Bruder so unbeschwert wie möglich groß werden zu lassen. Sie sind wie Tante und Onkel für mich, auch wenn wir nicht blutsverwandt sind. Mein Vater baut tolle Holzhäuser. Aber mit dem Reden hat er es nicht so, das hat es manchmal schwer gemacht. Weil wir Kinder dadurch auch kaum über sie gesprochen haben. Vermutlich sind wir deshalb beide fortgegangen. Um wieder Luft zu bekommen …« Line zog ein Bein heran und schlang ihre Arme darum.

»Deshalb die Fahrt mit dem Alpen-Express?«, fragte Alexa.

Nickend fuhr Line fort: »Ich hatte gehofft, sie dadurch besser kennenzulernen. Die Erinnerung an sie verblasst immer mehr. Ich wollte wohl etwas Greifbares. Ihr Staunen erleben, ihre Neugier, ihre Leidenschaft.«

»Ist es dir gelungen? Bist du ihr nähergekommen?«

»Nein«, antwortete Line. »Dennoch war die Reise ungemein wertvoll. In dem Moment, in dem ich losgefahren bin, habe ich alles hinter mir gelassen. Die Schwere, Erinnerungen, ja selbst den ganz eigenen Geruch unseres Hauses. Ich wusste nicht, wie sehr mich das alles in Ketten gelegt hatte. Als ich mit der Fähre mein Heimatland verließ, konnte ich wieder frei atmen. Statt sie zu finden, habe ich dabei im Grunde mich gefunden. Mein Blick ist seitdem klarer geworden. Und ich wusste, was ich tun wollte: anderen Menschen helfen, diesen Weg für sich zu finden.«

Alexa verstand, was Line sagen wollte. Aber erneut war es, als zöge sich ihre Brust enger. Wie ein Panzer, der jede liebevolle Emotion abschirmte.

»Du solltest froh sein, dass du nun beide Elternteile gefunden hast«, fuhr Line fort und drückte Alexas Hand. »Das ist eine tolle Möglichkeit, die dir das Leben bietet. Natürlich hat dein Vater deine Kindheit verpasst. Aber ihr könnt euch jetzt kennenlernen. Als Erwachsene. Auf Augenhöhe. Und vielleicht bleibt dir mehr Zeit mit ihm, als ich je mit meiner Mutter hatte.«

Alexa strich über den Teppich, beobachtete, wie die Farbe changierte, wenn sie sämtliche Fasern in eine andere Richtung schob.

»Du meinst ...« Sie brach wieder ab.

»Ich meine«, sagte Line, »du solltest das Ganze als einmaliges Geschenk betrachten. Es wird dein Leben verändern. Aber vielleicht wird es dadurch reicher. Gib ihm doch eine Chance. Und deiner Mutter auch. Sie liebt dich und hat es sicher nicht böse gemeint.«

Alexa schluckte. Ihre Kehle war staubtrocken. Sie ahnte, dass Line recht haben könnte. Dennoch fühlte sich alles total falsch an.

»Vielleicht«, murmelte sie schließlich.

»Nimm dir Zeit«, riet Line. »Nur du kannst wissen, was richtig für dich ist. Und du musst das auch nicht heute entscheiden.«

Dankbar musterte Alexa sie. Obwohl dieser Abend völlig anders verlaufen war als geplant, begann sich das Wirrwarr in ihrem Kopf langsam zu lichten.

Line hatte recht: Sie sollte mit Krammer reden. Ihm reinen Wein einschenken. Sonst wäre sie selbst nicht viel besser als ihre Mutter.

Sie atmete hörbar aus und beobachtete die flackernde Flamme der Kerze. Noch etwas wurde Alexa klar: Sie brauchte eine eigene Wohnung. Die Pension in Weilheim war zwar okay und die Vermieterin kaufte sogar für sie ein. Aber das Zimmer war kein Ort, an dem sie sich geborgen fühlte – gerade jetzt, wo ihr Leben in diese Schieflage geraten war.

Bevor sie sich bei Line für das Gespräch bedanken konnte, vibrierte ihr Telefon. Es war kurz vor elf. Umso erstaunter war sie, Florian Hubers Nummer zu sehen.

»Entschuldige, dass ich so spät störe«, sagte ihr Kollege von der Kriminalinspektion Weilheim. »Aber wir haben eine Vermisstenmeldung reinbekommen. Du hast erwähnt, dass du heute nach München wolltest. Bist du noch dort? Könntest du mal bei der Adresse des Mädchens vorbeischauen? Ihre Mutter macht sich große Sorgen und ruft schon seit Stunden immer wieder hier an. Das Mädel wird heute zwanzig … Wir vermuten, sie wollte das lieber mit Leuten ihres Alters feiern als mit ihren Eltern. Oder dass sie vielleicht wegen des Wetters umgekehrt ist. Hier herrscht ziemliches Chaos und es sind schon ein paar Straßen gesperrt.«

Sofort war Alexa hellwach. Sie ließ sich die Adresse geben und versprach, sich darum zu kümmern.

»Ich muss aufbrechen, tut mir leid«, ließ sie Line wissen.

Beim Aufstehen bemerkte sie wieder ihren schmerzenden Fuß. Sie musste sich am Tisch abstützen und ließ ihn vorsichtig kreisen. Line hatte getrunken, die konnte sie schlecht bitten, sie zu fahren. »Am besten nehme ich ein Taxi.«

»Der Taxistand ist gleich um die Ecke. Soll ich schnell mitkommen?«

»Nein, das passt schon. Es reicht, wenn eine von uns bei dem Wetter vor die Tür muss. Aber … kann ich wohl trotzdem hier übernachten? Es dauert sicher nicht lange.«

»Klar doch. Ich beziehe in der Zeit das Sofa. Bis später.«

Alexa zog Jacke und Boots an und machte sich auf den Weg, obwohl sie das Gefühl hatte, diese Fahrt vergebens anzutreten.

7.

Nur wenige Stunden waren seit ihrem Eintreffen vergangen, doch die Szenerie in dem Wohnheim hatte sich komplett gewandelt: Scheinwerfer waren aufgestellt worden, um jeden Winkel des Flurs auszuleuchten. In Schutzanzüge gekleidete Beamte knieten oder standen in beiden Zimmern, tupften Rußpulver auf die glatten Flächen oder nahmen mit Klebestreifen Fusseln auf, um später kleinste Partikel im Labor auswerten zu können. Jedes Detail wurde nummeriert, aus unterschiedlichen Blickwinkeln fotografiert und katalogisiert.

Ein Absperrband schirmte die Neugierigen von dem hinteren Bereich des Flurs ab, und ein Uniformierter kontrollierte genau, wer das Band passieren durfte. Jemand, der behauptete, von der Presse zu sein, schoss Fotos von der Arbeit der Polizisten und begann, die Studierenden zu befragen, die nicht den Hauch einer Ahnung hatten, was überhaupt geschehen war, sich aber bereitwillig vor die Kamera stellten, um Auskunft über die beiden jungen Frauen zu geben, um die es zu gehen schien. Egal wie gut sie sie in Wirklichkeit kannten.

Krammer trat auf den Balkon des mittlerweile geöffneten Zimmers von Lela Neshan und starrte nach unten, wo ebenfalls Polizeibeamte nach Spuren eines Einbrechers suchten. Das Licht eines der Einsatzfahrzeuge tauchte die Szenerie rhythmisch in ein unwirkliches Blau.

Mittlerweile hatte es zwar aufgehört zu schneien, aber er war relativ sicher, dass der Schnee längst alle relevanten Spuren verdeckt hatte. Sie waren zu spät gekommen.

Wie so oft.

Seufzend wandte er sich um und ging zurück in das Zimmer, das im Gegensatz zum Raum nebenan sehr ordentlich war und völlig unberührt wirkte.

Er wusste nicht, ob er enttäuscht oder froh darüber sein sollte, dass sie es hier mit einer ganz anderen Spurenlage zu tun hatten. Das Bett war akkurat gemacht, wie mit einer Schablone. Die wenige Kleidung lag sorgfältig gefaltet in den Schrankfächern, eine Reihe von Lehrbüchern stand im Regal. Er konnte es zwar nicht mit Sicherheit sagen, aber auf den ersten Blick schien nichts zu fehlen. Außerdem war die Tür fest verschlossen gewesen.

Sie hatten nur wenig über Lela Neshan in Erfahrung bringen können. Die junge Frau war ohne ihre Eltern aus Syrien nach Deutschland gekommen und hatte offenbar ihre Chance auf einen Neuanfang gut genutzt. Sie war ausgesprochen klug und zielstrebig, ging selten aus und schien eher für sich zu bleiben. Hin und wieder kochte sie in der Gemeinschaftsküche Gerichte aus ihrer Heimat.

Was hatte sie sich wohl für ihre Zukunft hier erträumt? Sie schien jedenfalls eine mutige Person zu sein, die gelernt hatte, ohne den Rückhalt ihrer Familie zurechtzukommen.

Wieder schaute er sich in dem Zimmer um. Versuchte, etwas zu entdecken, das ihm verriet, warum auch sie verschwunden war. Irgendetwas war da, das konnte er spüren. Er übersah etwas. Nur was?

Obwohl es keinen Anhaltspunkt dafür gab, dass auch Lela

Neshan in die Auseinandersetzung im Nebenzimmer verwickelt gewesen war, konnte er es nicht als Zufall abtun, dass von beiden Studentinnen jede Spur fehlte.

War Lela vielleicht Zeugin von etwas geworden? War sie nach drüben gegangen, weil sie etwas gehört hatte? Oder war ihr beim Verlassen ihres Zimmers die offene Tür nebenan aufgefallen? Vielleicht hatte sie den Täter überrascht und war selbst zum Opfer geworden.

Aber wie sollte jemand zwei Frauen unbemerkt aus dem belebten Wohnheim schaffen, eine davon womöglich verletzt?

Krammer fuhr sich übers Gesicht. Es half nichts, sich weiter den Kopf zu zerbrechen. Er musste auf die Blutanalyse warten, die ergeben würde, ob die Spuren nur von einem oder von zwei Opfern rührten. Doch anders als im Fernsehen würde das Zeit brauchen. Es war später Freitagabend, und derjenige, der hier gewütet hatte, gewann mit jeder Minute mehr Vorsprung.

»Glaubst du, sie lebt noch?«, fragte Szabo, die leise von hinten an ihn herangetreten war. Sie hatte sich noch einmal mit Nasrin Bahno unterhalten.

Er zuckte die Schultern. »Ich weiß es nicht, aber ich hoffe es.« Natürlich tat er das. Nur so konnte er diesen Job überhaupt machen.

»Ich habe unsere Zeugin nach Hause geschickt. Sie ist völlig fertig«, teilte Szabo ihm mit. »Wir haben ihre Nummer und können morgen noch einmal mit ihr reden.«

»Ist ihr denn noch etwas eingefallen? Irgendwelche Freunde, jemanden, den wir fragen könnten?«

»Na, nix. Leider. Aber vielleicht morgen, wenn sie sich

etwas beruhigt hat. Doch besonders nahe standen die beiden sich ja offenbar nicht. Persönliches tauschten sie jedenfalls bei der Nachhilfe nicht aus. Von der anderen Studentin kannte sie nicht einmal den Namen.«

Krammer drehte sich zu seiner Kollegin um.

Roza hatte ihre Arme in die Hüfte gestemmt und schüttelte den Kopf, während sie sich im Zimmer umsah.

Instinktiv legte er ihr eine Hand auf die Schulter. »Du hast einen wirklich guten Instinkt, Roza.«

»Geh, hör auf.« Sie warf einen hastigen Blick in die Runde, als wolle sie sicherstellen, dass niemand seinen Kommentar gehört hatte.

»Was denn? Du hast das ernst genommen, obwohl dieses Mädchen erst zwei Stunden weg war. Zeig mir den, der sich da auf den Weg gemacht hätte. Na?«

Sie scharrte verlegen mit der Fußspitze über den Boden und schaute auf die Uhr.

»Hast du noch was vor?«, fragte er. »Ich kann mich gern um den Bericht kümmern. Kein Problem.«

»Spinnst du?« Roza Szabo lachte. »Ich schreib den Bericht. Wenn du mir was abnehmen willst, dann sprich mit den Eltern von dieser Karolin. Die Wahrscheinlichkeit ist zwar gering, aber vielleicht ist sie ja doch dort. Und falls nicht, müssen wir sie wenigstens vorwarnen.«

»Wohnen die in der Nähe? Sollen wir gleich vorbeifahren?«

Sie schüttelte den Kopf. »Das geht nicht so einfach. Ich weiß nicht, was wir verbrochen haben, aber wir müssen schon wieder mit den Deutschen zusammenarbeiten. Die Nowaks wohnen in der Nähe von Wolfratshausen, südlich von München.«

Krammer hob die Augenbrauen und musterte Rozas Gesicht. Aber es war ganz offensichtlich kein Scherz seiner Kollegin.

»Dieses Mal bleibt jeder auf seiner Seite der Grenze, hörst du?«, ermahnte ihn Szabo. »Keine Alleingänge. Schon gar nicht bei dem Wetter.«

Sofort dachte Krammer wieder an Alexa Jahn und an ihr verunglücktes Gespräch. Sie hatte ihn deutlich in die Schranken gewiesen. Völlig zu Recht. Hätte er sich doch bloß bei ihr entschuldigt … Vermutlich war es unter diesen Umständen angeraten, Roza die Koordination zu überlassen. Sie hatte ohnehin das bessere Händchen für Menschen.

»Packen wir's?« Szabo wandte sich zur Tür.

Er drehte sich noch einmal um die eigene Achse, prägte sich alles ein. »Also gut. Aber nur unter einer Bedingung: Du telefonierst, ich schreibe«, beharrte Krammer. »Und vorher holen wir uns noch was zu essen. Die Nacht wird sicher lang werden.«

8.

Schon von weitem hatte Alexa ihren Kollegen Florian Huber am Bahnhof erkannt. Dank seiner Größe, seines blonden Schopfes und seiner leuchtend blauen Funktionsjacke war er nicht zu übersehen. Da Alexa erst im Laufe der kommenden Woche einen eigenen Dienstwagen bekommen sollte, hatte er sie in Lenggries aufgelesen, damit sie gemeinsam zu den Eltern des vermissten Mädchens fahren konnten.

Am Morgen hatte Alexa noch einmal versucht, Juliane Hocke in ihrer Münchner Wohnung anzutreffen. Wieder ohne Erfolg. Ein älterer Herr, der im Erdgeschoss wohnte und für den Juliane von Zeit zu Zeit Einkäufe erledigte, hatte allerdings am Vortag beobachtet, dass sie am späten Nachmittag mit einem Rucksack losgezogen war. Er konnte Alexa sogar die ungefähre Uhrzeit nennen. Juliane habe sich sehr innig von einem jungen Mann verabschiedet, den er aber noch nie zuvor gesehen hatte.

»Das war ganz frisch mit den beiden. Das konnte man sehen. So, wie die Juliane den angestrahlt hat. Und sie kamen gerade von oben.« Er hatte vielsagend gelächelt. »Die Jugend. So sind die.«

Mit jedem Kilometer, den Alexa und Huber nun hinter sich brachten, nahmen die Schneemassen an beiden Seiten der Straße zu. Fast ein Meter nasser, schwerer Schnee war seit dem Vortag in den Voralpen gefallen, und graue Wolken kündigten neue Niederschläge an. Überall sah man Leute, die Einfahrten frei räumten oder dicke Schneeschichten von den Carports und Dächern schoben. Allerdings taten sie das mit einer Ruhe, die Alexa staunen ließ. Auch Huber fuhr völlig routiniert die vereiste Straße entlang.

Alexa hasste Schnee. Gut, er sah schon hübsch aus, wenn er in weiter Entfernung hoch oben die Berge verzierte. Oder an einem eiskalten, sonnigen Tag, wenn er glitzernd vor ihr lag und unter den Schuhen knirschte. Aber diese Pracht verwandelte sich nur allzu schnell in grauen Matsch, der von den Reifen wegspritzte und zu nichts anderem als zu nassen, kalten Füßen führte.

Und obwohl sie immerhin Boots trug, hatte Alexa wieder mal das falsche Schuhwerk dabei. Die Sohlen waren viel zu dünn. Aber dass sie hier im April noch Schuhe mit Futter brauchen würde, hatte sie nicht erwartet.

Genauso wenig hatte sie damit gerechnet, so schnell wieder in diese Gegend zu kommen. Sie hatte schon gegoogelt, dass die Jachenau einige Kilometer entfernt von Lenggries auf der anderen Seite der Isar in einem Tal lag. Normalerweise hätten sie nur eine Viertelstunde gebraucht, aber immer wieder geriet der Wagen auf der kurvigen Strecke ins Rutschen. Doch Huber hatte es perfekt drauf, ihn mit Gegenlenken zurück in die Spur zu bringen.

Seit sie losgefahren waren, schwieg er. Und auch wenn es Alexa unter den Nägeln brannte, mehr über den Ort und die Vermisste zu erfahren, wagte sie nicht, ihn in seiner Konzentration stören. Zwar waren sie in den letzten Tagen nicht aneinandergeraten, doch sie wusste immer noch nicht so recht, woran sie mit ihm war.

Sie schaute aus dem Fenster. Zu beiden Seiten drückten die Schneemaßen die Wipfel der Bäume tief zur Straße herunter. Unheilvoll.

Als der Wald weniger dicht wurde, sah sie vereinzelt Häuser und Bauernhöfe, die Berge dahinter waren auf halber Höhe von waberndem Nebel umhüllt. Hier draußen, auf dem freien Feld, türmten sich die Schneewehen an einigen Stellen fast mannshoch auf.

Eigentlich hätte es um diese Jahreszeit wesentlich wärmer sein müssen, und sie fragte sich, wie die ansässigen Bauern mit diesem späten Kälteeinbruch zurechtkommen würden.

»Dahinten ist es«, riss Huber sie aus ihren Gedanken und bog von der Hauptstraße in einen schmalen Weg ein, der zum Glück bereits geräumt war. Nur durfte ihnen hier bloß keiner entgegenkommen.

Der Hof, auf dem die Familie Hocke wohnte, lag versteckt hinter einer Reihe hoher Bäume. Ein einziges Wohngebäude stand daneben. Sonst gab es keine Nachbarn. Direkt hinter dem Haus ragte ein dicht bewaldeter Berg auf. Zur Straße hin waren alle Fensterläden geschlossen und verriegelt.

Huber fuhr an einer Scheune vorbei, lenkte dann scharf ein und hielt direkt daneben an. Ein Flügel des Tores stand offen, und Alexa lugte neugierig hinein. Sie sah jede Menge Gerümpel, und von der Decke hingen verschiedene Geräte: Heugabeln, Sensen und Rechen konnte sie dort im Halbdunkel erkennen.

Während die typisch bayerischen Häuser, die sie unterwegs gesehen hatte, urige Gemütlichkeit ausstrahlten, wirkte dieses schäbig und abweisend.

Dieser Eindruck verstärkte sich noch, als sie auf die Eingangstür zugingen. Die grünen Läden neben den winzigen Fenstern hingen windschief in den Angeln, der Anstrich war ergraut, genau wie der Holzstapel neben der Tür, der von Spinnennetzen überzogen war.

Im ersten Stock säumte ein Balkon die gesamte Breite des Hauses, der tiefliegende Dachüberstand ließ aber auch dort kaum Licht hin. Alexa erkannte seltsame hölzerne Masken, deren Metallaugen das Weiß des Schnees reflektierten und zu glitzern schienen. Sofort musste sie an eine alte Verfilmung von Hänsel und Gretel denken.

Die Haustür öffnete sich, und eine sehr dünne Frau erschien. Alexa war für einen Moment irritiert, denn sie hatte wegen des Alters der Vermissten mit einer weit jüngeren Person gerechnet.

Doch vielleicht lag es auch nur an ihrer Kleidung, dass sie älter wirkte. Die Frau trug eine schwere dunkelblaue Baumwolljacke, wie Alexa sie eher von Industriearbeitern kannte und in der sie fast zu versinken schien, eine dunkelgraue Arbeitshose und grüne Samtpantoletten, deren aufwendige Schmuckstickerei sich weitgehend aufgelöst hatte.

Als die Frau sie hereinbat, musste Huber sich bücken, um durch die niedrige Tür zu kommen. Der Wohnraum war eine typische bayrische Stube mit einer Eckbank und drei Stühlen, die um einen derben Tisch herumstanden, den die Deckenlampe hell erleuchtete.

Alexa konnte sich kaum vorstellen, dass man jemals ohne Licht hier sitzen konnte, denn die ohnehin kleinen Fenster waren auch noch mit Gardinen verhängt. Am liebsten hätte sie diese sofort aufgezogen und Luft hereingelassen, denn es war stickig und ungewöhnlich warm im Zimmer.

In einem grün gekachelten Kamin loderte ein Feuer, und der ganze Raum roch nach verbranntem Holz.

Am hinteren Ende des Tisches, direkt unterhalb des hölzernen Kreuzes, an dem ein bronzener Heiland mit Dornenkrone hing, thronte der Herr des Hauses: ein kahlköpfiger Mann in einem schmutzigen Unterhemd, dessen ausladender Bauch ihn in eine zurückgelehnte, seltsam wirkende Sitzhaltung brachte. Seine linke Hand war das Erste, was Alexa an ihm auffiel, denn sie war riesig und dicht behaart. Er nickte ihnen zu, stand jedoch nicht auf und machte auch sonst keine Anstalten, sie zu begrüßen, sondern gab ihnen nur mit einer knappen Handbewegung zu verstehen, dass sie Platz nehmen sollten.

Als sie sich setzten, merkte Alexa, dass er sie unverhohlen musterte, und sie war froh, dass sie ihre Jacke trotz der Hitze im Haus anbehalten hatte.

Dann rief er seiner Frau ein barsches »Bring Kaffee« zu, und obwohl bislang kaum etwas gesagt worden war, empfand Alexa die Stimmung zwischen den Hockes als äußerst angespannt.

»Sie sind also die Kriminalisten, die meine Alte gerufen hat?«, konstatierte der Hausherr.

Alexa zog es vor zu schweigen und Huber antworten zu lassen. Diese Art Mann hatte ohnehin kein Ohr für das, was Frauen zu sagen hatten.

Während Huber ihn fragte, wann er das letzte Mal etwas von seiner Tochter gehört habe, ließ Alexa weiter den Blick durch den Raum schweifen. Eine Sammlung von Bierkrügen aus Ton stand auf dem wuchtigen braunen Holzschrank, der die gesamte gegenüberliegende Wand einnahm. Daneben hing in einer Nische ein Gemälde, das eine Landschaft in den Bergen zeigte. Alles wirkte schwer, dunkel und alt. Alles, außer einer gerahmten Fotografie. Sie zeigte ein dunkelhaariges Mädchen mit schulterlangen glatten Haaren, grünen Augen und einem strahlenden, sympathischen Lächeln.

»Die war schon eine Weile nicht mehr da heraußen. Unsere Tochter hält sich nämlich für was Besseres, seit sie in der Stadt wohnt.«

Mit gesenktem Kopf kam die Frau wieder in die Stube zurück, in den Händen ein Tablett, auf dem zwei Tassen und eine Kanne sowie eine Flasche Bier standen.

Fast geräuschlos stellte sie das Geschirr bereit, goss Kaffee ein und schob ihnen Milchkännchen und Zuckerdose zu, bevor sie ihrem Mann sein Bier servierte, der sie dabei keines Blickes würdigte. Erst jetzt fiel Alexa ein blauer Fleck auf ihrem Wangenknochen auf.

»Sie hat viel zu tun, das weißt du doch«, sagte Frau Hocke, deren Stimme sehr wohlklingend und warm war. Sie zupfte eine Locke nach vorne, die nun die Verletzung verbarg. Ein sanftes Lächeln umspielte ihren Mund, als sie erzählte, dass ihre Tochter studierte. »In den Faschingsferien war sie ein paar Tage hier. Da trifft sie sich immer mit ihren alten Freundinnen von der Schule, und sie gehen zum Tanzen. Und an Ostern auch. Natürlich. Sie studiert ja Zahnmedizin an der LMU in München, wissen Sie. Hat ein sehr gutes Abitur gemacht, unsere Juliane. Jetzt ist sie schon im vierten Semester.«

Dann wurde sie wieder ernst, und die Sorge um ihr Kind grub tiefe Furchen in ihr Gesicht. »Wir hatten telefoniert. Sie wollte gestern zum Abendessen hier sein. Ich habe ihr gesagt, wie schlecht der Wetterbericht ist, und sie meinte, sie würde früh genug losfahren. Wahrscheinlich hat sie zuvor noch in der Bibliothek gelernt und ist gleich von dort zum Bahnhof. Da hat sie ihr Telefon immer aus.«

Doch wie Alexa bereits wusste, war das definitiv nicht der Fall. Zumindest war Juliane nicht den ganzen Nachmittag dort gewesen. Vielleicht gab es noch mehr Dinge, die sie lieber für sich behielt – oder anders darstellte, als sie in Wirklichkeit waren. Schließlich war sie ihren Eltern auch keine Rechenschaft schuldig für die Art, wie sie ihr Leben führte. Vor allem, wenn es sich so grundlegend unterschied.

»Sie wollten sie doch sicher vom Bahnhof abholen?«, fragte Huber.

Frau Hocke sah zu Boden. »Ich habe nie Autofahren gelernt. Sie sollte sich ein Taxi nehmen, habe ich ihr gesagt. Das Geld hätte ich ihr ja dann gegeben.«

»Du kannst den Herrschaften ruhig erzählen, dass ihre lieben Kollegen mir wegen so einem depperten Kleinkram den Führerschein abgenommen haben. Das kriegen die sowieso raus. Zu viel Promille, meinten die.« Er griff zu der Flasche. »So ein Schmarrn. Dabei fahre ich mit Alkohol viel besser. Prost.« Dann setzte er sie an und trank, scheinbar ohne ein einziges Mal zu schlucken. Mit der Bewegung verbreitete sich ein unangenehmer Geruch nach abgestandenem Schweiß im Raum.

»Für welche Uhrzeit hatte Juliane sich denn angekündigt?«, fragte Alexa und wandte ihr Gesicht von Hocke ab. »Die Straße hier raus war gestern Abend ja zeitweise gesperrt. Vielleicht konnte sie gar nicht zu Ihnen gelangen.«

»Sie wollte vor dem Abendessen hier sein«, sagte Frau

Hocke. »Also allerspätestens um 19 Uhr. Aber normalerweise kommt sie immer früher, damit wir uns noch ein bisschen unterhalten können.«

»Wann haben Sie sie denn zuletzt gesprochen?«, hakte Alexa nach.

»Vorgestern. Am Abend. Sie war ganz aufgekratzt und freute sich auf ihren Geburtstag.«

Das passte zu dem, was der Nachbar gesagt hatte. Auch er hatte beschrieben, dass sie sehr glücklich gewirkt hatte.

»Hat sie eigentlich einen Freund?«, erkundigte sich Alexa gespannt.

Doch Frau Hocke zuckte die Schultern. »Nicht, dass ich wüsste. Das hätte mir die Juliane bestimmt erzählt.«

Dessen war sich Alexa allerdings nicht so sicher.

»Gab es einen Streit? Oder einen anderen Grund, warum Ihre Tochter sich vielleicht doch spontan entschieden haben könnte, woanders zu feiern?«, wollte Huber wissen.

»Ohne Bescheid zu geben? Niemals!« Julianes Mutter schüttelte den Kopf.

»Aber sie ist doch erwachsen«, hielt Alexa dagegen. »Manchmal macht man doch ganz spontan eigene Pläne. Erst recht bei dem Wetter ... Vielleicht wollte sie mit ein paar Kommilitonen feiern.«

Frau Hockes Blick huschte einmal kurz zu ihrem Mann hinüber. Für den Bruchteil einer Sekunde blitzte etwas in ihren Augen auf, das Alexa nicht deuten konnte. Doch schon war ihre Miene wieder erstarrt, der Blick auf die Hände gerichtet.

»So ist sie nicht«, murmelte sie schließlich. »Das würde mir die Juliane nicht antun, dass ich mir Sorgen machen muss.«

»Fragen Sie den Jungen vom Moser Sepp, wenn Sie meine Tochter finden wollen«, mischte sich der Alte ein. »Der ist seit kurzem wieder da. Wenn hier heuer jemand verschwindet, dann hat der was damit zu tun. Hundertprozentig.«

»Ist er mit Ihrer Tochter zur Schule gegangen, oder waren die beiden befreundet?«

»Befreundet? Na, geh weiter!«, brummte Herr Hocke. »Der kann die Finger nicht von den Weibern lassen. Der fragt vorher auch nicht viel. Die Juliane, die ist schon eine, nach der er sich umdrehen würde. Die hat ordentlich Holz vor der Hütt'n.«

Wieder wanderte sein Blick über Alexas Körper.

»Geh, hör auf«, zischte seine Frau. »Der Sohn vom Moser hat doch damit nichts zu tun.«

Statt eines weiteren Kommentars ließ der Alte einen lauten Rülpser hören.

Alexa wechselte einen kurzen Blick mit Huber. Sie wollte das Gespräch gerne beenden, denn sie merkte, wie peinlich der Frau das Gehabe ihres Mannes war. Zudem war sie zu der Überzeugung gelangt, dass die beiden kaum eine Ahnung hatten, wie sich das Leben ihrer Tochter in München wirklich gestaltete. Wahrscheinlich würden sie von Studienkollegen oder Nachbarn weit mehr über Juliane erfahren.

»Was werden Sie denn jetzt machen?«, fragte Frau Hocke. »Es wird doch nach ihr gesucht, oder? Ich bin sicher, dass etwas passiert sein muss. Ich fühle das.«

Der Alte schnaubte.

»Sie hätte sich doch sonst längst gemeldet«, verteidigte die Frau sich, die Hände im Schoß gefaltet und noch schmaler wirkend.

Alexa versicherte ihr, dass sie alles veranlassen würde, was in ihrer Macht stand, um den Verbleib ihrer Tochter so schnell wie möglich zu klären. Im Stillen konnte sie es dem Mädchen allerdings nicht verübeln, dass es den Geburtstag nicht mit seinen Eltern verbringen wollte. Im Gegenteil: Sie fragte sich, wie ein Mensch mit einer so positiven Ausstrahlung, wie Juliane sie auf dem Bild zu haben schien, in diesem düsteren Haus hatte aufwachsen können.

Jetzt kratzte der Alte sich am Bauch und musterte Alexa erneut ohne jede Scham.

Sie ignorierte ihn und drehte sich zu Julianes Mutter hin. »Wir melden uns bei Ihnen, sobald wir etwas herausgefunden haben. Wenn Sie in der Zwischenzeit etwas hören, rufen Sie mich bitte an.« Dann reichte Alexa ihr eine Visitenkarte. »Sie können mich jederzeit anrufen«, fügte sie noch hinzu und sah Frau Hocke eindringlich an.

»Fahren Sie zum Moserhof. Mehr sag ich nicht«, brummte der Alte. »Und jetzt los, mach was zum Essen. Ich hab schon lange genug gewartet.«

Frau Hocke brachte sie noch zur Tür, schloss diese aber rasch wieder hinter ihnen.

Alexa atmete tief durch und beeilte sich, zu Hubers Auto zu gelangen. In dem Haus hatte sie zeitweilig das Gefühl gehabt, keine Luft mehr zu bekommen.

9.

Einige Stunden zuvor

Die Musik dröhnte ihr in den Ohren, das Wummern der Bässe ließ ihren Körper vibrieren. Sie lag bäuchlings auf dem Boden, es war kalt und dunkel. Nur mit Mühe war es ihr gelungen, etwas zu erkennen. Mit ihren Augen stimmte etwas nicht. Sie konnte nur das rechte halbwegs öffnen und durch die schweren Augenlider lugen. Sie befand sich mitten in einem riesigen Saal, Lichtkegel zuckten im Takt der Musik rasch durch die Luft, und es roch nach süßlichem Kaugummi, Rauch und Schweiß.

Den Kopf zu heben fiel ihr schwer, und auch sonst konnte sie sich kaum bewegen. Sie war an Händen und Füßen gefesselt, ihre Gelenke schmerzten von der unnatürlichen Haltung. Auf dem Boden, wo zuvor ihr Kopf gelegen hatte, konnte sie eine Blutlache erkennen. Ihr stockte der Atem. Schon brachen Fragen wie eine Flutwelle über sie herein: Wo bin ich? Was ist passiert? Wie bin ich hierhergekommen?

Sie hatte keinen Schimmer. Das Letzte, woran sie sich erinnern konnte, waren die Schneeflocken, die vor dem Fenster vom Himmel fielen. Sie liebte es, wenn sich eine weiße Decke über die Landschaft legte, die schroffen Kanten der Nordkette plötzlich in blendendem Weiß erstrahlten. Sie hatte auf dem Bett gesessen und eine WhatsApp geschrieben.

Doch warum und was, das wollte ihr beim besten Willen nicht einfallen. Ihr Kopf war wie vernebelt.

Sie stöhnte laut auf, als sie versuchte, sich umzusehen.

Die dunklen Bodendielen waren dreckig, feine Staubpartikel flimmerten in der Luft, wenn das Licht auf sie traf.

Jemand hat mich verschleppt.

Ihr Herz pumpte plötzlich schneller in der Brust, und Übelkeit stieg in ihr auf. Sie schloss die Augen, schluckte immer wieder, konzentrierte sich auf ihren Körper, um sich zu beruhigen. Sie wollte keinesfalls mit dem Gesicht in ihrem Erbrochenen liegen. Das wäre demütigend.

Sie lauschte in den Raum hinein, ob sie neben den lauten Bässen des Hip-Hop-Songs ein anderes Geräusch wahrnehmen konnte. Nichts.

Dann hob sie noch einmal den Kopf, fixierte die dunklen Ecken im hinteren Teil. Gab es dort eine Bewegung? War da vielleicht jemand?

»Hallo?«, fragte sie in die Leere hinein, vermutlich viel zu leise. Aber lauter zu rufen traute sie sich nicht. Nicht, solange sie keine Ahnung hatte, wer sie hierhergebracht hatte. Dennoch horchte sie angestrengt, versuchte, die dröhnende Musik auszublenden.

Aber es kam keine Antwort.

Etwas in ihrem Inneren schien mit einem Mal zu vibrieren. Wie ein Laut, der langsam stärker wurde. Es war nicht die Musik. Es war nackte Angst, die sich in ihrem Körper ausbreitete.

Wieder schloss sie die Augen.

Nein, nein, nein. Das kann nicht wahr sein. Wieso ich?

Sie riss den Mund auf, schnappte nach Luft, musste husten.

Ihr Hals war rau und kratzte. Sie brauchte Wasser, hatte plötzlich das Gefühl zu verdursten.

Sie kannte die Anzeichen ganz genau. Von ihrer Flucht aus Syrien. Im Schutz der Dunkelheit hatten sie mitten in der Nacht ihr Elternhaus verlassen. Noch heute schlief sie schlecht, hörte immer wieder die Detonationen von Bomben, die aufgeregten Stimmen, sah die Menschen, die panisch flohen – ohne Ziel, nur weg. Ihre Eltern hatten sie und ihre Schwester fortgeschickt. Sie selbst wollten bleiben. Die Großeltern würden es nicht nach Europa schaffen, und sie brachten es nicht fertig, sie dort allein zurücklassen. Aber die bewaffneten Männer, die raubten und vergewaltigten, die wahllos auf alles schossen, was sich bewegte – denen sollten ihre Töchter nicht zum Opfer fallen.

Wenigstens sie sollten es besser haben.

Dann waren sie gelaufen. Tagelang. Schnell waren die Vorräte aufgebraucht. Weder sie noch ihre Schwester konnte sagen, was schlimmer war: der Hunger oder die schmerzenden Glieder. Sie waren völlig entkräftet. Und doch mussten sie weiter. Immer weiter. Mit den anderen Menschen, die sie nie zuvor gesehen hatten. Weiterlaufen, egal wie sehr die Beine und der Rücken schmerzten. Oft ohne eine Pause. Nachts hatten sie in der Kälte geschlafen, irgendwo auf dem nackten Boden in den Wäldern. Eng aneinandergepresst, bloß eine Decke über sich gebreitet. In den Sachen, die sie schon seit Wochen tragen mussten, da sie nur einen Rucksack bei sich hatten. Längst hatten sie aufgehört, miteinander zu sprechen.

Jedes Wort hätte es schwerer gemacht.

Die Schwester weinte still, so sehr vermisste sie ihr Zuhause. Aber Lela musste stark sein. Sie war die ältere. Deshalb hatten sie sich stets an den Händen gehalten. Sich geschworen, nie aufzugeben. Bis sie einen Ort gefunden hätten, der friedlich war. Weit weg von Verfolgung und Krieg.

Wo sie zur Ruhe kommen konnten.

Viel zu langsam war die Erinnerung verblasst. An die Kälte. An die Angst. An die Kerle, vor denen sie sich nachts im Lager gefürchtet hatte. Die sie ständig beobachteten, auf eine Chance lauernd, dass sie sich ein Stück von der Gruppe entfernten. Sie wusste nicht, ob es ihre Körper waren, die sie wollten, oder ob sie es bloß auf Geld oder Schmuck in den Rucksäcken abgesehen hatten. Immer wieder war sie aus ihren Träumen hochgeschreckt, wenn sie ein Geräusch in der Nähe hörte.

Bis heute schlief sie schlecht.

Erst in der Wissenschaft hatte sie ihren Frieden gefunden. In den Büchern. Dort fand sie Ablenkung und konnte vergessen. Ehrgeizig las sie alles, was sie auftreiben konnte, und wollte vor allem eines: ihre Eltern stolz machen.

All das, nur um jetzt hier zu enden?

Wieder suchte sie die nähere Umgebung ab. Vielleicht gab es irgendwo eine Pfütze, eine Flasche, irgendetwas, das den Durst löschen könnte. Oder etwas, um die Fesseln zu lösen.

Nichts. Aber dann bemerkte sie in der Nähe etwas.

Den Abdruck einer Schuhsohle.

Sie hielt ganz still, wartete, bis der Scheinwerfer erneut auf die Stelle traf. Dieses Lied kannte sie genau, hatte es selbst auf ihrer Playlist. Tom Gregory. Sie zählte den Takt mit, murmelte den Text. *Wanna know, wanna know, what love is.* Gleich musste der Laser wieder auf die Stelle fallen.

Da sah sie ihn wieder!

Es war ein großer Abdruck, definitiv die Schuhsohle eines Mannes. Ein derbes Profil, von Stiefeln oder Wanderschuhen.

Doch jetzt entdeckte sie noch etwas. Eine schmale Linie, die sich durch den Staub zog. Seitlich davon immer wieder die Abdrücke. Die Linie reichte bis zum anderen Ende des Saales, verschwand dann in der Dunkelheit.

Sie legte den Kopf ab, der Nacken schmerzte von der ungewohnten Haltung.

Kurz ausruhen. Kraft sammeln.

Sie murmelte den Text des Liedes mit, hob erst bei der entscheidenden Stelle den Kopf, riss das eine Auge so weit auf, wie es ging, und fixierte das andere Ende des Raumes, bis der Lichtstrahl es erreicht hatte.

Sie hatte sich nicht getäuscht. Da war noch jemand.

Ich bin nicht allein hier.

Alles folgt deinen Regeln.
Du bist es, der den Takt vorgibt.
Wer nicht mitmacht,
ist am Ende selber schuld.

10.

Huber lenkte konzentriert den Wagen über die vereiste Fahrbahn, zurück nach Lenggries. Es hatte wieder zu schneien begonnen. Dicke, nasse Flocken klatschten auf die Frontscheibe, tauten dort jedoch sofort. Noch immer hatte ihr Kollege kein einziges Wort gesprochen und behielt seine Überlegungen für sich. Aber er kannte die Leute hier einfach besser, und seine Einschätzung war ihr wichtig.

»Was hältst du von der Sache?«, fragte Alexa deshalb.

»Meinst du das mit dem Moser? Wusste gar nicht, dass der schon wieder auf freiem Fuß ist.«

Eigentlich hatte Alexa bei ihrer Frage Hocke selbst im Sinn gehabt. So sehr er sich bemüht hatte, sie mit seiner rüden Art einzuschüchtern, umso sicherer war sie geworden, dass er kein unbeschriebenes Blatt war. Und dieses Gefühl rührte definitiv nicht von ihrer Abscheu gegen den Mann – wenngleich sie sich kaum vorstellen konnte, mit diesem Menschen Tag für Tag am selben Tisch sitzen zu müssen. Geschweige denn, ihn zum Vater zu haben. Die Reaktionen seiner Frau ließen tief genug blicken.

»Denkst du wirklich, dieser Moser könnte etwas mit Julianes Verschwinden zu tun haben? Ich frage mich, wie ihr Vater darauf kommt.« Sie wollte beim Thema bleiben.

Huber zuckte die Schultern. »Mich wundert das nicht. Der Moser junior stand schon immer mit einem Fuß im Knast. Er hat Autos geklaut, mit Drogen gehandelt, war auch mehrfach wegen Körperverletzung angeklagt. Zuletzt haben sie ihn wegen einer Vergewaltigung drangekriegt, die DNA-Spuren waren eindeutig. Deshalb wurde er auch verurteilt. Eigentlich zu drei Jahren Haft, die sind aber noch nicht rum.«

»Okay, dann ist er vielleicht auf Bewährung draußen«, vermutete Alexa. »Wer war denn damals das Opfer, weißt du das? Hat sie vielleicht Ähnlichkeit mit unserer Vermissten?«

»Das war seine Ex«, antwortete Huber. »Sie hatte einen neuen Freund, die beiden wollten sich verloben. Das hat sein Ego wohl nicht ausgehalten. Er hat ihr auf dem Rückweg von der Arbeit aufgelauert und sie wirklich übel zugerichtet. Er wollte ihr auch noch mit Säure das Gesicht verätzen, damit sie keiner mehr anrührt. Zum Glück kam gerade rechtzeitig jemand zu Hilfe. Eine schlimme Geschichte war das.«

»Aber Juliane Hocke, hatte die mal etwas mit ihm zu tun? Sie muss doch Jahre jünger sein als er. Und so, wie du es schilderst, war das ja eindeutig eine Beziehungstat, womöglich begünstigt durch sein gewalttätiges Naturell. Ist er denn auch ein Typ, der über eine Wildfremde herfallen würde? Versteh mich nicht falsch, ich will den Fall nicht bagatellisieren, aber bei seiner Ex-Freundin gab es immerhin eine gemeinsame Vorgeschichte.«

»Gute Frage. Der Knast verändert die Menschen, und oft nicht gerade zum Besseren. Insofern könnte ich mir schon vorstellen, dass er eine ungeheure Wut in sich trägt und man ihm besser aus dem Weg gehen sollte. Der ist schon oft wegen der kleinsten Kleinigkeit explodiert. In seiner Akte stand, dass er mal einem Nachbarn mit dem Auto durch den Zaun bis vor die Haustür gebrettert ist.«

»Weißt du, warum?«

Huber zuckte die Schultern. »Der Nachbar hat damals die Anzeige gleich wieder zurückgezogen. Keine Ahnung, wieso. Aber dass der Junior nicht zimperlich mit Frauen umgeht, darüber gab es immer schon Gerüchte.«

Alexa betrachtete nachdenklich die vorbeiziehende Landschaft. Am besten würde sie sich die Akte von diesem Moser noch einmal ansehen. Doch die andere Sache ließ ihr ebenfalls keine Ruhe.

»Und was hältst du von dem alten Hocke?«

Hubers Miene war deutlich abzulesen, dass er über den abrupten Themenwechsel erstaunt war.

»Wie meinst du das? Denkst du etwa, er hätte etwas mit ihrem Verschwinden zu tun? Der eigene Vater?«

Alexa zuckte die Achseln. »Immerhin hatte er sofort einen Kerl an der Hand, auf den er die Schuld abwälzen konnte. Auf mich wirkte er vorhin jedenfalls nicht wie ein umsichtiger, besorgter Vater. Im Gegenteil: Er schien nicht besonders beunruhigt über das Verschwinden seiner Tochter. Ein wenig seltsam finde ich das schon.« Vor allem konnte er den Blick nicht von mir und meinen Brüsten lassen, fügte Alexa im Stillen hinzu.

»Ach, der tut doch keinem was, der Alte. Er ist ein unangenehmer Typ, da gebe ich dir recht. Ich kenne den von früher. Meine Eltern haben mal hier in der Nähe gewohnt. Der Hocke hat als Metzger in Lenggries gearbeitet, bis er einen schlimmen Arbeitsunfall hatte. Er ist beim Zerlegen mit einer Hand in die Sägemaschine gekommen und trägt seither eine Prothese. Für Männer wie ihn ist das halt einfach nichts, tatenlos zu Hause rumzusitzen …«

Und dann sucht man in seinem Frust halt Streit, führte Alexa den Gedanken fort. Wenn Hocke also schlecht auf den jungen Moser zu sprechen war, schien es ihr sinnvoll, sich zunächst darüber schlauzumachen, in welchem Verhältnis die Männer zueinander standen. Vielleicht gab es einen alten Zwist oder eine Rivalität zwischen den Familien, etwas, das erklären würde, wieso Hocke ihn unbedingt anschwärzen wollte.

»Festhalten«, rief Huber und trat hart auf die Bremse. Der Wagen brach auf der glatten Fahrbahn seitlich aus, Huber lenkte stark gegen, versuchte, nicht völlig die Kontrolle über den Audi zu verlieren. Alexa schützte instinktiv ihren Nacken und hob den Blick erst, als das Auto zum Stehen kam.

Gerade noch rechtzeitig.

Der Wagen stand quer auf der Fahrbahn. Vor ihnen versperrte eine umgestürzte Tanne die Straße. Ohne Hubers gekonntes Manöver hätten sie die mit ordentlichem Tempo gerammt. Mit welchen Folgen, darüber mochte Alexa gerade nicht weiter nachdenken.

»Herrschaftszeiten!« Huber hielt immer noch das Lenkrad fest und starrte durch die Windschutzscheibe nach draußen.

»Das war knapp. Was machen wir jetzt?«, fragte Alexa und musterte Hubers Miene.

Sein Fluch verhieß nichts Gutes. Alexa hatte keine Ahnung, wie lange sie bei diesem Wetter über eine andere Route durch die Berge brauchen würden, um wieder zurück nach Weilheim zu kommen. Wenn es überhaupt eine gab und die schon geräumt war. Denn der Winterdienst hatte sicher alle Hände voll zu tun, wenigstens die Hauptverkehrsstrecken frei zu halten.

Ohne ihr eine Antwort zu geben, stieg Huber aus und machte sich an dem Hindernis zu schaffen. Doch der Baum war viel zu schwer, und es würde ihnen definitiv nicht gelingen, das riesige Ding zu bewegen, geschweige denn, es von der Fahrbahn wegzuziehen. Aber vielleicht musste ihr Kollege sich nur abreagieren. Ihr selbst steckte der Schreck auch noch in den Gliedern.

»Wir sollten die Strecke sichern«, rief Alexa ihm zu und suchte im Kofferraum nach einem Warndreieck.

»Ich sage über Funk der Leitstelle Bescheid«, entgegnete er.

Huber setzte sich ins Auto, während Alexa ein Stück zurücklief, um das Warndreieck gut sichtbar vor der Kurve zu platzieren. Ihr Blick ging den steilen Hang hinauf, wo sie noch weitere Tannen entdeckte, die sich bedrohlich unter der Last des Schnees nach unten bogen. Auf der gegenüberliegenden Seite genauso. Sie hatten verdammtes Glück gehabt. Der Baum hätte den Wagen auch einfach unter sich begraben können.

Sie beschleunigte das Tempo, so gut es mit ihrem lädierten Fuß ging. Zum Glück waren bei dem Wetter wahrscheinlich nicht allzu viele Menschen mit dem Auto unterwegs.

Alexa stellte das Dreieck auf der linken Seite auf und spähte dann noch einmal in die Richtung des Hofes, den sie längst nicht mehr ausmachen konnte. Genauso wenig wie irgendein anderes Haus. Nichts außer weiten, schneebedeckten Feldern und dem Wald, der sich auch auf der gegenüberliegenden Seite hinter einem schmalen Fluss bis zum nächsten Hügelkamm zog.

Sie kniff die Augen zusammen, versuchte, sich vorzustellen, wie es am Vorabend hier wohl ausgesehen haben mochte. Gestern war der Wind noch wesentlich stärker gewesen.

Vermutlich war bereits die Dunkelheit hereingebrochen, wenn Juliane erst am späten Nachmittag von München angekommen war. Bei eisigen Temperaturen, während eines echten Schneesturms. Wie und wo hätte dieser Moser Juliane überhaupt treffen sollen? Das ergab doch keinen Sinn.

Außer, er hätte ihr am Bahnhof angeboten, sie nach Hause zu fahren. Aber wäre Juliane bei einem Kerl mit einem so zweifelhaften Ruf eingestiegen? Die Geschichte mit seiner Ex kannte sicher jeder in der Gegend. Möglicherweise, wenn sie das Geld für das Taxi sparen wollte. Immerhin war sie Studentin und erhielt von ihren Eltern sicher keine üppige finanzielle Unterstützung.

Und leider gab es durchaus Frauen, die sich von solchen zwielichtigen Typen angezogen fühlten. Sie wusste zu wenig über Juliane Hocke, um das ausschließen zu können. Und dennoch schien ihr das alles nicht wirklich schlüssig.

Alexa fixierte das Gelände und wischte sich ein paar Flocken aus dem Gesicht. Es war absolut still. Der tiefe Schnee verschluckte alle Geräusche. Auch Schreie würde man nicht hören … Sie schlang die Arme um ihren Körper.

Vielleicht war Juliane einfach nur bei einer Freundin gestrandet, so wie sie selbst gestern bei Line. Ihr Kollege hatte ja ebenfalls vermutet, sie habe bloß ihre Pläne geändert. Zu hoffen wäre es. Denn alle anderen Alternativen waren äußerst beklemmend.

Huber hatte das Auto gewendet und fuhr ihr jetzt langsam entgegen.

»Gibt es einen anderen Weg aus dem Tal heraus?«, fragte Alexa beim Einsteigen und klopfte den Schnee von ihren Schuhen.

Er schüttelte den Kopf. »Wir sitzen erst einmal hier fest. Die Mautstraße am Walchensee ist bei dem Wetter unbefahrbar, genauso wie die Straße, die nach Urfeld führt. Aber es ist schon jemand unterwegs, um den Baum wegzuräumen. In der Zwischenzeit können wir uns im Dorfladen eine belegte Semmel gönnen.«

Alexa verspürte absolut keinen Hunger, hätte sich lieber weiter um den Fall gekümmert, aber es blieb ihr wohl nichts anderes übrig.

Als hätte er ihren Unmut bemerkt, fügte Huber noch hinzu: »Wir können uns dann auch gleich umhören, was im Ort geredet wird. Wenn man erfahren will, was hier los ist, dann am besten dort. Und da jetzt für ein paar Stunden keiner mehr rein- oder rauskommt, werden sich alle genau da treffen. Vor ein paar Jahren gab es hier schon mal einen Katastrophenfall, da war die Ortschaft für fast eine Woche von der Außenwelt abgeschnitten. Ich weiß noch, wie die Bäume mit dem Polizeihubschrauber vom Schnee befreit werden mussten, damit sie nicht unter der Last brachen. Damals waren alle froh, dass es dort Verpflegung gab. Viel wert, so ein Laden, der für solche Fälle eine gute Vorratshaltung hat.«

Alexa starrte wieder auf die Schneemassen zu beiden Seiten des Weges. Mit einem Mal wurde ihr unerträglich heiß. Sie zerrte an ihrem Reißverschluss, hatte das Gefühl, nicht mehr atmen zu können.

Sie schielte zu Huber hinüber, hoffte, er würde ihre beginnende Unruhe nicht bemerken. Aber mitten im Nirgendwo auf unbestimmte Zeit festzusitzen, versetzte sie seit letzter Woche in Panik.

11.

Krammer saß in seinem Stammcafé, dem Café Central – oder CC, wie er es liebevoll nannte –, um wie jeden Morgen dort sein Frühstück zu sich zu nehmen. Seit er sich vor ein paar Jahren aus Wien nach Innsbruck hatte versetzen lassen, verbrachte er den größten Teil seiner Freizeit in dem Café und genoss die Atmosphäre, die an ein Wiener Kaffeehaus erinnerte. Heute hatte er etwas Herzhaftes geordert, denn er ahnte, dass es ein langer Tag werden würde. Doch schon nach wenigen Bissen schob er den Teller von sich.

Es lag nicht am Essen. Alles duftete famos und schmeckte hervorragend. Die Spiegeleier, der Speck und die Würstl waren wie immer auf den Punkt gebraten. Sogar der Toast, den man dazu gereicht hatte, war noch warm gewesen.

Ein Gedanke nagte an ihm. Dass eines der Mädchen Opfer eines tätlichen Angriffs war, stand bei der Spurenlage außer Frage. Er würde es mit verzweifelten Eltern zu tun haben, mit Vorwürfen, nicht gründlich genug zu arbeiten, nicht schnell genug zu sein. Doch daran lag es nicht.

All das kannte er. Viele Jahre schon. Mit der Zeit hatte er Methoden entwickelt, die ihm halfen, professionelle Distanz zu den Fällen zu bewahren, damit ihm kein Detail zu sehr unter seine Haut kroch. Er wäre sonst Gefahr gelaufen, den neutralen Standpunkt zu verlieren, den er als Ermittler behalten musste, und er durfte sich nicht von Sympathie oder

Antipathie leiten lassen. Nur auf diese Weise blieb er aufmerksam und konnte nach dem Verbindungsstück suchen, das die Aufklärung vorantrieb.

Seine Unruhe hatte mit etwas anderem zu tun. Eine der beiden Vermissten war Deutsche. Er hätte längst Alexa Jahn anrufen müssen, um sie über den Fall zu informieren. Natürlich war das Mädchen innerhalb Österreichs verschwunden, und somit fiel die Untersuchung eindeutig in sein Ressort. Aber es war etwas anderes, wenn man sich kannte – und noch vor einer Woche gemeinsam ermittelt hatte. Zudem lag Wolfratshausen, wo die Eltern des vermissten Mädchens wohnten und wo Karolin Nowak weiterhin mit ihrem Hauptwohnsitz gemeldet war, in der Zuständigkeit der Kripo Weilheim.

Seine Kollegin Roza hatte zwar in dem Telefonat mit den Eltern unmissverständlich klargemacht, dass sie bereits intensiv mit den Ermittlungen begonnen hätten und diese Suche allein Sache der österreichischen Behörden sei. Aber was, wenn sie ihnen nicht vertrauten und selbst die Polizei anriefen?

Wieder starrte er auf sein Handy.

Krammer seufzte. Im Dienst wusste er immer, was zu tun war. Im Privaten hingegen ließ er kaum einen Fettnapf aus. Benahm sich wahrhaftig wie ein Trottel. Schon seit Tagen hatte er sich bei Alexa entschuldigen wollen, es aber wieder und wieder und wieder hinausgeschoben. Aus Angst, sich erneut um Kopf und Kragen zu reden.

Entschlossen griff er nach der Serviette, um sich den Mund abzuwischen.

Ein eiskalter Luftzug riss ihn aus seinen Gedanken. Er

erstarrte, als er sah, wer gerade das Café betrat. *Sie*. Heute hatte sie einen Schirm dabei, von dem sie den Schnee abschüttelte. Dann stellte sie ihn rasch in den Ständer, begrüßte lächelnd den Kellner, der ihr galant aus dem hellgrauen, am Saum durchnässten Mantel half und sie an ihren Stammtisch begleitete.

Er hörte ihre helle Stimme, ihr Lachen.

Rasch zog er den Teller wieder zu sich, häufte die Gabel voll und schob sie sich in den Mund. Das Spiegelei war mittlerweile erkaltet, das Kauen fiel ihm schwer. Aber er musste sich auf sein Essen konzentrieren, um sie nicht fortwährend anzustarren.

Die Frau, von der er nicht einmal den Namen wusste. In die er sich aber vor ein paar Monaten Hals über Kopf verliebt hatte.

Vielleicht war es töricht, vielleicht war es schon ein Zeichen von Senilität, aber er hätte schwören können, dass sie die Richtige war. Die Eine.

Er nahm einen Schluck Wasser und schielte dabei erneut aus den Augenwinkeln zu ihrem Tisch hinüber.

Der Kellner ließ gerade den Block, auf dem er die Bestellung notiert hatte, in der Tasche seines Gilets verschwinden und säuberte noch einmal die Tischplatte, während er sich weiter mit ihr unterhielt. Er beneidete den Mann um seine Leichtigkeit. Er selbst würde vermutlich kein einziges Wort hervorbringen. Oder nur das Falsche sagen.

Als sie wieder allein war, zog sie wie immer eine Lektüre aus ihrer Handtasche und schlug das Buch ungefähr in der Mitte auf. Er hatte nicht sehen können, wie der dicke, gebundene Roman hieß, den sie diese Woche las. Sonst wäre er sofort in die nächste Buchhandlung gelaufen, um ihn am Wochenende zu studieren. Um sie so besser kennenzulernen und die Welt durch ihre Augen zu sehen.

Er zuckte zusammen, als sein Handy mit einem brummenden Laut vibrierte. Eine unbekannte Nummer. Aus Deutschland.

Er überlegte einen Moment. Das Brummen verstummte und die Mailbox sprang an. Doch der Anrufer hatte lieber aufgelegt. Selbst schuld. Wer keine Nachricht hinterließ, hatte eben Pech gehabt.

Sein Blick fiel auf die Uhrzeit. Sakra, er musste jetzt dringend los! Szabo wartete sicher schon auf ihn.

Rasch nahm er ein paar Bissen zu sich, trank den Rest seines Mokkas und legte dann das Geld passend auf den Tisch.

Noch ein letztes Mal sah er kurz zu ihr hinüber. Er meinte, ihr Parfüm riechen zu können. Ein frischer Blumenduft, mit einem Hauch Vanille. Nicht aufdringlich, ganz leicht.

Vermutlich bildete er sich das aber nur ein. Doch es würde genau zu ihr passen.

Eine Dreiviertelstunde später befanden sich Krammer und Szabo in einem der Arbeitsräume des Wohnheims. Sie hatten sämtliche Studierende, die auf demselben Flur untergebracht waren, befragen wollen. Einen nach dem anderen. Doch sie hatten Pech: Die meisten Bewohner waren über das Wochenende zu den Eltern gereist. Der plötzliche Schneeeinbruch hatte dazu geführt, dass viele bereits ganz früh am Freitagvormittag abgereist waren. Wieder andere waren zum Skilaufen aufgebrochen – die stündlichen Warnungen vor Lawinen völlig ignorierend – und hatten deshalb nicht mitbekommen, was während des Tages geschehen war.

So konnten sie insgesamt nur zehn Personen befragen. Und auch das mit geringem Erfolg. Sie waren nicht nur in kürzester Zeit mit den Gesprächen fertig gewesen, sie hatten obendrein nichts erfahren was sie einen einzigen Schritt weitergebracht hätte.

Krammer ließ sich entnervt gegen die Stuhllehne fallen. »Die können mir doch nicht erzählen, dass sie nichts mitbekommen haben. So, wie es in dem Zimmer aussieht, haben die definitiv Lärm gemacht. Vermutlich hat sich das Opfer zur Wehr gesetzt. Da muss doch jemand etwas gehört haben: Krach, Schreie, ein Poltern. Irgendetwas. Was sagen denn die Leute vom Stockwerk darunter?«

Szabo schüttelte den Kopf, ließ den Blick auf dem Blatt ruhen, das vor ihr lag, und tippte darauf. »Laut diesem Plan sind darunter große Räume für gemeinschaftliche Arbeitssitzungen. Keine Ahnung, was die da genau machen, aber wohnen tut da jedenfalls keiner. Und gestern waren sie verschlossen, sagt der Hausmeister. Man muss sich anmelden, wenn man da reinwill.«

Krammer ließ Luft ab und fuhr sich durch die Haare.

»Wir müssen warten, bis alle wieder da sind und die Uni am Montag öffnet. Dann können wir die Kommilitonen der beiden Mädchen befragen«, meinte Szabo.

»Geh, spinnst du? Montag? Bis dahin ist der Kerl über alle Berge! Das Mädchen ist in jedem Fall verletzt, denk an das Blut. Wer weiß, wie schwer!«

»Herrsch mich nicht an, Bernhard, das weiß ich doch auch! Die Elly hat schon alle Krankenhäuser angerufen und alle

Arztpraxen, die sie erreichen konnte«, konterte sie und warf ihm über den Rand ihrer roten Lesebrille einen zornigen Blick zu. »Aber was soll ich denn bittschön machen? Herbeizaubern kann ich die Leut schließlich auch nicht.«

»Haben wir denn wenigstens etwas von der Spurensicherung? Wir müssen wissen, ob das Blut nur von einem der Mädchen stammt. Oder ob beide angegriffen worden sind.«

Szabo nahm ihre Brille ab. »Bernhard, was ist denn heute mit dir los? Nein, natürlich haben wir die noch nicht. Das hätte ich dir doch längst erzählt, wenn die Analyse schon vorläge!«

Er stand auf und ging zum Fenster.

»Sagst du mir jetzt endlich, was mit dir ist, Herrgott? Bei den Befragungen hast du kein Wort geredet. Und auch gestern warst du schon ungewöhnlich still. So habe ich dich noch nie erlebt. Bist du gestresst? Wird dir das alles zu viel? Brauchst du ein paar Tage Urlaub, Entspannung, so was?«

Er drehte sich nicht um, murmelte aber: »Bloß das nicht!«

»Was meinst du?«

Bloß keine Ruhe, dachte Krammer. Dann wandte er sich um und atmete heftig aus. »Bin ich langsam zu alt für den Scheiß?« Er merkte, wie seine Unterlippe zuckte.

Roza musterte ihn, und sofort wurde ihre verkniffene Miene weich. »Ach, was redest du denn da, Bernhard? Jeder hat mal einen schlechten Tag. Du bist nicht zu alt. Die letzte Ermittlung war anstrengend, die dauernde Fahrerei mit dem Auto. Wir hatten ja kaum Zeit zum Durchschnaufen. Und jetzt schon wieder zwei Vermisste …«

»Ich habe ein ganz schlechtes Gefühl, Roza«, sagte er.

»Wegen der Mädchen oder wegen dir?«

Er zögerte einen Moment, bevor er leise antwortete: »Wegen beidem.«

»Also, wegen der Mädchen, da sind wir doch auf einem guten Weg. Du hast es selbst gesagt: Wäre ich nicht gestern so achtsam gewesen, wer weiß, wann wir davon erfahren hätten. Wir haben doch gerade erst angefangen mit unseren Recherchen, und ich bin sicher, wir finden bald einen Ansatzpunkt.« Sie hielt einen Moment inne und ging auf ihn zu. »Und wegen der anderen Sache: Du bist manchmal ein echter Sturkopf. Und es ist nicht immer einfach, mit einem Grantler wie dir klarzukommen.«

Er öffnete den Mund, um zu protestieren, doch Roza hob wie eine strenge Gouvernante den Finger und fuhr fort: »Aber du bist der beste Ermittler, mit dem ich bisher gearbeitet habe. Also reiß dich zusammen! Krieg das, was dich gerade so umtreibt, schnell wieder in den Griff, und dann packen wir das an! Geh eine Runde schlafen oder lass dir im Central eine Infusion mit Kaffee legen. Mir egal. Aber komm wieder runter, hörst? Ich checke jetzt erst einmal die sozialen Netzwerke. Vielleicht finde ich da Anhaltspunkte. Und sobald ich was von der Spurensicherung höre, melde ich mich bei dir. Einverstanden?«

»Meinst du das ernst?«

»Na los, raus mit dir. Sonst überlege ich es mir wieder anders«, sagte sie und fuchtelte mit beiden Händen in Richtung Tür. »Schleich dich!«

»Nein. Ich meinte das, was du über mich gesagt hast. Vorher.«

»Dass du einer der Besten bist? Natürlich. Und tu jetzt nicht so, als wäre das neu für dich, du Hirsch.«

Er musterte ihr Gesicht, wusste, dass er etwas entgegnen sollte. Denn ihm ging es ja genauso: Mit Roza hatte er großes Glück, sie war eine hervorragende Inspektorin. Und sie wusste immer, wie sie ihn zu nehmen hatte, was weiß Gott nicht einfach war. Aber es fiel ihm auch dieses Mal schwer, seinen Gefühlen Ausdruck zu verleihen.

»In Ordnung«, sagte er deshalb bloß und nickte ihr zu. »Vielleicht hast du recht. Dann organisiere ich uns jetzt einen Kaffee oder Tee oder sonst etwas Warmes. Und dann geht es weiter.«

»So kenne ich dich«, antwortete Roza und setzte ihre Brille wieder auf. »Dass man euch Männer aber auch immer erst den Bauch kraulen muss, bevor ihr in Bewegung kommt. Und meinen Mokka mit Zucker, bittschön.«

12.

Der Dorfladen lag mitten im Ort, der nur aus wenigen Häusern bestand. Auf einer Anhöhe ragte dahinter die Kirche auf. Das Geschäft befand sich im Erdgeschoss eines großen Wohnhauses mit grünen Fensterläden. Die hübschen Scheibengardinen in dem Stockwerk darüber ließen darauf schließen, dass die Besitzer dort lebten. Auf der Straßenseite gegenüber befand sich ein Hotel, auf dessen Fassade eine Kutsche gemalt war.

Über dem Eingang prangte ein verwittertes, ebenfalls grünes Schild. Auf einer Tafel neben der Tür wurden regionale Produkte angepriesen. Bei besserem Wetter gab es offenbar auch Auslagen vor dem Haus, doch heute standen dort nur die hölzernen Gestelle, die genauso wie die breite Holzbank tief im Schnee versunken waren.

Mit eiligen Schritten hasteten sie zum Eingang, denn es hatte zu schneien begonnen. Eine Glocke ertönte, als Huber die Tür aufschob. Er trat sich den Schnee von den Schuhen und begrüßte die grauhaarige Frau hinter dem Tresen mit einem tiefen »Servus«.

Alexa war erstaunt, wie groß das Angebot in dem schmalen Laden war, der aus zwei Räumen bestand: Von Zeitungen und Zeitschriften über Lebensmittel, Süßigkeiten und Spirituosen bis hin zu Schreibwaren und einigen Naturkosmetikprodukten konnte man wirklich alles dort kaufen. Es gab eine Kühltheke mit Milchprodukten sowie eine separate Käse- und eine Wursttheke. Auch frische Semmeln und Croissants. Alles duftete verlockend. Ein echter Tante-Emma-Laden, der wirkte, als sei er aus der Zeit gefallen.

Direkt nach ihnen betrat eine Frau mit einem roten Anorak und einem geflochtenen Einkaufskorb den Laden. Huber ließ sie vor, da sie beide noch unentschlossen waren, was sie nehmen sollten. Als die Frau eine Flasche Wein verlangte, musste Alexa schmunzeln und fragte sich, ob sie die wohl anschließend zur Großmutter bringen würde.

Der Unterschied zwischen der Welt hier und der, in der sie sich noch am Vorabend befunden hatte, konnte kaum größer sein. Auch ohne dieses Wetter und obwohl auch München für eine Großstadt eher beschaulich anmutete.

Wie anders war Juliane Hocke hier groß geworden. Nicht nur wegen ihres Vaters. Einerseits wuchs sie in diesem Dorf frei und unbeaufsichtigt auf, beinahe wie die Kinder in den Büchern von Astrid Lindgren. Andererseits war sie aber auch weit weg von allem, was modern und angesagt war. Vermutlich hatte sie sich als Jugendliche mit ihren Freunden irgendwo draußen in der Natur herumgetrieben, hatte Bier getrunken, geraucht. Was man halt so machte, wenn es nichts anderes gab, um sich zu amüsieren. Denn zu sich nach Hause hatte Juliane vermutlich seit dem Unfall ihres Vaters niemanden mehr gerne mitgenommen. Das Studium in München musste sich wie die große Freiheit für sie anfühlen. Sie dachte kurz an das, was Line am Vorabend gesagt hatte: dass sie wieder Luft bekommen habe. Sicher war es Juliane ganz ähnlich ergangen.

Endlich kamen die beiden Frauen im Laden miteinander ins Gespräch.

»Hast gehört, die Juliane ist verschwunden«, erzählte die Verkäuferin, während sie der anderen ein Brot einpackte.

Alexa und Huber wechselten einen Blick und bemühten sich, möglichst unauffällig die Regale zu inspizieren.

»Na, des hab ich noch ned gehört.«

»Die Annie hat angerufen. Die ist völlig aufgelöst.«

»Kein Wunder, in der Stadt, da passiert ja so was.«

Die Frau hinter der Theke zuckte die Schultern. »I wo. Die Juliane wollt mit der Bahn herkommen. Aber seit gestern auf'd Nacht kann die Annie sie nicht erreichen. Stell dir das mal vor! Spät hat sie dann auch bei mir durchgeläutet. Ob mein Lorenz was gehört hat, weil der ja seit kurzem bei der Bergwacht ist. Sie hat gedacht, es hätte vielleicht irgendwo einen Unfall gegeben. Oder dass die Zufahrt wieder blockiert ist, wie in dem schlimmen Winter.«

»Ist sie heute auch wieder«, meldete sich jetzt Florian Huber zu Wort. »Wir mussten vorhin umdrehen, ein Baum liegt quer über der Straße. Aber die Feuerwehr weiß schon Bescheid.«

Die beiden Frauen musterten ihn kurz und nickten. Die Nachricht schien sie nicht zu beunruhigen. Offenbar waren es die Menschen hier draußen gewohnt, von der restlichen Welt abgeschnitten zu sein, lebten auf ihren Bauernhöfen im Einklang mit der Natur und nahmen die Gegebenheiten eben einfach so, wie sie gerade waren. Alexa beneidete sie fast ein wenig um diesen Gleichmut.

Hubers Einwurf hatte jedoch insofern Wirkung gezeigt, dass die beiden Frauen den Rest des Einkaufs erledigten, ohne sich weiter zu unterhalten. Schade, denn Alexa hätte gerne gewusst, was sonst noch im Ort getratscht wurde. Als die jüngere fast mit dem Einkauf fertig war, nahm Alexa sich ein Herz.

»Ich habe gehört, der Moser ist wieder da«, warf sie so beiläufig wie möglich ein und legte eine Tüte Salzbrezeln auf die Theke. »Kennen Sie den vielleicht auch?«

Die Frau hinter der Theke sah Alexa mit gerunzelter Stirn an.

»Der Johannes? Dass der es wagt, wieder daherzukommen!«, sagte die andere und schnaubte unwirsch.

»Ja, wo soll er denn hin?«, entgegnete die Verkäuferin. »Außer dem Papa will den doch keiner mehr.«

»Der gscherte Hund. Der hat doch noch nie was Gutes im Schilde geführt. Die Moserin kann einem leidtun mit dene Mannsbildern.« Die Frau schüttelte den Kopf und raffte ihre Sachen zusammen. »Ich muss los, die Suppe aufsetzen. Wenn die Meinen heimkommen, soll es heut was Warmes geben. Bei dem Wetter. Servus.«

Die Frau musterte Huber und Alexa, zog dann ihre Kapuze über. An der Tür drehte sie sich noch einmal um: »Richt der Annie meine Grüße aus. Die taucht schon wieder auf, die Juliane.« Dann verschwand sie geduckt aus ihrem Blickfeld.

»Woher kennen Sie den denn, den Moser Johannes?«, fragte die Verkäuferin, als die Tür zugefallen war.

Alexa zog ihren Ausweis hervor. »Wir sind von der Kripo Weilheim. Wir kommen gerade von der Familie Hocke. Wegen Juliane.«

»Verstehe.« Die Alte nickte. »Was kann ich denn für Sie beide tun? Noch etwas außer den Brezn?«

»Es dauert sicher eine Weile, bis die Straße wieder frei ist.

Haben Sie vielleicht einen Kaffee da?«, fragte Huber freundlich und lächelte die Frau an.

»Freilich«, sagte sie, ohne sein Lächeln zu erwidern. »Den muss ich aber erst aufsetzen, die Maschine ist kaputt. Und die Tassen kann ich Ihnen natürlich nicht mitgeben. Trinken müssen Sie den schon hier.«

Huber nickte.

Alexa war überhaupt nicht begeistert von dieser Bitte, die die Frau aus dem Raum lotste und ihr die Gelegenheit gab, sich zu sammeln. Lieber hätte sie weiter nachgebohrt, solange kein anderer im Laden war. Huber und sie waren eben noch kein eingespieltes Team. Doch sie ließ sich nichts anmerken, um keinen neuen Streit zu provozieren.

In jedem Fall hatte die Reaktion auf Johannes Moser sie jetzt doch neugierig gemacht – und sie hätte am liebsten sofort im System nachgeschaut, um sich ein eigenes Bild von ihm zu verschaffen.

Huber war gerade mit seinem Telefon beschäftigt, schrieb offenbar auf WhatsApp mit einem seiner Kinder. Vorige Woche hatte es bei ihm zu Hause ein paar Probleme gegeben, aber da er nie von sich aus davon erzählte, fragte Alexa auch nicht nach. Schließlich sprach auch sie nicht viel über Privates – dabei hatte das, was sie im Moment am meisten bewegte, weit mehr mit ihrer gemeinsamen Arbeit zu tun. Aber alles, was Krammer anbelangte, würde sie wohl erst einmal von sich schieben. Das musste warten, bis sie Juliane gefunden hatten.

Sie checkte dennoch kurz die eingegangenen Nachrichten, weil sie neugierig war, ob Konstantin sich gemeldet hatte. Doch da war nichts. Sie überlegte, sich bei ihm für die Einladung zu bedanken. Oder war das zu aufdringlich? Immerhin hatte er sich nicht mehr im Saal blickenlassen. Alexa seufzte. Vielleicht sollte sie das Ganze einfach auf sich beruhen lassen. Sie tröstete sich damit, dass der Fall in den nächsten Stunden ihre gesamte Aufmerksamkeit erfordern würde. Und turbulent genug war ihr Leben ohnehin gerade.

Um keine Zeit zu verlieren, schrieb sie rasch eine Mail an das Büro und bat Lotti Baier, die Sekretärin, ihr sämtliche Akten über Johannes Moser herauszusuchen. Und Stein sollte Julianes Handy orten und die Kameraaufnahmen aus dem Zug sichten, um festzustellen, ob Juliane Hocke wirklich in Lenggries angekommen war – oder ob sie vielleicht doch in München schon ihre Pläne geändert hatte.

Als Alexa gerade fertig war, kam die Frau mit undurchdringlicher Miene in den Verkaufsraum zurück. »Der Kaffee läuft jetzt durch. Darf es sonst noch etwas sein für die Herrschaften von der Kriminalpolizei?«

Huber schaute von seinem Handy auf und wollte gerade auf ein paar belegte Semmeln in der Auslage deuten. Aber Alexa mochte nicht noch mehr Zeit verstreichen lassen. Die Frau schien ihr eine viel zu wertvolle Quelle zu sein.

»Sie kennen doch hier jeden und bekommen sicher eine Menge mit«, sagte sie deshalb. »Können Sie uns denn auch etwas über die Hockes erzählen? Wie war zum Beispiel das Verhältnis von Juliane zu ihren Eltern?«

Die Frau musterte Alexas Gesicht, dann blickte sie zu Huber. Sie ließ sich Zeit mit ihrer Antwort.

»Mei, wie das halt so ist«, sagte sie dann. »Mal gut und mal schlecht. Streit kommt überall mal vor. Das ist doch normal, will ich meinen.«

Alexa wurde hellhörig, und es fiel ihr schwer, ihre Neugierde im Zaum zu halten. Aber in den wenigen Tagen, die sie hier im Voralpenland war, hatte sie gelernt, dass es besser war, die Leute aus freien Stücken erzählen zu lassen, als zu sehr nachzubohren.

Sie betrachtete geduldig das Gesicht der Frau, die ein paar Belege neben der Kasse sortierte.

»Ich möchte nicht schlecht über die Leute reden«, fuhr die Verkäuferin schließlich fort. »Wir leben in einer kleinen Gemeinde, und das sind alles gute Kunden. Und die Annie, die hat das schon gar nicht verdient. Die hat es nicht leicht, wissen Sie.«

Alexa nickte ihr zu, um zu signalisieren, dass sie genau wusste, wovon sie sprach. »Wir waren gerade dort. Der Hof ist groß und nicht in bestem Zustand. Sie muss dort sicher viel und hart arbeiten.«

»So ist das. Der Josef, der tut ja nix, seit …« Die Frau verstummte und wischte imaginären Staub von der Theke.

»Dem Unfall«, kam Alexa ihr zu Hilfe. »Mein Kollege hat mir davon erzählt.«

»Na, Unfall … So würde ich das nicht nennen. Besoffen war der wieder. War er eigentlich immer. Ich kannte den gar nicht anders. Konnte nie die Finger von den Schnäpsen lassen.«

Die Frau seufzte und schaute an ihnen vorbei zur Tür, so als wolle sie sich versichern, dass gerade niemand den Laden betrat.

»Die Annie hätte längst gehen sollen. Schon viel früher«, raunte sie ihnen zu. »War ja abzusehen, dass das alles nicht gut enden würde. Aber was wäre dann gewesen? Für den Hof hätte sie kaum etwas bekommen, irgendwo angestellt war sie nie, und wie hätte die Juliane dann studieren sollen? Das Mädel kann ja nix dafür.«

Alexa nickte. Diese Generation hatte es nicht leicht im Leben. Da es früher üblich war, dass Frauen aufhörten zu arbeiteten, sobald Kinder zur Welt kamen, waren viele aus wirtschaftlichen Gründen gezwungen, bei ihren Männern zu bleiben. Erst recht auf einem Hof, wo ihre Hilfe nicht entlohnt wurde, sondern als selbstverständlich galt.

Wieder hatte sie bei dem Gedanken an den Besuch bei den Hockes diesen fiesen Geruch in der Nase, so als hätte er sich in ihren Schleimhäuten festgesetzt. Alexa dachte an Julianes Mutter mit dem scheuen Blick, die sich wie ein Schatten in ihrem eigenen Haus bewegt hatte.

»Jetzt, wo er ein Krüppel ist, da lässt sie ihn erst recht nicht im Stich und arbeitet noch mehr. So ist die Annie eben. Viel zu gut für diese Welt. Obwohl sie ihn nun immer um sich hat und seine Launen ertragen muss.«

Wieder schaute die Frau zur Tür, dann beugte sie sich über die Ladentheke und raunte: »Ich bin ja immer noch nicht sicher, dass der das nicht mit Absicht gemacht hat.«

Jetzt war auch Hubers Neugier geweckt. »Wie meinen Sie das?«, fragte er.

»Na, mit dem Unfall. Der hat gedacht, er kriegt Invalidenrente. Die Arbeit hat dem noch nie geschmeckt. Die Annie, die ist eine Fleißige. Die Tochter genauso. Aber er … Herrschaftszeiten! Aber die Rechnung ist nicht aufgegangen. So einfach bekommt man die Rente heute nicht. Schon gar nicht, weil er ja eine Teilschuld hatte. Wegen dem Saufen. Das haben die natürlich gemerkt, damals im Krankenhaus. Und sowieso könnt der auch was anderes machen, mit der Prothese. Geschieht ihm grad recht …«

Erst jetzt wurde Alexa bewusst, dass sie die rechte Hand von Hocke nie gesehen hatte. Er hatte den Arm immer unterhalb des Tisches gehalten.

»Und sein Zorn darüber …«, sinnierte Alexa laut, schaute die Frau dabei aber bewusst nicht an.

»Der Kaffee müsste jetzt fertig sein«, erwiderte diese jedoch. Doch bevor sie wieder in den hinteren Räumen verschwand, machte sie eine bestätigende Bewegung mit dem Kopf und sah Alexa tief in die Augen. Mehr brauchte es nicht, um zu bestätigen, dass ihre Vermutung zutraf. Häuslicher Missbrauch. Sie hätte darauf wetten können.

»Bist du immer noch sicher, dass Hocke harmlos ist?«, flüsterte Alexa ihrem Kollegen zu.

Huber musterte ihr Gesicht, antwortete aber nicht.

Alexa merkte, wie Wut sie durchflutete. Zwar hatte die Frau im Laden nicht viel erzählt, aber doch genug, um dem Gefühl weiter Nahrung zu geben, das schon bei dem Besuch in ihr aufgestiegen war. Frau Hocke war nicht bloß zurückhaltend. Sie wurde von dem Alten tyrannisiert. Vermutlich schlug er sie. Daher der blaue Fleck. Und wer weiß, was noch. Niemand würde da draußen etwas mitbekommen.

Ihr graute es bei dem Gedanken, Hocke könne vielleicht sogar seine Prothese einsetzen, so dass ihm die Prügelei nicht einmal selbst Schmerzen bereitete oder Spuren hinterließ.

Und seine Frau hielt die ganze Zeit still, klammerte sich an den Wunsch, es solle wenigstens ihrer Tochter später besser gehen. Gab ihr Leben für das von Juliane auf.

Kurz blitzte der Gedanke an ihre eigene Mutter auf, doch

sie schob ihn vehement zur Seite. Tief sog sie die Luft ein und straffte die Schultern.

Da kam ihr ein neuer Gedanke: Was mochte ein Mensch wie Hocke von einer Tochter halten, die studierte und ihm geistig haushoch überlegen war? Konnte er so etwas wie Stolz auf sie empfinden?

Nach dem, wie er sich vorhin aufgeführt hatte, eher nicht. Vermutlich sah er nur, dass Julianes Ausbildung teuer war und jede Menge Geld verschlang. Von dem es im Haushalt nicht allzu viel zu geben schien. Vielleicht hatte er sie aus einem bestimmten Grund auf eine andere Fährte gesetzt. Jedenfalls hatte sie ihm gegenüber von Anfang an ein komisches Gefühl gehabt.

Huber stand völlig ungerührt da und starrte Löcher in die Luft. Auch gut. In Anwesenheit der Verkäuferin konnten sie sich sowieso nicht weiter über den Fall unterhalten. Aber ihre Zeit vertun mochte sie auch nicht.

»Ich geh schon mal vor die Tür und recherchiere ein wenig.« Alexa hielt ihr Handy hoch. »Bringst du mir dann meinen Kaffee mit? Die Runde geht auf mich.«

Sie legte einen Zehner und ein paar Geldstücke auf den Tresen und beeilte sich, nach draußen zu kommen.

Sie brauchte dringend frische Luft. Und bei der Gelegenheit konnte sie die Leute in Weilheim noch auf einen weiteren Verdächtigen ansetzen.

Denn für sie gab es zurzeit schon mindestens zwei.

13.

Bernhard Krammer stand im Innenhof des Wohnheims. Der Schnee war platt getreten von der gestrigen Spurensuche. Obwohl man sorgfältig vorgegangen war, wollte er sich noch einmal selber dort umschauen. Doch die dünne Schicht Neuschnee, die in den Morgenstunden gefallen war, machte es nicht besser. Hier würde er nichts entdecken, bevor alles komplett weggeschmolzen war. Es wurde schon merklich wärmer, das spürte er. Aber es konnte Tage dauern, bis die Fläche wieder frei war. Zeit, die sie jetzt nicht hatten.

Er ging ein paar Meter weiter vom Gebäude weg. Der Schnee, der im Schatten lag, knirschte unter seinen Schritten, winzige Eiskristalle, die wie feine Äste von seinem Gewicht zerbrachen.

Dann richtete er seinen Blick nach oben, zu den Zimmern der beiden jungen Frauen.

Mit etwas Übung könnte man über die Brüstungen der Balkone nach oben steigen. Seit ein paar Jahren beherbergte Innsbruck eine der größten und modernsten Boulderhallen der Welt. Sogar das Bundesleistungszentrum für Wettkampfkletterer war dort integriert. Für einen Profi in diesem Sport wäre es sicher kein Problem gewesen, ohne gesehen zu werden nach oben zu gelangen. Gerade wenn im Stockwerk darunter niemand war. Aber über diesen Weg würde man niemals eine Verletzte nach unten bekommen. Zwei erst recht nicht. Und die Kollegen hatten weder drinnen noch draußen eine Blutspur gefunden. Wegen des Schneefalls konnten sie zwar nicht völlig sicher sein, aber wahrscheinlich war es nicht.

Also musste der Weg des Täters durch das Heim geführt haben.

Krammer schüttelte den Kopf. Wie hätte das gelingen sollen, ohne dass ihn jemand bemerkt hätte? Die Mädchen hätten doch um Hilfe gerufen. Sich gewehrt. Waren sie dem Mann am Ende freiwillig gefolgt?

Das Ganze war mehr als seltsam. Musste er vielleicht anders an die Sache herangehen? Irgendetwas störte ihn, ein Gedanke, den er aber nicht recht zu fassen bekam. Der Perspektivwechsel hatte etwas angestoßen, das ihn weiterbrachte. Er fühlte es.

Wieder musterte er die Fassade. Dann trat er noch ein paar Schritte zurück, weg von dem Gebäude, auf die Freifläche. Wenn die Zimmer beleuchtet waren, konnte man bis tief in die Räume hineinsehen. Hatte der Täter sie von hier aus schon länger beobachtet? Im Schutz der Nacht? Sich ein Bild von den Gewohnheiten der Frauen gemacht, sie genau studiert? Und hatte dann bei katastrophalem Wetter zugeschlagen, wo draußen kaum jemand unterwegs sein würde?

Wenn der Täter obendrein von dem leeren Raum darunter gewusst hatte, würde es bedeuten, dass er sich bestens in dem Wohnheim auskannte. Vielleicht lebte er sogar selbst dort, war ein Kommilitone, ein Lernpartner. Dann hätte Karolin Nowak ihren Angreifer völlig ahnungslos hereingelassen.

Krammers Hände begannen zu zittern. Unverhofft spülte sich die Erinnerung an einen alten Fall in seinen Kopf. An den Täter in Wien, den er nie fassen konnte. An die Pressemeute, die ihn zum Sündenbock gemacht hatte. Die ihm die Verantwortung für den Tod von vier Frauen in die Schuhe schob. Noch immer waren die Bilder in seinem Kopf eingebrannt. Die bleichen Gesichter, deren Züge das Grauen der letzten Stunden spiegelten. Eingesperrt, gefoltert, qualvoll gestorben. Und er war damals sicher gewesen, wer hinter den Morden steckte: Roland Perski, der reiche Inhaber eines Immobilienbüros.

Krammer war fest davon überzeugt, dass er die Opfer bei Besichtigungstouren ausgewählt und womöglich die Objekte, die er vermakelte, dazu genutzt hatte, die Frauen dort gefangen zu halten. Bis zu ihrem Tod. Nur nachweisen konnte er ihm nichts. Und der Verdacht alleine hatte nie ausgereicht, um die Gebäude nachträglich auf Spuren zu untersuchen. Die ohnehin von den Käufern längst renoviert waren, frisch gestrichen und mit abgeschliffenen Böden.

Wieder schaute er nachdenklich nach oben.

Plötzlich kam ihm ein neuer Gedanke: Was, wenn die Mädchen das Haus gar nicht verlassen hatten? Vielleicht wurden sie noch in einem der anderen Räume versteckt.

Er war die ganze Zeit davon ausgegangen, dass die beiden entführt worden waren. Vielleicht hatte aber auch eine die andere angegriffen. Oder was, wenn doch nur einer von ihnen etwas passiert war und die andere das Geschehen bloß beobachtet hatte? Und sich jetzt noch irgendwo versteckt hielt – aus Angst vor dem Täter. Oder weil sie glaubte, das nächste Opfer zu sein. Wenn diese Lela Neshan aus einem Kriegsgebiet kam, war sie womöglich schwer traumatisiert.

»Pfeif auf den Kaffee und auf die Pause, du Ochsenschädel«,

schalt er sich. Egal welche seiner Vermutungen zutraf: Er musste sofort dafür sorgen, dass sämtliche Zimmer des Hauses überprüft wurden. Nicht nur die auf diesem einen Korridor.

Er hörte das Signal einer eingegangenen SMS. Während er sich beeilte, zu Szabo zu kommen, blickte er auf sein Handy. Schon wieder diese Nummer. Er solle dringend zurückrufen, las er. Kein Absender, kein Name.

Das würde er ganz sicher nicht tun. Was die Leute sich nur immer dachten. Schließlich hatte er keine Zeit, den ganzen Tag deppert in der Gegend herumzutelefonieren. Sicher wieder jemand, der ihm ein Topangebot unterbreiten wollte. Für irgendeinen Schmarrn, den sowieso niemand brauchte. Er hatte es so satt, wie sich alle immer mehr zumüllten mit Dingen, die einen auch nicht glücklicher machten.

Darauf konnte er pfeifen.

Verärgert steckte er das Handy weg und nahm immer zwei Stufen auf einmal. Sie hatten ohnehin schon viel zu viel Zeit verloren.

14.

Die Strecke wurde schneller wieder freigegeben, als Alexa erwartet hatte. Der Winterdienst in dieser Gegend war perfekt auf solche Wetterlagen eingestellt, und zu ihrer Erleichterung hatte es auch endlich aufgehört zu schneien. Der Wind fuhr noch in eisigen Böen über die Ebene, fegte den lockeren Neuschnee über die Felder, wo er sich zu immer bizarreren Formationen häufte. Aber später sollte es milder werden, und für die Nacht war bereits Regen gemeldet.

Alexa und Huber waren unterwegs zum Lenggrieser Bahnhof, um zunächst zu überprüfen, ob jemand Juliane dort am Abend gesehen hatte. Auf dem Handy der Vermissten erreichte Alexa weiterhin nur die Mailbox.

»Vertun wir damit nicht nur unsere Zeit?«, wollte Huber wissen, der kaum ein Wort gesprochen hatte, seit sie aufgebrochen waren.

»Und was sollen wir deiner Ansicht nach sonst machen? Stein hat schon die Aufnahmen aus der BOB angefordert, checkt, wo Julianes Handy zuletzt eingewählt war, und sieht sich die Akte von Moser junior an.«

»Wie wäre es damit, einfach mal abzuwarten? Wir wissen noch immer nicht, ob das Mädchen vielleicht aus völlig freien Stücken seine Pläne geändert hat. Juliane hatte schließlich Geburtstag und es wäre doch möglich, dass sie in München feiern wollte. Aber du hast ja schon wieder die ganze Truppe alarmiert«, brummte Huber und bog auf die Hauptstraße ein, die sie nach Lenggries brachte.

Alexa war froh, dass er sich permanent auf die Fahrbahn konzentrieren musste. Er hätte sofort an ihrem Gesicht ablesen können, was sie gerade dachte. Bislang war sie der Überzeugung gewesen, dass Huber und sie dasselbe Ziel verfolgten: so schnell wie möglich zum Hauptkommissar befördert zu werden. Aber heute musste sie diese Einschätzung in Frage stellen. Schon die Pause im Dorfladen schien ihm ganz gelegen zu kommen. Jetzt wirkte er beinahe, als wäre ihm völlig egal, wo das Mädchen abgeblieben war. Alexa schnaubte und sparte sich lieber einen Kommentar.

»Mal ehrlich«, fügte er hinzu, »die ist erwachsen. Wer weiß, was sie vorhatte. Vielleicht gab es eine Überraschungsparty, oder sie ist noch mit ein paar Leuten losgezogen und hat einfach vergessen, sich zu melden. Hast du vorhin selber gesagt.«

Sie schüttelte den Kopf und schaute aus dem Fenster. Es gab zwar bisher keinen Hinweis auf ein Verbrechen. Und natürlich wusste auch sie, dass jeder Erwachsene ein Recht darauf hatte, sich dort aufzuhalten, wo es ihm gefiel. Oder zu verschwinden, wenn ihm danach war.

Dennoch schien es ihr seltsam, dass Juliane seit geraumer Zeit nicht erreichbar war. Gerade weil sie noch jung war und diese Generation stets Ladegeräte oder Ladekabel mit sich führte. Vielleicht rührte sie auch nur die Sorge von Frau Hocke, aber was immer es war, sie würde nicht untätig im Büro herumsitzen, solange sie nicht in Erfahrung gebracht hatte, wo das Mädchen abgeblieben war. Als sie gerade zu einer Erklärung anhob, meldete sich Lotti Baier, die Sekretärin.

»Servus, Lotti. Was gibt's?«, fragte Huber und stellte den Ton der Freisprechanlage lauter.

»Wir haben noch zwei Vermisste. Stephan Bach und Anabel Eisert. Er wohnt in Geretsried, das Mädel in Gaißach, also ganz in eurer Nähe. Von beiden fehlt seit gestern Abend jede Spur.«

»Wo sind sie denn zuletzt gesehen worden, wissen wir das?«

»Die Anabel hat gestern die Schicht in der Pizzeria getauscht. Das La Famiglia liegt direkt im Zentrum von Lenggries. Sie wollte sich wohl noch mit jemandem treffen. Sie wohnt wieder bei ihren Eltern, die sehr beunruhigt sind, weil sie in der Nacht nicht nach Hause gekommen ist. Sie haben keine Ahnung, wo sie steckt oder was sie vorhatte. Und Stephan Bach war mit einem Kumpel verabredet, ist aber nie aufgetaucht. Der Kumpel hat es auf dem Festnetz und dem Handy versucht, aber da geht keiner ran. Er hat sich Sorgen gemacht, ob Bach vielleicht einen Unfall hatte. Er fährt wohl gerne ziemlich schnell.«

»In Ordnung«, sagte Huber. »Wir sind in der Nähe. Schick uns die Adressen aufs Handy, wir schauen gleich mal dort vorbei.«

»Du sagtest, sie wohnt wieder bei ihren Eltern. Wo hat sie denn vorher gewohnt?«, wollte Alexa noch von Lotti Baier wissen.

»Gut, dass du fragst: eben bei diesem Stephan Bach. Die beiden waren mal ein Paar. Sie sind wohl erst seit wenigen Wochen getrennt.«

Alexa zog die Augenbrauen hoch. »Wissen wir denn, mit wem sie verabredet war oder wo?«

»Bisher nicht. In der Pizzeria erreiche ich gerade keinen, die machen heute erst am Abend auf.«

»Gut, bleib bitte dran, ja? Und schick mir alles, was du über die beiden herausfinden kannst. Und würdest du Ott noch bitten, die Handys zu checken?«

»Schon passiert«, erwiderte Lotti. »Die sind seit gestern Abend beide ausgeschaltet. Es geht nur die Mailbox ran.«

»Danke. Wir melden uns später.«

Huber hatte das Tempo beschleunigt, sagte aber kein Wort. Alexa musste plötzlich wieder an das denken, was sie über diesen Johannes Moser wusste: dass er seine Ex-Freundin übel zugerichtet hatte.

»Okay. Vielleicht hast du recht«, sagte Huber plötzlich. »Wir checken erst den Bahnhof. Vielleicht habe ich mich ja doch geirrt. Und danach geht es zu der Wohnung in Geretsried.«

»Du denkst, die Fälle hängen zusammen?«, fragte Alexa.

»Keine Ahnung. Aber seltsam ist es schon. Alle sind zum selben Zeitpunkt verschwunden. Drei junge Leute, die alle hier in der Gegend wohnen …«

Die Fotos der zwei Vermissten kamen bereits herein: Anabel Eisert war Anfang zwanzig, hatte lange blonde Haare, braune Augen und trug eine stylishe runde Brille mit Metallgestell. Sie war sehr schlank, machte vermutlich viel Sport und hätte glatt als Model arbeiten können. Stephan Bach war Mitte zwanzig, hatte braune Haare, volle Lippen und einen dunklen Teint und war ebenfalls ausgesprochen gut aussehend. Unter dem schwarzen T-Shirt zeichneten sich Muskeln ab, am Handgelenk hatte er ein Lederarmband. Ein hübsches Paar.

Alexa wischte noch einmal zu dem Foto von Juliane Hocke, das ihr Huber am Abend zuvor zugeschickt hatte. Zwischen den beiden Frauen gab es keine nennenswerte Ähnlichkeit. Juliane war zwar ebenfalls attraktiv, hatte aber eine viel weiblichere Figur, war sehr natürlich und nur dezent geschminkt. Ganz anders als die perfekt gestylte Anabel mit ihren blondierten Haaren und dem athletischen Äußeren.

»Ich weiß nicht«, formulierte sie ihre Gedanken, als sie noch einmal alle drei Fotos anschaute. Dann legte sie das Handy weg. Es war noch zu früh, um etwas auszuklammern.

Erst mussten sie sich ein genaues Bild von dem Paar machen. Vielleicht hatten sie sich wieder versöhnt und verbrachten den Tag bei dem Wetter im Bett. So was hatten sie gerade letzte Woche erlebt. Außerdem war Samstag, wo viele Leute ausschliefen.

Wenn aber den Vermissten irgendwo dort draußen etwas zugestoßen war, dann mussten sie sich beeilen. Denn es war in der Nacht empfindlich kalt gewesen, und im freien Gelände würde man schnell unterkühlen. Lange würde das niemand überleben. Wenn überhaupt …

Huber parkte direkt vor dem Bahnhofsgebäude. Er machte Anstalten auszusteigen, doch Alexa hielt ihn zurück.

»Sollen wir uns nicht besser aufteilen?«, fragte sie. »Jeder übernimmt eine Suche?«

Huber schaute sie irritiert an. Wieder war da die steile Falte auf seiner Stirn, die immer auftauchte, wenn ihm etwas nicht ganz recht war.

»Und wie willst du dann hier wieder wegkommen?«, fragte er. »Dieses Mal gibt es kein Auto, das du dir leihen kannst. Und am Ende gehst du uns auch noch verloren.«

Alexa blinzelte kurz, erwiderte aber nichts darauf. Sie wusste noch immer nicht so recht, woran sie mit Huber war und konnte nicht einordnen, ob er das scherzhaft meinte oder ob es sich um eine versteckte Kritik wegen ihres Alleingangs neulich handelte. Deshalb sparte sie sich lieber einen Kommentar und stieg aus dem Wagen aus.

Sie streckte sich und schaute ein Stück die Straße hinunter zum Alpenfestsaal, wo sie bei ihrem letzten Fall die provisorische Einsatzzentrale installiert hatten.

Sie seufzte. Alles fühlte sich schon seltsam vertraut an, obwohl sie nur wenige Tage hier gewesen war. Alexa wandte den Blick quer über die Schienen hinüber zum Brauneck. Doch der Berg war heute in dichte Wolken gehüllt und seine Spitze nicht zu erkennen. Irgendwo hinter den Bäumen schlängelte sich das türkisfarbene Wasser der Isar durch ihr Kiesbett. Sofort flammte die Erinnerung an das Ende ihres letzten Falls auf.

Dies war der Ort, an dem sie am allermeisten mit sich und mit ihren beruflichen Entscheidungen gehadert hatte. Noch vor einer Woche hatte sie sogar daran gezweifelt, ob eine Karriere bei der Kripo wirklich das Richtige für sie war. Dennoch war sie unbeirrt ihrem Instinkt gefolgt – und am Ende erfolgreich gewesen.

Sie verzog den Mund und kaute nachdenklich auf ihrer Lippe herum. Musterte die lange Straße. Nur ein einzelner Mann mit schütterem Haar in einem schwarzen Mantel eilte mit hochgeschlagenem Kragen zu dem Lottoladen auf der anderen Seite. Sonst war der Ort wie ausgestorben.

Alexa konnte nicht recht sagen, woher der Gedanke so plötzlich gekommen war, aber es formte sich ein Entschluss in ihr, der sie zwar erstaunte, sich aber gleichzeitig vollkommen richtig anfühlte. Eigentlich hatte sie sich vorgenommen, sich viel Zeit zu nehmen. Wollte alles hier unten genau kennenlernen, bevor sie entschied, wo sie sich endgültig niederlassen würde. Aber vielleicht war das gar nicht nötig. Im Grunde hatte sie bereits gewusst, was sie wollte, als sie gerade die Straße hinuntergesehen hatte.

»Kommst du?«, fragte Huber.

Ihre Idee war total absurd. Das Pendeln würde viel Zeit kosten. Dennoch fühlte es sich gut und richtig an. Immerhin liebte sie Autos und konnte beim Fahren super entspannen. Sie drehte sich noch einmal um und musste lächeln.

Dann zuckte sie die Schultern und beeilte sich, ihrem Kollegen zu folgen.

Und im Grunde: Was hatte sie schon zu verlieren?

15.

Einige Stunden zuvor

Sie hatte versucht, sich mit den Füßen ein Stück nach vorne zu schieben. Wollte herausfinden, wohin die Spur führte, was dort entlanggezogen worden war. Doch ihr ganzer Körper schmerzte, und sie konnte nur mit Mühe ein lautes Wimmern unterdrücken. Wenigstens in dieser Hinsicht hatte der unerträgliche Lärm der Musik etwas Gutes.

Da sie nicht wusste, wo sie sich befand und warum sie überhaupt hier war, musste sie weiter vorsichtig bleiben. Wahrscheinlich verbarg sich derjenige, der sie niedergeschlagen hatte, noch irgendwo im hinteren Teil des Gebäudes. Aber abzuwarten brachte nichts. Sie musste es riskieren.

Vorsichtig schaute sie sich um. Der Weg zur Tür war zu weit, den würde sie nie schaffen. Also weiter. Zum hinteren Teil des Raumes. Vielleicht fand sie dort im Dunkeln etwas, womit sie ihre Fesseln lösen konnte. Oder etwas zu trinken.

Wenn sie Schritte hörte, musste sie sofort aufhören, damit niemand bemerkte, dass sie das Bewusstsein wiedererlangt hatte. Das würde sie vielleicht nicht retten, aber es konnte ihr etwas Zeit verschaffen. Bis sie einen Plan hatte. Oder eine Ahnung, mit wem sie es überhaupt zu tun hatte.

Immer wieder suchte sie mit ihrem unversehrten Auge den gesamten Raum ab, damit ihr keine Bewegung entging. Aber in einigen Ecken war es vollkommen düster. Zudem blendeten sie die grellen Laserstrahlen, und ihr Sichtfeld war verschwommen.

Als sich der Refrain des nächsten Liedes mit einem wuchtigen Bass ankündigte, fühlte sie sich dennoch sicher genug, um es erneut zu versuchen.

Lela erinnerte sich an eine Schlange, die sie mal bei einem Ausflug nach Bourzey unterhalb des Burgbergs beobachtet hatte. Die Pfeilnatter maß weit über einen Meter, und ihr schwarzer Körper war relativ dick, dennoch bewegte sie sich schnell und elegant.

So musste sie vorgehen. Sich winden wie diese Schlange.

Lautlos. Kraftvoll.

Sie biss die Zähne zusammen, senkte kurz den Kopf, sammelte ihre ganze Energie. Dann versuchte sie, sich mit den Fußspitzen einen Ruck zu geben, und bewegte ihren Körper in leichten Wellenbewegungen, wie dieses Tier.

Ihre rechte Hüfte und ihr Schultergürtel schmerzten, die Fesseln schnitten ihr tief ins Fleisch, die Haut darunter war wund gerieben, doch sie ließ nicht nach. Immer wieder versuchte sie, sich vorwärts zu schieben.

Nach dem dritten Versuch musste sie pausieren, denn sie keuchte bereits und begann, unter ihrem Kopftuch stark zu schwitzen.

Als ihre Atmung endlich ruhiger wurde, versuchte sie es erneut. Konzentrierte sich nur auf ihre Bewegung. Endlich schien sie ein Stück nach vorne zu rutschen. Aber schon nach wenigen Minuten gab sie wieder auf. Sie konnte einfach nicht mehr. Der Schmerz war übermächtig.

Ihr Herz schlug heftig, und das Blut sauste in ihren Ohren.

Mit letzter Kraft hob sie den Kopf und schaute in die Richtung, in der die Spur verlief. Frustriert stellte sie fest, dass sie noch immer viel zu weit weg war.

Doch als ein Laser in die Ecke strahlte, konnte sie es deutlich erkennen. Es war zwar nur ein Schatten, aber irgendetwas lag dort hinter dem Tresen.

Sie atmete tief ein, bat Gott noch einmal um Kraft. Dann stemmte sie die Zehen fest in den Boden, streckte und wand sich, ein Laut löste sich aus ihrem Mund. Ein spitzer Schrei.

Aber genau das half. Sie bot noch einmal all ihre Kraft auf. Endlich konnte sie mehr erkennen. Es war ein Schuh. Helle Sohle, kaum Profil. Und viel kleiner als die des Abdrucks. Sie hatte sich nicht getäuscht.

Da war noch ein anderer Mensch!

Ohne lange nachzudenken, setzte sie sich erneut in Bewegung, überwand Zentimeter um Zentimeter, um näher heranzukommen. Den Kopf hielt sie gesenkt, ihr Rücken schmerzte, direkt über ihrer Hüfte an der Wirbelsäule verspürte sie brennende Stiche, aber sie durfte jetzt nicht nachgeben. Da lag jemand, und sie brauchte Gewissheit.

Immer heftiger bewegte sie sich hin und her, den Mund weit aufgerissen zu einem stummen Schrei. Staub setzte sich in ihrer Kehle ab, kratzte an ihren Schleimhäuten. Die letzten Töne des Liedes verhalten. Schnell presste sie die Lippen zusammen, unterdrückte den Hustenreiz, sammelte Spucke, schluckte sie herunter, versuchte, nicht so laut zu sein. Nicht jetzt, kurz vor ihrem Ziel.

Sie musste sich beruhigen. Ihr Herzschlag donnerte in ihrer Brust, wieder und wieder schluckte sie, erinnerte sich daran, dass ihr Leben davon abhing, dass sie jetzt keinen Laut von sich gab, zumindest bis die Musik erneut einsetzte.

Endlich begann das nächste Lied. Langsamer, sanfter. Ohne Bass. Klavier. Sie versuchte, sich darauf zu konzentrieren, nur auf diese Melodie, nicht auf den Ort, an dem sie sich befand, nicht auf ihre gefesselten Hände und Füße, nicht auf ihr pochendes Auge, das vom herabrinnenden Schweiß brannte. Nicht auf die Verzweiflung, die wuchs und sie zu lähmen drohte.

Ein allerletztes Mal wollte sie noch probieren, näher dorthin zu gelangen. Sie dachte an ihre kleine Schwester, daran, wie sie sich gegenseitig Halt gegeben hatten.

In den dunklen Nächten.

Wenn da jemand war, dann …

Mit einem Mal erstarrte sie. Ihr Herz krampfte sich bei der Erinnerung zusammen, die sich unverhofft wieder zurück in ihr Bewusstsein drängte.

Sie hatte in ihrem Zimmer gesessen und eine Nachhilfestunde vorbereitet, als ein dumpfes Geräusch von nebenan sie aus ihren Gedanken holte. Dann vernahm sie ein lautes Quietschen, als hätte jemand einen Tisch verrückt. Sie hatte über WhatsApp gefragt, was los war, aber keine Antwort erhalten.

Ihre Neugier hatte sie dann schließlich zu ihrer Nachbarin getrieben, bevor sie zu ihrer Verabredung musste. Räumte Karolin etwa ihr Zimmer um?

Tränen rannen Lela über die Wangen, als sich der Anblick mit Macht zurück in ihr Gedächtnis schob, der sich ihr geboten hatte: die offene Tür zu Karolins Zimmer, ihr zerrissener Pullover, der Knebel in ihrem Mund – und ihr flehender Blick, während sie vehement den Kopf schüttelte.

Sie hätte wissen müssen, dass sie besser Hilfe geholt hätte. Stattdessen war sie blindlings in das Zimmer gerannt, als etwas Hartes frontal in ihr Gesicht schlug. Weiße Blitze hatten vor ihren Augen getanzt, und dann fiel sie. Den Aufprall hatte sie nicht gespürt. Nur »Karolin« hatte sie noch geflüstert. Dann war sie in eine tiefe Dunkelheit gesunken.

Lela krümmte sich zusammen, schloss ihre Lider, versuchte, das Bild ihrer verletzten Freundin abzuschütteln. Sie wagte nicht, erneut zu den Schuhspitzen zu sehen.

Denn die Person, die dort lag, trug keine Fesseln. Und sie zeigte keine Regung. Vor Verzweiflung stöhnte sie laut auf.

Nicht das. Bitte.

Während sie ohnmächtig wurde, überfiel sie die beklemmende Ahnung, dass sie die Schuld an alldem trug.

16.

Der Verkaufsraum des Cafés am Lenggrieser Bahnhof war fast leer, es gab nur zwei besetzte Tische: Ausflügler mit einem Kleinkind, die sicher nicht mit derartigem Wetter gerechnet hatten, und ein älterer Herr, der vor einem Kännchen Kaffee saß und die Tageszeitung las. Im Aschenbecher vor ihm lag eine kalte, aber bereits angebrannte Zigarre. Sie stach Alexa förmlich ins Auge, weil Rauchen mittlerweile so ungewöhnlich war – und in einem öffentlichen Café ohnehin verboten.

Während sie noch die Gäste musterte, war Huber schon im Gespräch mit der Frau, die hinter dem Tresen stand.

»Bittschön, was kann ich für Sie tun?«, fragte die Verkäuferin, die Alexa auf Mitte fünfzig schätzte. Wie so oft waren es vornehmlich Frauen, die bedienten. Außerdem fiel ihr auf, wie selten man in dieser Gegend Menschen von ausländischer Herkunft sah. Überall arbeiteten vorwiegend Einheimische, und fast alle sprachen Dialekt. In Aschaffenburg war das ganz anders.

»Wir sind auf der Suche nach einer jungen Frau«, erklärte Huber und hielt der Verkäuferin seinen Dienstausweis und das Bild von Juliane hin. »Sie ist gestern am Nachmittag mit der Bahn hier angekommen. Ist sie Ihnen vielleicht aufgefallen?«

Sie nahm Hubers Handy und musterte die Züge des Mädchens. »Hat die was angestellt?« Sie deutete mit dem Kinn zu dem Bild und warf Alexa einen kurzen Seitenblick zu.

»Ihre Eltern haben sie als vermisst gemeldet«, sagte Huber und nahm das Handy wieder an sich. »War sie vielleicht hier, um sich kurz aufzuwärmen? Sie wollte ein Taxi nehmen.«

»Nicht, dass ich wüsste.«

»Haben Sie draußen etwas bemerkt?«, fragte nun Alexa. »Ein Streit, irgendetwas?«

»Geh zua, ich arbeite hier. Meinen S' etwa, ich hab da Zeit, in der Gegend herumzuschauen? Wenn die ein Taxi genommen hat, dann müssen Sie schon bei denen nachfragen. Wir sind hier kein Auskunftsbüro.«

Mit den Worten wandte sie sich ab und bediente einen jungen Mann in Zimmermannskluft, der einen großen Kaffee zum Mitnehmen bestellte und sich mit verschiedenen Backwaren eindeckte.

Huber zuckte die Schultern und wartete geduldig, bis sie mit dem Kunden fertig war. Dann bat auch er um zwei belegte Semmeln. Er ließ sie einpacken, zählte das Geld auf die Theke, machte jedoch keine Anstalten zu gehen.

»Mei, Sie sind aber hartnäckig. Ich kann Ihnen trotzdem nichts dazu sagen. Ich war gestern Nachmittag gar nicht hier.« Die Frau musterte sie sichtbar genervt. »Warten Sie. Ich ruf Ihnen die Greta.«

Sie verschwand in dem Küchenraum, der direkt angegliedert war und aus dem sie jetzt lautes Geschirrklappern hören konnten. Alexa erhaschte einen Blick auf eine junge Frau, die dort gerade die Spülmaschine ausräumte. Sie reagierte nicht, als die Verkäuferin eintrat. Weiße Earpods waren vermutlich der Grund dafür. Sie ließ sie in der Hosentasche verschwinden, wischte sich dann die Hände an einem Geschirrtuch ab und kam mit der älteren auf Alexa zu.

»Gehen Sie aber bitte ein Stück zur Seite, wenn's recht ist.« Mit einer ungeduldigen Handbewegung deutete die Verkäuferin auf die andere Ecke des Tresens. Greta, deren Wangen gerötet waren, begab sich sofort dorthin.

»Und du beeilst dich, hörst du!«, rief die Verkäuferin zu guter Letzt und hob den Zeigefinger wie eine alte Gouvernante.

Greta rollte die Augen und murmelte ein genervtes »Jaja«.

»Hallo«, begann Alexa sofort, um ihr Ärger zu ersparen. »Du hattest gestern Dienst hier?«

Greta nickte. »Bis zum Abend. Ich hab zugesperrt. Was gibt es denn? Ist was liegen geblieben?«

Alexa schüttelte den Kopf. »Wir sind von der Kripo Weilheim und auf der Suche nach Juliane Hocke. Wir nehmen an, dass sie gestern mit der Bahn hierhergefahren ist und zu ihren Eltern wollte. Dort ist sie aber nie angekommen. Hast du sie zufällig gesehen?« Alexa zog das Foto hervor.

»Freilich«, antwortete Greta, ohne draufzuschauen.

Alexa und Huber wechselten einen erstaunten Blick.

»Bist du dir wirklich sicher? Kennst du sie?«

»Hundertprozent. Wir waren zusammen auf der Schule. Bis sie aufs Gymnasium ist. Und ich …« Sie machte eine Andeutung nach hinten. »Aber ich erkenn die doch, die Juliane. Sie hatte so eine schöne, golden schimmernde Jacke an. Mit dichtem Pelz am Kragen, richtig schick.«

»Weißt du zufällig, zu welcher Uhrzeit das war?«

Sie zuckte die Schultern. »Es war schon dunkel draußen. Aber sie stand da drüben unter einer Lampe. Deshalb habe ich sie sehen können.«

Sie deutete in die Richtung.

»Und was hat sie gemacht? War sie alleine, oder hat sie mit jemanden geredet?«

»Na, die war die Einzige, die da stand. Sie hat getextet. Auf ihrem Handy. Und einmal hat sie gelacht.«

Wieder warf Alexa Huber einen Blick zu. Wie wollte sie das erkannt haben? Im Dunkeln auf die Entfernung? Die Gleise konnte man von hier aus kaum sehen.

Als hätte sie ihr Zögern bemerkt, beugte sich Greta näher zu Alexa hinüber. »Ich war kurz draußen vor der Tür. Rauchen. Aber sagen Sie ihr das bloß nicht. Die bringt mich sonst um.« Sie machte eine Bewegung mit dem Kopf zu ihrer Kollegin. »Sie sagt, der Geruch vergrault die Kunden. Aber wenn sie nicht da ist …«

Alexa nickte. Klar, das Mädchen war jung. »War nicht viel los gestern, oder?«

»Na, bei dem Wetter, da geht keiner raus, der nicht muss.« Sie lachte. »Grauslich. Als dann das Taxi kam, ist sie eingestiegen.«

Alexa versuchte, sich ihre Unruhe nicht anmerken zu lassen.

»Weißt du zufällig, welche Taxigesellschaft das war? Oder kennst du den Fahrer vielleicht sogar?«

Sie schüttelte den Kopf. »Das nicht, nein. Aber der hatte eine gewaltige Delle in der Tür. Sah aus, als hätte jemand sie gegen einen Pfosten gehauen.«

Bingo. Mit dieser Information müsste der Fahrer ausfindig zu machen sein.

»Das Taxi war dann auch schnell wieder da«, fuhr Greta fort. »Als ich zugesperrt hab, stand es hier an den Gleisen. Er hat dann aber wohl auch Feierabend gemacht, denn er ist hinten an der Ecke noch an mir vorbeigerauscht. Der war viel zu schnell und ist ziemlich gerutscht. Wenn Sie mich fragen, mit dem würde ich nicht fahren. Der kennt sich nicht aus mit dem Wetter hier bei uns.«

»Kannst du uns noch einmal ganz genau sagen, was Juliane anhatte? Hatte sie eine Tasche dabei?«, fragte jetzt Huber.

Die junge Frau beschrieb sehr präzise Julianes Bekleidung und verwies auf eine Handtasche – Leder, bestickt mit bunten Blumen – und einen Rucksack. Sie war eine extrem gute Beobachterin, und Huber nahm minutiös alles auf, was sie sagte.

Alexa musste zugeben, dass es dieses Mal Huber zu verdanken war, dass sie einen Schritt weiter waren. Wäre er nicht hartnäckig an der Theke stehen geblieben, hätten sie diese Information überhaupt nicht bekommen, die ihnen nun zumindest einen ersten Anhaltspunkt bot.

Während Huber Gretas Kontaktdaten notierte, beschäftigte Alexa vor allem eine Frage: Wenn Juliane ein Taxi genommen hatte, wie ihre Mutter es erbeten hatte, warum war sie dann nie zu Hause eingetroffen?

Hatte sie zuvor noch jemanden besucht?

»Etwas würde mich noch interessieren: Hatte Juliane hier alte Freunde, weißt du das zufällig?«

Bedauernd schüttelte Greta den Kopf. »So gut kenne ich sie nicht, tut mir leid. Aber offen gestanden sind die meisten jungen Leute froh, wenn sie aus der Jachenau wegkommen.«

Während Alexa mit Huber zum Auto zurückging, drängte sich ihr noch eine absurde Vermutung auf: War Juliane vielleicht doch daheim angekommen, hatte aber nie das Haus betreten? Hatte der alte Hocke sie auf eine falsche Fährte bringen wollen, um den Fokus von sich selbst abzulenken? Oder ging sie damit zu weit?

Aber möglich war es, dass jemand sie dort draußen erwartet hatte. Jemand, der wusste, dass sie kommen würde …

Während Julianes Mutter in der Küche mit der Zubereitung des Geburtstagsessens beschäftigt war, hätte sie womöglich gar nicht bemerkt, wenn draußen etwas vor sich gegangen wäre.

Wieder dachte Alexa an die Verletzung im Gesicht von Frau Hocke, an die extrem angespannte Stimmung im Raum. Oder war Juliane an diesem Abend vielleicht Zeugin einer tätlichen Auseinandersetzung der Eltern geworden und hatte ihrer Mutter zu Hilfe kommen wollen?

Eine Gänsehaut lief Alexa über ihre Arme, als sie an den Holzschuppen neben dem Haus dachte. An die Sensen, die unheilvoll im Windzug hin und her schwangen.

Und an die seltsamen Masken mit dem starren Blick.

17.

Krammer stand mit Roza Szabo im Flur. Er nahm es auf seine Kappe, den Hausmeister dazu anzuhalten, ihnen sämtliche Türen im Gebäude aufzuschließen. Aber er musste einfach sichergehen, dass Neshan und Nowak wirklich nicht mehr hier waren. Erst dann hätte er Ruhe. Denn es war ihm immer noch schleierhaft, wie es gehen sollte, zwei junge Frauen, eine davon sogar mit blutenden Wunden, so mir nichts, dir nichts tagsüber aus einem Studentenwohnheim zu entführen.

Zuerst hatte Szabo versucht, es ihm auszureden, schließlich aber doch nachgegeben. Schlimmer als der Ärger mit seinem Vorgesetzten nach dem letzten Fall konnte es sowieso nicht mehr werden. Und immerhin konnten sie sich darauf berufen, dass Gefahr im Verzug war.

Stockwerk für Stockwerk hatten sie erst bei jedem Zimmer geklopft. Wenn niemand da war, hatte der Hausmeister murrend mit seinem Zentralschlüssel geöffnet und sie kurz hineinsehen lassen. Nicht ohne ständig zu beteuern, dass diese Aktion wirklich Ärger geben würde.

»Ist es eigentlich normal, dass nur so wenige Studenten am Wochenende hier sind?«

»Bei diesem Wetter schon. Erst recht, seit wir die Pandemie hinter uns haben. Viele arbeiten seitdem immer noch lieber von zu Hause, digital.«

Szabo nickte und folgte dem Mann durch den dunklen Flur.

Als er jung war, dachte Krammer, da hatte es bei den Studenten wilde Partys gegeben, mit Musik, Alkohol und Drogen. Kaum jemand scherte sich damals darum, wie lange das Studium dauerte. Sie diskutierten viel, priesen die grenzenlose Freiheit in ihrem Leben. Demonstrierten gegen das Spießertum. Nur um später in genau dieselben Bahnen zu geraten wie die Generation davor. Und die davor.

Inzwischen hatten sie fast das gesamte Gebäude durchkämmt. Den Raum mit dem Billardtisch genauso wie die Arbeitsräume und die Gemeinschaftsküche. Nichts.

Nur ein Zimmer war noch übrig. Im Kellergeschoss.

Der Hausmeister holte sein Bund hervor, aber etwas stimmte nicht. Der Schließzylinder klemmte. Derbe Flüche ausstoßend, probierte er es erneut, rüttelte ungeduldig an der Klinke.

»Ich verstehe das nicht. Normalerweise passt der Schlüssel überall.«

»Ist das Schloss vielleicht in letzter Zeit ausgetauscht worden?«, fragte Szabo.

»Ich kümmere mich um alle Reparaturen und bestelle auch die Handwerker. Davon wüsste ich dann ja wohl.«

»Offenbar nicht«, ließ Krammer vernehmen.

Szabo warf ihm über den Rand ihrer roten Brille hinweg einen ermahnenden Blick zu.

Der Hausmeister schnaufte unwirsch, rieb den metallenen Bart an seinem blauen Arbeitskittel ab, probierte es erneut. »Das geht nicht mit rechten Dingen zu, sakra.«

Mittlerweile hatte er jeden einzelnen Schlüssel an seinem Bund durch. Dennoch ließ sich die Tür nicht öffnen.

Krammer konnte seine Unruhe kaum noch bezwingen. Er lief ein paar Schritte auf und ab, und hatte große Lust, sich einfach gegen die Tür zu werfen. Doch die Erfahrung hatte ihn gelehrt, dass diese Technik nur selten wirkungsvoll war. Im Gegenteil: Vermutlich würde er sich eher das Kreuz ausrenken, das erst seit gestern wieder einigermaßen schmerzfrei war.

Er wusste genau, woher seine Anspannung kam. Schon einmal hatte er vor so einer Tür gestanden. Damals war das Bild ganz ähnlich gewesen: das Ende eines Ganges, das Schloss ließ sich nicht öffnen. Dahinter eine schwerverletzte junge Frau, deren Kleidung genau wie ihr Körper von Messerschnitten zerfetzt war und die in einer riesigen Blutlache lag. Ihr Gesicht bleich, die Augenlider flatterten.

Schon auf dem Weg ins Krankenhaus war sie den Verletzungen erlegen. Noch immer gab er sich die Schuld daran. Wären sie nur ein paar Minuten früher gekommen, hätten sie sie vielleicht retten können.

Noch immer fuhrwerkte der Mann mit dem Schlüssel herum. Das alles kostete viel zu viel Zeit. Zeit, die die Mädchen womöglich nicht hatten. Entnervt zückte Krammer sein Handy, bereit, einen Schlüsseldienst zu rufen.

»Wer könnte denn etwas darüber wissen, wenn hier jemand Hand angelegt hat?«, fragte Szabo ganz ruhig und machte eine beschwichtigende Geste in seine Richtung.

Der Hausmeister fuhr herum. »Die Chefin. Aber bittschön, geben Sie mir noch einen Moment …« Er fuhr sich durch das schüttere Haar, drehte den Bund in den Händen. »Wenn sie das erfährt … Wissen Sie, ich brauche den Job. Ich … Ich hatte in der Vergangenheit ein paar Probleme … Und wenn jetzt …«

Szabo berührte den Mann sanft am Arm, schürzte die Lippen und suchte seinen Blick, damit er sich beruhigte. »Wir wollen Ihnen keine Scherereien machen, wirklich nicht. Aber wir müssen absolut sichergehen, dass wir nichts übersehen haben. Mein Kollege kann einen Dienst rufen, der uns die Tür öffnet. Diskret natürlich. Und Sie regeln das dann später intern, wie es für Sie am besten ist. Ganz geräuschlos. Verstehen Sie?« Szabo hob vielsagend die Augenbrauen.

Noch bevor der Mann sein Einverständnis signalisieren konnte, telefonierte Krammer bereits, und schon eine halbe Stunde später hatten sie sich Zugang zu dem Raum verschafft. Auch die Kriminaltechnik war eingetroffen.

Die Kammer hatte nur ein winziges Fenster, das den Blick in einen Kellerschacht freigab, und war voller Gerümpel: Ein Stuhl, dessen Lehne gebrochen war, verschiedene Eimer, Besen und Schrubber, ein Rechen und eine alte Schubkarre standen dort. Letztere war völlig verrostet, an den Reifen klebten dicke Dreckklumpen. Die Kollegen würden den Raum zur Sicherheit noch kriminaltechnisch untersuchen, aber es schien mehr als unwahrscheinlich, dass jemand sie gestern benutzt hatte.

Und von den Mädchen gab es auch keine Spur.

Krammer wischte sich den Schweiß aus dem Gesicht. Er war so sicher gewesen. Offenbar hatte die Erinnerung an die frühere Ermittlung ihn in die falsche Richtung getrieben.

Mit hängenden Schultern stand Krammer da und schüttelte den Kopf. Er wusste, die ganze Aktion würde Ärger geben. Nicht nur mit einer Reihe verärgerter Eltern, die um die Privatsphäre ihrer teuren Sprösslinge besorgt waren. Auch seine Oberen, die ihm schon in der vergangenen Woche zu verstehen gegeben hatten, dass sie seine Alleingänge nicht schätzten, würden ihm diese Aktion nicht durchgehen lassen.

Szabo trat zu ihm. »Komm, Bernhard. Wir können hier nichts mehr tun. Lass uns zurück ins Büro fahren. In ein paar Stunden haben die Kollegen sicher schon erste Auswertungen, und bis dahin checken wir weiter den Hintergrund der Mädchen.«

»Brauchen Sie mich jetzt noch?«, fragte der Hausmeister, der aussah, als hätte er dringend einen Schnaps nötig.

Vermutlich nicht nur einen, korrigierte Krammer sich. Der Ärger, den der Mann erwähnt hatte, hing ziemlich sicher mit einem massiven Alkoholproblem zusammen. Die groben Poren seines Gesichts, die geröteten Wangen und nicht zuletzt das unentwegte Lutschen von Pfefferminzbonbons sprachen eine deutliche Sprache. Aber auch er selbst hätte gerade nichts gegen einen guten Obstbrand einzuwenden gehabt.

»Nein, wir sind hier erst mal fertig«, antwortete Szabo.

Der Hausmeister ging ein paar Schritte vor ihnen und führte Selbstgespräche, als sie gemeinsam den Flur verließen.

»Ich hätte schwören können, dass hier etwas ist, Roza. Ich habe das deutlich gespürt. Wirklich«, raunte Krammer ihr zu.

Szabo ließ seine Bemerkung unkommentiert, aber Krammer merkte ihr an, dass sie ausgesprochen unzufrieden mit dem Ausgang der Geschichte war. Vermutlich bangte sie ebenfalls, dass es Beschwerden von Eltern hageln würde, und fürchtete die Konsequenzen für ihren Ruf in der Inspektion.

Er konnte es ihr nicht mal verdenken. Zur Wiedergutmachung musste er alles daransetzen, noch am Wochenende eine greifbare Spur zu finden, bevor am Montag das große

Donnerwetter über sie hereinbrach. Das war er Roza schuldig.

»Wer hat den denn hier runtergeschleppt? Kruzifix!«, fluchte der Hausmeister und ging auf einen Wagen zu, der verborgen in einer Nische unterhalb des Treppenaufganges stand.

Es handelte sich um ein graues Metallgestell mit vier Rollen. Auf der einen Seite gab es einen Rahmen mit Deckel, in dem eine große Mülltüte befestigt war. Die Eimer und die Mopp-Presse auf der anderen Seite ließen keinen Zweifel daran, dass es sich um Utensilien des Reinigungspersonals handelte. Der Schrubber und die Reinigungsmittel lagen allerdings in wildem Chaos hinter dem Wagen in der Ecke, so als hätte jemand das Gefährt mit Gewalt gegen die Wand krachen lassen.

Krammers Augen weiteten sich.

»Nicht anfassen«, rief er. »Wo befindet der sich normalerweise?«

»Auf jedem Stockwerk ist einer, nur hier unten natürlich nicht. Keine Ahnung, wer den heruntergetragen hat. Einen Aufzug gibt es bei uns ja nicht. Da hat sich wohl wieder mal jemand einen Scherz erlaubt.« Der Hausmeister fluchte vor sich hin.

»Sind die schon untersucht worden?«, fragte Krammer.

Der Hausmeister schüttelte den Kopf.

Szabo eilte zu den Kollegen zurück, um sie zu bitten, den Wagen genauestens unter die Lupe zu nehmen.

Aber Krammer hatte bereits eine Idee, wer den Putzwagen zuletzt benutzt haben könnte. Nur handelte es sich dabei seiner Meinung nach keineswegs um einen Scherz.

Denn aus dem Müllsack ragte noch etwas, das ihm sofort ins Auge gestochen war: ein Ärmelbund aus blauem, dickem Stoff. Sicher ein Arbeitsoverall.

Und er hätte schwören können, dass daran Blut klebte.

18.

Alexa klingelte an der Tür zu dem schmalen Doppelhaus in Geretsried, einer kleinen Stadt südlich von Wolfratshausen, in dem Stephan Bach wohnte. Dann trat sie einen Schritt zurück und ließ ihren Blick an der Hausfassade hochwandern. Oben gab es noch einen winzigen Balkon und ein Fenster. Nichts Auffälliges.

Schon kurz nachdem der dreistufige Klingelton verhallt war, begann im Inneren ein Hund zu bellen. Er näherte sich, das konnte man an der zunehmenden Lautstärke hören. Dann nahm sie ein Kratzen wahr. Vermutlich rührte es von seinen Krallen, mit denen er sich an der Tür aufstellte. Er knurrte und kläffte.

Sie wartete, lauschte. Doch drinnen passierte sonst offenbar nichts. Da war nur das Tier, das mittlerweile völlig außer sich war und immer wieder gegen das Holz sprang, wobei es laut rumste.

»Hier ist jedenfalls niemand«, ließ Huber vernehmen. »Außer dem Hund.«

Damit das Tier wieder zur Ruhe kam, trat Alexa noch ein Stück von der Tür zurück. Sofort ließ seine Aufregung nach. Neben dem Haus war ein Carport, unter dem sich Schnee gesammelt hatte.

»Wann genau hat es hier gestern eigentlich angefangen zu schneien?«

»Soweit ich weiß gegen Mittag. Gleich ziemlich heftig«, betonte Huber und schien zu verstehen.

Es gab keine Reifenspuren. Die Schneedecke schien unberührt, und ein dicker Wall vom Räumfahrzeug türmte sich den Gehweg entlang auf. Hier war definitiv seit dem gestrigen Abend niemand hinein- oder hinausgefahren.

»Würdest du deinen Hund allein lassen? Über Nacht?«

Alexa ging noch einmal an die Tür, was das Tier dieses Mal nicht zu stören schien. Dann hob sie den Deckel des Briefkastens leicht an. Darin lagen ein paar Briefe und die Tageszeitung. Daher vermutlich die Fußabdrücke, die zur Tür führten.

»Ich würde sagen, hier stimmt was nicht«, rief sie ihrem Kollegen zu.

Sofort nahm Huber sein Telefon zur Hand, um Brandl zu informieren, der von daheim die Station leitete, seit er wegen eines Kletterunfalls einen Gips trug und nicht richtig laufen konnte. Während Huber mit dem Chef das weitere Vorgehen absprach, checkte Alexa ihr Handy.

Eine Textnachricht. Von Konstantin.

Du warst so schnell weg gestern. Schade.

Trotz ihrer Anspannung löste diese Zeile ein wohliges Gefühl in der Magengegend aus, und ein Lächeln huschte über ihr Gesicht. Rasch schaute sie zu Huber hinüber, ob er ihre Reaktion bemerkt hatte. Aber dem schien nicht so.

Kurz stieg die Erinnerung an den Streit vor der Konzerthalle auf, den sie beobachtet hatte, und die kleine Spitze von Line. Doch egal, was für ein Typ er auch sein mochte: Er gefiel ihr. Sehr sogar. Dennoch steckte sie entschlossen das Handy in die Tasche.

Zunächst musste sie sich auf die Suche nach den drei Vermissten konzentrieren, was an diesem Wochenende ihre volle Aufmerksamkeit erfordern würde. Das hatte Priorität. Alles andere konnte warten. Auch Konstantin. Doch seine Nachricht fühlte sich gut an. Nach einem Anfang. Einem Schritt nach vorne.

Während sie Huber mit einem Ohr zuhörte, schaute sie zum Horizont, an dem sich erneut eine düstere Wolkenfront aufbaute. Dann sah sie auf die Uhr. Bald wären 24 Stunden seit dem Verschwinden der drei jungen Leute vergangen.

Das war nicht gut, gar nicht gut.

Als Huber auflegte, deutete sie mit dem Kinn nach oben. »Was denkst du? Kommt da noch mehr Schnee?«

Doch er winkte ab. »Dafür ist es heute viel zu warm. Aber ein Unwetter mit Starkregen ist gemeldet. Typisch April eben.«

In ihren Ohren klang das nicht besser. Sie hatte vergangene Woche am eigenen Leib erlebt, wie es sich anfühlte, diesem Wetter in den Bergen ausgeliefert zu sein. Sie hoffte, dass keine der Personen, die sie suchten, irgendwo dort lag, ohne jeden Schutz, womöglich verletzt. Durch einen Unfall. Oder an einer entlegenen Stelle verschüttet.

Das Klingeln ihres Telefons verscheuchte den Gedanken an das Wetter. Zunächst rechnete sie mit einem erneuten Anrufversuch ihrer Mutter. Doch diese Nummer kannte sie nicht. Sie war aus der Gegend.

»Die Frau Kolb hier«, meldete sich eine Frauenstimme mit bayrischem Akzent. »Sie waren vorhin bei mir im Dorfladen. Wegen der Juliane.«

»Ja?«, antwortete Alexa.

»Ich weiß nicht, ob das wichtig ist. Aber mein Lorenz, der ist ja bei der Bergwacht. Er ist gestern niedergeschlagen worden.«

»Was? Von wem?« Alexa hörte, dass die Frau sich bemühte, ihre Tränen zu unterdrücken.

»Das weiß keiner. Er liegt im Tölzer Krankenhaus. Er war wohl einige Stunden bewusstlos, haben sie gesagt, konnte danach sein Handy nicht finden. Er ist dann zu Fuß zurück ins Tal, hat aber Stunden gebraucht, weil er immer wieder anhalten musste. Sein Kreislauf, vermuten die Ärzte. Und Schwindel von der Gehirnerschütterung. Er war dehydriert und stark unterkühlt. Er schläft noch immer, aber er wird wieder, sagen sie.« Frau Kolb stockte kurz. »Bei der Bergwacht hat erst keiner bemerkt, dass er fehlt. Die hatten gedacht, er ist vielleicht direkt nach Hause. Bei dem Chaos letzte Nacht … Alle verfügbaren Leute waren ja im Einsatz. Es hatte einen Notruf von der Benediktenwand gegeben, wo sich eine vierköpfige Familie verstiegen hatte. Die konnten seine Kollegen erst nach Stunden bergen. Und wer weiß, was sonst noch alles los war, bei dem Schnee.«

Die Frau hielt erneut inne. Alexa hörte sie schnaufen.

»Jedenfalls fehlt seither das Schneemobil. Der Lorenz war zu einem Notfall gerufen worden. Jemand hatte sich bei einem Sturz am Knöchel verletzt. Er wollte die Person zum Arzt bringen. Aber … was danach geschehen ist, weiß keiner.«

»Ich hoffe, Ihr Sohn kommt wieder in Ordnung«, sagte Alexa. »Und ich danke Ihnen, dass Sie so umsichtig waren, uns davon zu berichten. Wir werden uns mit den Leuten von der Bergwacht in Verbindung setzen.«

Die Frau murmelte etwas Unverständliches.

»Eine Frage noch«, hakte Alexa nach. »Wissen Sie zufällig die Uhrzeit, wann der Notruf bei der Bergwacht eingegangen ist?«

»Nein. Das weiß ich leider nicht.«

Alexa wollte gerade das Gespräch beenden, da holte die Frau noch einmal Luft.

»Die Juliane. Haben Sie von der inzwischen was gehört?«

»Bisher nicht«, antwortete Alexa wahrheitsgemäß.

»Der Lorenz und die Juliane ...« Sie stockte. »Ach, Sie würden es ja sowieso erfahren. Die waren in einer Klasse, die beiden.«

»Ja?« Alexa ahnte, dass das noch nicht alles war, was Frau Kolb ihr sagen wollte.

»Der Lorenz ... Also der hat immer für die Juliane geschwärmt. Da war nie was, verstehen Sie? Aber ich weiß, dass er sie mochte. Eine Jugendliebe, eine Schwärmerei. Nichts weiter, wissen Sie?«

In Alexas Kopf formte sich ein deutliches *Aber*, doch sie hielt sich zurück und wartete geduldig ab, was die Frau noch zu sagen hatte.

»Die beiden sind ja früher täglich gemeinsam mit dem Schulbus gefahren. Es gibt nicht viele Kinder hier, die auf das Gymnasium in Bad Tölz gehen.« Wieder hielt die Frau inne.

Ungeduldig verlagerte Alexa das Gewicht von einem Bein auf das andere.

»Ich frag mich grad, ob sie vielleicht noch in Kontakt geblieben sind«, sagte Frau Kolb. »Denn dass mein Lorenz niedergeschlagen wurde und die Juliane verschwunden ist ... am selben Abend ...«

Es gab noch viel mehr seltsame Dinge, dachte Alexa, behielt das aber für sich. »Danke für Ihre Offenheit, Frau Kolb, wir werden das überprüfen.« Dann beendete sie das Gespräch.

»Die Kollegen sind unterwegs«, informierte Huber sie. »Und was war das bei dir? Ist jemand verletzt?«

Alexa nickte und starrte noch eine Weile nachdenklich auf ihr Handy. »Der Sohn von Frau Kolb, Lorenz heißt er. Sie hatte ihn vorhin im Laden erwähnt. Er ist gestern Abend niedergeschlagen worden, und das Schneemobil, mit dem er unterwegs war, wurde gestohlen. Kennen wir den Mann? War der letzte Woche bei der Suche dabei?«

Huber zuckte die Schultern. »An den Namen kann ich mich nicht erinnern. Ich kenn den jedenfalls nicht. Aber wieso klaut jemand ein Schneemobil?«

»Um trotz der Witterung gut vorwärtszukommen, würde ich sagen. Nur wohin? Frau Kolb meinte außerdem, dass ihr Sohn Juliane gut gekannt hat, sogar für sie schwärmte. Aber wenn sie ein Taxi genommen hat, das sie bis nach Hause fuhr …« Alexa musterte Huber, an dessen Miene sich auch dieses Mal nichts ablesen ließ. »Drei Vermisste, ein Raubüberfall. Diese Nacht hatte es echt in sich. Und dann auch noch bei diesem Wetter, wo kaum einer auf der Straße ist, der uns weiterhelfen könnte.«

»Vielleicht gerade deshalb«, mutmaßte er.

Alexa nickte. Das Gefühl hatte sie langsam auch. »Wie lange werden die Kollegen ungefähr brauchen?«

»Eine gute Dreiviertelstunde, denke ich«, antwortete Huber und setzte sich in den Wagen.

Windböen peitschten über die Straße und trieben eisige

Schneekristalle vor sich her. Eine nervöse Unruhe kroch in Alexa hoch. Der Hund hinter der Tür begann jämmerlich zu jaulen, so als könne er ebenfalls spüren, dass etwas Unheilvolles in der Luft lag.

19.

Szabo setzte mit dem Wagen zurück, ihre rote Lesebrille hatte sie in die Haare geschoben. Im Schneckentempo fuhr sie aus der Einfahrt des Studentenwohnheims, grüßte noch einen Polizeibeamten und bog dann auf die Hauptstraße ein.

Auf Krammers Geheiß hatten sie Kollegen zur Unterstützung angefordert, die in der Umgebung des Wohnheimes die Bewohner in sämtlichen benachbarten Straßen befragten. Vielleicht hatte jemand die Mädchen gesehen und konnte ihnen sagen, ob sie allein oder in Begleitung waren. Oder es gab irgendeine auffällige Beobachtung zu Personen oder Fahrzeugen. Wenn sich der oder die Täter als Mitarbeiter einer Reinigungsfirma getarnt hatten, dann benutzten sie sicher einen Kastenwagen, vielleicht sogar mit einer Aufschrift.

Als Krammer gerade Elly Schmiedinger, ihre Sekretärin und gute Seele der Abteilung, anrufen wollte, um prüfen zu lassen, ob ein solcher Wagen im näheren Umkreis als gestohlen gemeldet worden war, bremste Szabo stark.

Vor ihnen stand ein Abschleppwagen mit Warnblinklicht, der im Begriff war, eine noble schwarze Limousine aufzuladen. Krammer musterte den teuren BMW, der brandneu aussah und ein deutsches Kennzeichen hatte. WOR – er kannte das Gebiet noch genau von der letzten Ermittlung.

»Herrschaftszeiten. Das darf doch jetzt nicht wahr sein. Warum hast du nicht gleich die andere Strecke zur Dienststelle genommen?«, meckerte Krammer seine Kollegin an.

»Das nächste Mal fährst halt du!«, konterte Szabo.

»Wenn du umdrehst, kommen wir doch viel schneller zurück zum LKA.«

»Und wenn du dich mal wieder entspannst, würdest du mir einen großen Gefallen tun. Schließlich kann ich nichts dafür, dass der Fall immer seltsamer wird«, erwiderte Szabo genervt. »Schau, die sind doch gleich fertig, da vorne. Den Moment haben wir. Außerdem steht ein anderes Fahrzeug hinter mir.«

Krammer sah in den Rückspiegel und brummte grantig.

Er musterte die neuen Häuser, die hier gebaut worden waren. Dahinter ragten die schroffen Felsen der Nordkette auf, deren Spitze von dicken grauen Wolkenbergen verhangen war. Ein Windstoß trieb den frischgefallenen Schnee vor sich her, dennoch schien es ihm, als würde es merklich wärmer. Das Wetter schlug erneut um.

Krammer stieg aus und ging zu dem Mann vom Abschleppdienst hinüber, der beaufsichtigte, wie sein Kollege im Fahrzeuginneren den Hebekran bediente.

»Servus«, begrüßte Krammer ihn. »Braucht ihr noch lang?«

Der Mann schüttelte den Kopf, machte mit dem Zeigefinger eine kreisende Bewegung in der Luft, worauf der andere im Wagen die Limousine langsam nach unten auf die Tragfläche herabließ. »Na, wir müssen den nur noch draufheben, dann geht es ab zum Präsidium.«

Krammer schaute ihn verdutzt an. »Wieso zum Präsidium?«

»Der blockiert hier seit heute Vormittag komplett die Einfahrt zu den Parkplätzen. Die Anwohner haben das gemeldet, und die Polizei hat versucht, den Besitzer ausfindig zu machen. Dabei stellte sich heraus, dass der Wagen in Deutschland als gestohlen gemeldet wurde. Was es nicht alles gibt, oder?«

Krammer fuhr sich über das Kinn. Er hatte sich am Morgen nicht gut rasiert. Aber das war es nicht, was ihn störte.

»Vielleicht kein Benzin mehr?«

Der Mann zuckte die Schultern. »Kann sein. Aber dann wären das ja wohl brutale Anfänger, wenn die den Füllstand nicht gecheckt hätten.«

Krammer schaute sich den Wagen noch einmal an. Wieder stach ihm das bayrische Kennzeichen ins Auge.

Das Kürzel WOR stand für die Gegend um Bad Tölz und Wolfratshausen. Doch warum stellte jemand ein gestohlenes Auto so deppert ab, dass jeder es merken würde?

Krammer beeilte sich, zu Szabo zu kommen.

»Such mal bitte die Nummer von der Soko Kfz raus und frag, wann die Vermisstenmeldung bei den Kollegen in Deutschland reingekommen ist.«

»Wegen dem da vorne?«, fragte Roza verdutzt.

Krammer nickte. Der Wagen befand sich immerhin bloß ein paar Meter von dem Gebäude entfernt, in dem zuvor die zwei Mädchen verschwunden waren. Seine Gedanken ergaben nur wenig bis überhaupt keinen Sinn, das war ihm klar. Aber irgendetwas hatte ihn schon den ganzen Morgen unruhig gemacht. Eine seltsame Ahnung, die er von Beginn an hatte und die wie eine leise Vibration permanent spürbar war. Eine, von der er seiner Kollegin nichts erzählen wollte.

Jedenfalls noch nicht jetzt. Erst musste er sicher sein, wollte sich nicht erneut vor ihr und vor aller Welt zum Narren machen. So, wie es ihm schon einmal gegangen war. Damals in Wien, als er einen Serienkiller gejagt hatte, der es als eine Art Sport empfand, sich mit ihm zu messen. Und der am Ende überlegen geblieben war.

Die verschwundenen Studentinnen hatten dasselbe Alter wie die Opfer in diesem Altfall. Auch damals hatte es immer wieder Spuren gegeben. Zu viele. Und jede wies auf einen anderen Tathergang hin. Ihm war es nie gelungen, genügend Beweise sicherzustellen, um den Täter dingfest zu machen. Stets war er zu spät gekommen, den falschen Indizien gefolgt.

Sein Gegenspieler war ihm haushoch überlegen gewesen. Ein Mann, der immer noch frei herumlief. Dem er nie etwas hatte nachweisen können. Dieser Wagen würde allzu gut zu ihm passen. Aber war das Grund genug, ihn zu verdächtigen? Hier in Innsbruck? Weit weg von Wien? Oder war das alles bloß eine fixe Idee?

Dennoch machte Krammer zur Sicherheit ein Foto und beeilte sich, wieder zu dem Abschleppwagen zu kommen, an dem der Fahrer gemeinsam mit seinem Kollegen bereits die hintere Lade hochklappte.

»Darf ich noch mal schnell da hineinschauen?«, bat Krammer und hielt dem Mann seinen Ausweis hin.

»Oh. Aber natürlich, Herr Inspektor«, meinte der und wies auf einen seitlichen Tritt.

Krammer trat auf den Holm und schob sich dann mühsam auf die Plattform hoch.

»Die Meldung kam gestern am frühen Vormittag, Bernhard«, rief Szabo ihm zu. »Sie gehen davon aus, dass der Wagen Donnerstagnacht entwendet wurde.«

Krammer nickte und lugte in das Innere des Fahrzeugs. Die hinteren Scheiben waren abgedunkelt, aber durch die vorderen Seitenscheiben konnte er alles sehen. Der gesamte Innenraum war mit beigefarbenem Leder ausgestattet, das Armaturenbrett holzbeschichtet. Schemenhaft erkannte er Monitore an den Kopfstützen der Sitze. Eine echte Nobelkarosse. Aber im gesamten Innenraum konnte Krammer nichts Auffälliges entdecken. Im Gegenteil: Alles war blitzsauber, auch in den Ablagen gab es nicht einmal eine Parkscheibe oder ein Taschentuch. Von Blut gar nicht zu reden. Dennoch suchte er weiter.

Er bückte sich, stellte sich seitlich des Wagens und untersuchte den Türgriff genauer. Auch da war kein Stäubchen, kein Kratzer, kein Fingerabdruck. Nichts. Alles viel zu sauber für seinen Geschmack.

Szabo stand nun direkt unterhalb von ihm und schaute erwartungsvoll hoch.

Vorsichtshalber zog er sich Handschuhe an.

»Haben Sie versucht, den Wagen zu öffnen?«

»Nein. Das haben wir nicht.« Nun gesellten sich die beiden Männer ebenfalls zu Szabo und schauten ihm zu.

Krammer zog an dem Griff, und mit einem satten Geräusch öffnete sich die Tür.

»Scheiße«, murmelte einer der Männer.

»Dürfen die das?«, fragte der Fahrer. »Wir haben doch Order, den sofort zur Polizeistation zu bringen.«

»Du Dodel, sei bloß still. Der Typ *ist* die Polizei!«, raunte der andere.

Von hinten ertönte die Hupe des anderen Fahrers, der immer noch hinter Szabos Auto stand und dem nun offenbar der Geduldsfaden riss.

»Wären Sie wohl so nett und sagen dem Herrn, dem es so pressiert, dass wir hier ermitteln und dass er doch bittschön den Wagen wenden soll, wenn er es eilig hat?«, kommandierte Szabo. »Danke.«

Der Mann vom Abschleppdienst machte sich eilig auf den Weg.

Der Fahrer hob die Hände und ging zu seiner Kabine. »Ich habe damit nichts zu tun«, murmelte er.

»Gut so. Jetzt haben wir Ruhe«, meinte Szabo und verfolgte gespannt, was Krammer tat.

Er inspizierte jeden Winkel des BMW. Erst öffnete er das Handschuhfach, das genauso leer war wie die Fächer in der Mittelkonsole. Nichts. Er hätte schwören können, dass auch die Kollegen von der Spurensicherung nichts finden würden. Selbst das Touchpad war ohne jeden Fingerabdruck. Er nahm noch den flüchtigen Geruch von Reinigungstüchern wahr. Jemand hatte alles hier drin gründlich gesäubert.

Das Ganze stank zum Himmel.

»Gehen Sie bitte weiter. Wir sind gleich fertig hier«, hörte er draußen Szabo sagen.

Krammer stieg wieder aus dem Wagen und trat zum Heck. Szabo unterhielt sich mit einem älteren Herrn, offensichtlich einem Anwohner, den sicher die wilde Huperei nach draußen getrieben hatte. Er hielt die Luft an, als er den Kofferraum öffnete. Aber auch der war leer und penibel sauber.

»Zwei Männer sind ausgestiegen und dann weggegangen«, berichtete der Anwohner.

»Wann war das?«, wollte Szabo wissen.

»Heute in der Frühe«, antwortete der Mann. »Vor acht.«

Szabo warf Krammer einen kurzen Blick zu. Für sie war das Thema damit wohl erledigt, doch er bedeutete ihr mit einer Geste, weiterzumachen. Er wusste nicht zu sagen, warum oder was es mit dem Wagen auf sich hatte, aber dass etwas nicht stimmte, stand für ihn außer Frage.

»Können Sie die Personen beschreiben?«, erkundigte sich Szabo als Nächstes.

»So genau habe ich nicht hingesehen«, meinte der Herr. »Ich wohne da drüben und war dabei, den Weg frei zu schieben, das war ja narrisch viel Schnee.«

»Und die Kleidung?«

»Der eine hatte einen dunklen Wollmantel an. War etwas kleiner als der andere, meine ich. Der Große trug eine wattierte Jacke. Grau. Ich würde meinen, dass der in dem Mantel etwas älter war, denn der hatte kaum Haare. Vater und Sohn vielleicht? Ich habe gedacht, die besuchen hier wen. Hätte ich gewusst, dass das wichtig ist, dann hätte ich natürlich genauer hingesehen, aber so …«

Krammer stieg wieder ein, hörte der Unterhaltung nur noch mit halbem Ohr zu. Nachdenklich tippte er auf das Navigationsgerät.

»Na wartet«, brummte er. »Daran habt ihr Spezialisten sicher nicht gedacht.«

Es war ein Strohhalm, an den er sich klammerte. Das war ihm völlig klar.

Und vielleicht war diese Ahnung genauso falsch wie vorhin die mit dem Kellerraum. Aber sie hatten zu wenige Anhaltspunkte, als dass er den inneren Alarm, der ihn erfasst hatte, außer Acht lassen konnte. Doch dieses Mal hielt er sich bloß an die Fakten: ein gestohlener Wagen, ganz in der Nähe eines Wohnheims abgestellt, aus dem zwei junge Frauen verschwunden waren. Das wäre ein ziemlich großer Zufall.

Er stieg wieder aus. »Ich brauche so schnell wie möglich die Liste aller Adressen, die in dem Navi gespeichert sind«, rief er Szabo zu.

Sie legte den Kopf schief. »Bernhard, der Wagen steht seit dem Vormittag hier, nicht seit gestern. Du hast den Mann doch gehört!«

»Und wenn er sich irrt? Vielleicht ist der BMW schon viel länger hier. Oder sie hatten noch nicht alle Spuren beseitigt und sind deshalb zurückgekommen.«

»Und lassen den ausgerechnet hier stehen? Im Halteverbot? Damit wir darüber stolpern?«

Krammer wusste, wie sich das alles anhörte. Aber er konnte nicht anders. Stur hielt er ihrem Blick stand.

Nach einer Weile zückte Szabo mit einer harschen Bewegung ihr Telefon, stieß einige ungarische Flüche aus, rief aber schließlich bei den Kollegen an, um sie zu bitten, ihnen die geforderten Daten zuzuschicken.

Doch ihn würdigte sie dabei keines Blickes mehr.

Langsam ging Krammer zu Szabos Wagen zurück. Es war allzu deutlich. Er hatte den Bogen überspannt. Auch sie begann, an ihm zu zweifeln.

Er konnte es ihr nicht einmal verdenken.

20.

Einige Stunden zuvor

Hinter ihrer Stirn hämmerte ein dumpfer Schmerz, ihr Mund war trocken, und sie hatte entsetzlichen Durst. Zitternd schob sie sich hoch, bis sie saß. Ihre Glieder waren vor Kälte ganz steif, so dass sie sich kaum bewegen konnte. Sie umklammerte ihre Beine. Ihre nackte Haut fühlte sich irgendwie seltsam an. So, als würde sie durch Watte greifen.

Überhaupt kam alles verzögert in ihrem Kopf an. Sie wiegte sich zitternd für einige Sekunden, erst dann registrierte sie den rauen Boden unter ihrem Po.

Sie riss die Augen auf und begriff, dass etwas ganz und gar nicht stimmte. Auch mit ihrem Blick. Sie war in einem düsteren, kalten Raum. Doch das war nur ein Teil des Problems: Sie sah alle Konturen unscharf, wie verwischt. Sie wollte sich die Augen reiben, aber ihre Hände bewegten sich viel zu langsam, fast zeitlupenhaft.

Etwas stimmt nicht mit mir.

Sofort begann ihr Herz zu rasen, jeder Schlag hallte dumpf in ihren Ohren wider, wie die Hufe galoppierender Pferde.

Endlich war ihre Hand da angekommen, wo sie sein sollte. Sie rieb sich über die Lider, blinzelte, aber sie konnte weiterhin nur undeutlich sehen. Rasch schloss sie die Augen. Doch als der Schwindel sie erfasste, riss sie sie wieder auf, stützte sich auf dem Boden ab und begann zu weinen.

Was ist nur mit mir los?

Sie kannte den Ort nicht, an dem sie sich befand. Und irgendetwas war absolut nicht in Ordnung mit ihr.

Sie leckte sich die Lippen, dann atmete sie tief ein, um jemanden zu rufen, aber es fühlte sich an, als könne ihre Lunge keine Luft mehr aufnehmen. Ihre Brust war viel zu eng, und für einen Moment glaubte sie zu ersticken. Ihr Herz raste noch schneller, und sie spürte Panik in sich aufsteigen. War sie etwa krank? Sie schlang die Arme um sich.

Wo ist meine Jacke?

Sie sah an sich herunter. Sie trug nur noch ihre Unterwäsche. Wieder setzte der Schwindel ein. Heftiger jetzt. Instinktiv schob sie sich nach hinten an die Wand, lehnte sich dagegen und schloss die Augen. Nicht hyperventilieren. Sie durfte nicht noch einmal das Bewusstsein verlieren. Nur das nicht.

Es war wichtig, sich zu beruhigen. Und dann musste sie herausfinden, wo sie sich befand und was mit ihr passiert war.

Sie konzentrierte sich auf ihre Atmung. Tief in den Bauch hinein. Auch wenn ihr Puls weiter raste, spürte sie, dass sich der Druck in ihrer Lunge langsam löste. Sie versuchte, alle Fragen aus ihrem Kopf zu drängen, sich völlig auf ihre Körpermitte zu konzentrieren. Das hatte sie mit Hilfe einer Meditations-App gelernt. Sie rief sich die tiefe Stimme des Sprechers in Erinnerung und achtete nur auf den Fluss ihres Atemstroms.

Ein. Aus.

Ein. Aus.

Nach einer Weile, als auch ihr Herzschlag langsamer wurde, tastete sie mit den Händen den Boden ab. Noch immer war da dieses seltsame Gefühl. So als wäre ihre Haut dicker. Aber sie konnte tasten. Und fühlen. Der Untergrund war eiskalt. Uneben. Beton. Kein Wunder, dass sie so sehr fror. Augenblicklich beschleunigte sich ihr Puls wieder.

Nicht panisch werden. Ich muss ruhig bleiben.

Sie sprach sich gut zu. Dann öffnete sie langsam die Augen, atmete dabei tief und regelmäßig weiter. Der Schwindel ließ nach, und auch ihr Sichtfeld klarte etwas auf. Nicht viel, aber es wurde langsam besser. Immerhin. Ein kleiner Fortschritt.

Behutsam schloss sie erneut die Lider. Also weitermachen. Zur Ruhe kommen. Vielleicht brauchte sie noch einen Moment, bis sie wieder ganz da war. Ihr Körper hatte ziemlich heftig reagiert. Eine Panikattacke. Oder steckte doch mehr dahinter? Erneut begann ihr Herz schneller zu schlagen.

Nein, befahl sie sich. Es brachte ihr nichts, sich verrückt zu machen. Sie musste herausfinden, was überhaupt passiert war, und das würde ihr nur gelingen, wenn sie konzentriert blieb.

Langsam zählte sie bis hundert. Dann öffnete sie erneut die Augen. Ein Flirren war immer noch in ihrem Sichtfeld. Doch sie konnte endlich mehr erkennen. Der Raum war nicht groß. Die Wände genau wie der Boden grau und unverputzt. Ein verdrecktes Fenster, das im unteren Bereich fast blind war, führte zu einem Lichtschacht. Dicke Metallstreben hielten den darüber liegenden Rost. Sie wollte sich gerade aufrappeln, aber schon erkannte sie, dass der Griff entfernt worden war.

Darunter stapelten sich metallene Fässer. Steigleitungen

liefen an der Wand entlang und verschwanden in der Decke. In einer Ecke standen Getränkekisten.

Okay. Ein Vorratskeller. Dieses Mal gelang es ihr, ruhig zu bleiben, obwohl die Erkenntnis, dass sie bis auf ihre Unterwäsche ausgezogen in diesem dunklen Loch saß, sie bis ins Mark traf.

Ich bin entführt worden.

Ein Schauer überfiel ihren Körper. Der eiskalte Boden würde sie noch mehr schwächen. Sie musste aufstehen. Vielleicht fand sie in einer der Ecken etwas, in das sie sich einwickeln konnte.

Als sie sich aufstützte, um hochzukommen, bemerkte sie etwas neben sich. Ein Venenstauer, wie er beim Blutabnehmen eingesetzt wurde.

Ihr Mund wurde staubtrocken. Sie ließ sich wieder zurückfallen und betrachtete ihren rechten Arm genauer. Und da entdeckte sie es: Einstiche in ihrer Armbeuge. Sie presste die Lippen zusammen. Nun verstand sie, warum ihr ganzer Körper so seltsam reagierte. Jemand hatte ihr irgendetwas gespritzt.

Ich stehe unter Drogen.

Sie konnte den Blick nicht von den drei winzigen Löchern in ihrer Haut abwenden. Ein dunkler Bluterguss hatte sich dort gebildet. Jemand hatte sie wehrlos gemacht. Und er würde zurückkehren. Sie musste einen Weg finden, hier wieder rauszukommen.

Rasch suchte sie den restlichen Raum nach einer Tür ab. Sie fand auch eine, aber statt einer Klinke war da nur ein Knopf. Und sie war sicher, dass der sich nicht bewegen würde. Jemand hatte das genau geplant. Dieses Verlies gebaut. Wie für diese junge Frau in Österreich, die über Jahre gefangen gehalten wurde.

Wieder dieses Flimmern in ihrem Sichtfeld, alles begann, sich zu drehen, der Druck hinter der Stirn nahm schmerzhaft zu. Es gelang ihr gerade noch, den Kopf abzuwenden, dann erbrach sie sich schwallartig. Immer wieder würgte es sie, ihr ganzer Körper rebellierte.

Als es vorbei war, schob sie sich ein Stück weg, kauerte sich in eine Ecke, umschlang ihre Beine mit den Armen, wiegte sich sanft und fing an, ein Lied zu summen.

Heile, heile Gänschen.

Ihre Mutter hatte das immer gesungen. Nur: Wie sollte das hier je wieder gut werden?

Wähle in Ruhe aus.
Nimm die Schlimmsten unter ihnen.
Und dann schlag zu.
Bis die begreifen, was passiert,
ist es längst zu spät.

21.

»Die Auswertungen aus dem Labor sind da.« Szabo, die sich nach ihrer Rückkehr sofort in ihr Büro verzogen und demonstrativ die Tür geschlossen hatte, eilte mit kleinen, schnellen Schritten zu ihm herein.

Ihr Gesicht war ernst. Sie legte den Ausdruck, der gerade per Fax gekommen war, vor Krammer auf den Tisch. Vermutlich waren öffentliche Behörden die Letzten, die überhaupt noch diese Technik verwendeten.

Er überflog den Bericht und zog erstaunt eine Augenbraue hoch. Nun war es amtlich: Sie suchten nach zwei entführten Studentinnen. Aber anders als erwartet, stammten die Blutspuren in dem Zimmer von Lela, nicht von Karolin.

»Na, da schau her«, sagte er verblüfft und ließ sich gegen die Rückenlehne fallen.

»Damit hatten wir nicht gerechnet. Glaubst du, es geht bei der Sache um ein fremdenfeindliches Motiv?«, fragte Roza Szabo und zog das Bild von Lela zu sich herüber, das Krammer zusammen mit den Tatortfotos und dem des anderen Mädchens vor sich auf dem Schreibtisch ausgebreitet hatte.

»Wenn ich das wüsste.«

Draußen heulte der Wind. Das Wetter war in den letzten Stunden komplett umgeschlagen. Ein Sturmtief hatte nicht nur wärmere Luft, sondern auch heftige Böen mitgebracht. Was gestern noch als Schnee heruntergekommen war, fiel jetzt als Starkregen. Durch die Niederschläge würden die Pegelstände der Talflüsse stark ansteigen, während in den Bergen allerhöchste Lawinengefahr bestand. Und ausgerechnet in diesem Chaos suchten sie nach zwei verschwundenen Frauen.

Mit jedem Regenschwall, der an Krammers Fenster klatschte, waren seine Eingebungen mehr und mehr ins Wanken geraten. Limousine hin oder her, immer wieder blieb er an der Frage hängen, wie man die beiden Frauen aus dem Studentenwohnheim herausbekommen konnte. Einfach so, am helllichten Tag. Ziemlich wagemutig.

»Was haben denn die Befragungen ergeben?«

»Sie haben abgebrochen. Wegen des Wetters. Aber sie waren auch schon bei fast allen Anrainern in der Umgebung. Den Rest machen sie dann morgen. Bisher gibt es ohnehin nur ganz wenig. Gesehen hat niemand etwas. Bis auf den gestohlenen Wagen kein auffälliges Fahrzeug. Auch nicht in den Tagen davor. Jemand meint, Freitag einen Kastenwagen bemerkt zu haben, weiß, ohne Aufschrift. Aber mal ehrlich: Wie viele davon fahren täglich durch die Stadt? Lieferdienste, Handwerker – mit den Angaben suchen wir die Nadel im Heuhaufen. Und an ein Kennzeichen kann sich die Zeugin nicht erinnern.«

»Und der Overall? In dem Müllsack? Das war doch einer, oder?«

Sie nickte. »Ja, Größe XXL. Keine Blutspuren, aber definitiv getragen. Sie werten noch aus, woher die Flecken darauf rühren, aber derzeit tippen sie eher auf Öl.«

»Öl?«, fragte Krammer.

»Na, wundert dich das? Bernhard, hast du in Erinnerung, wie groß der Hausmeister war?«

»Ja, natürlich. Was hat das damit zu tun? Glaubst du etwa, der hat die Mädchen entführt?«

Roza schüttelte den Kopf. »Nein. So was würde der nicht hinkriegen. Aber mich würde es nicht wundern, wenn der Blaumann von ihm stammt. Der stand doch völlig neben sich. Er hatte ja offenbar auch den Schlüssel von dem Kellerraum verlegt. Warum sonst sind wir da nicht reingekommen? Und dass der Mann regelmäßig trinkt, steht wohl außer Frage.«

Krammer verschränkte die Arme vor der Brust. Aber Rozas Einwand war nicht von der Hand zu weisen.

»Wieso bist du eigentlich so fest davon überzeugt, dass es keiner der Mitstudenten war?«, fragte Szabo. »Wir können auch nicht ausschließen, dass diese Karolin es war, die Lela Neshan verletzt hat. Vergiss nicht: Wir haben keine Fingerabdrücke in den Zimmern gefunden, die nicht von den Mädchen stammen.«

Er tippte auf das Bild von Karolin. »Du denkst, sie hatten Streit, und eine hat die andere angegriffen? Das ging mir auch durch den Kopf. Aber was dann? Wo sollten die beiden dann stecken?«

Sie zuckte die Schultern. »Du sagst doch immer, dass wir keine Theorie außer Acht lassen dürfen.«

Auch wenn er diese Variante nicht für wahrscheinlich hielt, so musste er Roza in einem recht geben: Wieso sollte jemand, der in den Zimmern so akribisch die eigenen Spuren verwischt hatte, einen Overall hinterlassen, an dem sie Fasern und Hautschuppen finden konnten? Das passte nicht.

Es war tatsächlich naheliegender, im studentischen Umfeld zu suchen. Die Tür war nicht beschädigt gewesen. Karolin hatte dem Täter also völlig arglos geöffnet. Hatte in der Person, die um Einlass bat, keine Gefahr gesehen. Außerdem hätte ein Gleichaltriger in dem Wohnheim keine Tarnung nötig, hätte sich jederzeit unbehelligt in dem Gebäude bewegen können. Also kannten die beiden den Täter. Oder die Täter.

Warum konnte er sich dann nicht einfach auf diese Theorie einlassen? Wieso dachte er ständig an den Fall in Wien? Suchte unentwegt nach Parallelen?

Die Frauen waren im selben Alter wie die Opfer damals. Das stimmte. Aber Perski war ein Einzeltäter gewesen. Und hatte sich seither in seinem Kopf eingenistet wie ein Geschwür, das sich immer weiter in ihn hineinfraß und sein Leben vergiftete.

Krammer nahm seine Lesebrille ab, massierte mit Daumen und Zeigefinger seine Nasenwurzel und schloss für einen Moment die Augen.

»Wir müssen uns dringend an der Universität umhören und den Kommilitonen auf den Zahn fühlen«, fuhr Roza fort, den Blick unverwandt auf das Bild gerichtet. »Lela Neshan war nach Aussage aller, die ich gesprochen habe, immer verschleiert. Und du weißt, dass es auch in Innsbruck Leute gibt, die am liebsten alle Ausländer los wären. Denk doch an diese Sprüche von dem *Land der Berge und der Traditionen*. Ich halte jedenfalls einen fremdenfeindlichen Hintergrund für mehr als wahrscheinlich.«

Krammer zog das Bild von Karolin Nowak heran. »Und wie passt sie da hinein?«

»Weil sie mit ihr befreundet war?«, erwiderte Szabo. »Die Fotoserie in dem Zimmer zeigte doch, dass sie sich nahestanden. Kollateralschaden, würde man das beim Militär nennen. Oder sie hat sich schlicht mit den falschen Leuten angefreundet. Wir können auch nicht ausschließen, dass diese Karolin mit drinsteckt. Dafür wissen wir momentan einfach zu wenig. Herrschaftszeiten, konnte das nicht unter der Woche passieren? Damit wir ein bisserl vorwärtskommen?«

Rozas Vermutungen konnte er nichts entgegensetzen. Natürlich war Fremdenhass ein starkes und durchaus mögliches Motiv. In den vergangenen Jahren war die Zahl der Nationalisten in der ganzen Welt angestiegen. Auch in Österreich war ein Rechtsruck zu spüren.

»Aber Roza, denk doch an all diese Fälle der letzten Zeit: Hanau, Halle, Kassel, München. Diese Leute machen sich nicht die Mühe, Menschen zu entführen. Die fackeln nicht lange und hätten das Mädchen gleich an Ort und Stelle getötet. Brutal, schnell und effizient. Oder sie hätten eine Nagelbombe mitten im Wohnheim gezündet: allerhöchste Wirksamkeit mit wenig Aufwand. Um noch mehr Aufmerksamkeit für ihre kruden Ideen zu bekommen.«

»Auch wieder wahr«, murmelte sie und legte das Foto zurück an seinen Platz. »Wie machen wir dann weiter? Was schlägst du vor?«

»Wie immer: Wir halten Augen und Ohren offen, legen uns nicht fest, ermitteln in alle Richtungen. Und hoffen, dass wir irgendwann eine Spur haben, die uns auf die richtige Fährte bringt.«

So einfach das klang, so schwierig würde es ihm fallen. Denn es war nicht Roza, die er mit seinen Worten überzeugen musste.

»Wie wäre es damit: Du bist doch so gut bei den Recherchen im Internet. Soziale Netzwerke, Foren, Chats. Vielleicht waren die beiden dort aktiv.«

Roza nickte. »Damit habe ich schon angefangen. Lela Neshan konnte ich dort allerdings nicht finden.«

»Dann konzentriere dich auf Karolin Nowak. Ich werde mich um das gestohlene Fahrzeug kümmern.« Er hob die Hände, bevor Szabo schnaubend ihren Missmut äußern konnte. »Ich weiß, ich weiß … Du hältst nichts von der Idee. Aber ich verspreche dir: Wenn die Daten aus dem Navi nichts hergeben, dann höre ich sofort wieder auf.«

Szabo verdrehte die Augen. Er hatte auch nicht mit einer begeisterten Reaktion gerechnet. Dennoch würde er seinem Instinkt weiter folgen. Dem wenigen, was davon noch übrig zu sein schien. Zuvor würde er eh keine Ruhe bekommen.

»Danach versuche ich, meine Kontakte spielen zu lassen. Ein Professor von der Universität ist auch oft im CC. Vielleicht taucht er zufällig dort auf und kann etwas für uns tun, damit wir schon früher an die Namenslisten der Kommilitonen kommen. Vielleicht fällt uns beim Abgleich mit unseren Daten jemand auf, und wir können dann gleich morgen mit den Vernehmungen fortfahren.«

»Gute Idee, dein Außenbüro aufzusuchen.« Roza zwinkerte ihm zu und ging Richtung Flur. »Ich melde mich dann, wenn mir etwas Wichtiges unter die Augen kommt.«

Doch bevor sie die Tür hinter sich schloss, streckte sie noch einmal den Kopf herein. »Es war eine lange Nacht gestern. Ich schaffe das schon allein. Geh du was essen und ruhe dich danach erst einmal aus, Bernhard. Wir können momentan eh nicht viel tun.«

Verblüfft schaute er ihr nach. Normalerweise reagierte sie immer verärgert, wenn er früher das Büro verließ oder zu spät kam. Tatsächlich spürte er, wie erschöpft er war. Er wünschte, es wäre anders, immerhin suchten sie nach einer Verletzten, aber vermutlich hatte Roza recht: Heute konnten sie nichts mehr für Lela Neshan tun. Es war besser, er ruhte sich aus.

Krammer schob die Bilder zusammen und verstaute sie in seiner Aktentasche. Aber zuvor würde er noch denjenigen zurückrufen, der im Laufe des Tages unablässig versucht hatte, ihn zu erreichen.

Diese ominöse Nummer aus Deutschland.

22.

Der Hund stand knurrend im Flur, als sie die Tür endlich geöffnet hatten. Er war größer, als sie gedacht hatte. Oskar hieß er, das wussten sie von einer Nachbarin, die sie kurz zuvor befragt hatten. Die Männer traten rasch einen Schritt zurück, was den Hund jedoch nicht beruhigte. Huber hatte Alexa zuvor die Salami von seiner Semmel gegeben, und sie versuchte nun, das Tier damit zu besänftigen. Ganz langsam näherte sie sich dem mittelgroßen braunen Mischling. Die Lefzen des Hundes waren weiter hochgezogen, doch sein Blick ruhte schon auf der Wurst.

»Leckerli«, murmelte Alexa.

Das Tier blähte die Nasenflügel auf, witterte den Geruch.

»Schau, ich tu dir nichts«, redete sie auf ihn ein, bewegte sich kaum merklich auf ihn zu, bis sie ihm das Fressen direkt vor die Nase hielt.

Jetzt duckte er sich leicht, bellte, sein Schwanz war weiterhin aufgestellt. Doch schließlich schob er den Kopf vor, leckte sich die Schnauze. Der stärkere Instinkt hatte gewonnen.

Sie warf ihm die Salami hin, dann trat Alexa ein und ging zunächst zur Kochnische, die eine Seite des großen Hauptraumes ausmachte. Sie füllte einen Napf mit Wasser und suchte in den Schränken nach Futter. Über der Spüle wurde sie fündig. Leicht geduckt und winselnd näherte sich der Hund schließlich, als sie den Deckel der Dose öffnete. Der Hunger vertrieb all seine Vorsicht, und schon bald machte er sich gierig über das Futter her.

»Lass es dir schmecken, Oskar.«

Alexa tätschelte seinen Kopf, strich einmal über das struppige Fell und betrachtete die Küchenzeile. Alles war aufgeräumt und sauber, nirgends stand Geschirr herum oder lag eine Zeitung.

Es wirkte nicht so, als wäre Stephan Bach übereilt irgendwohin aufgebrochen. Nur die Tatsache, dass der Hund über Nacht allein geblieben war, war ausgesprochen merkwürdig.

Dann wandte Alexa sich ab und ging ins Wohnzimmer zu den anderen. Huber kam im selben Moment die Treppe herunter.

»Nichts. Keine Spuren von einem Einbruch.«

Der Kollege, der den Keller inspiziert hatte, zuckte ebenfalls die Schultern.

Alexa trat zurück in den Flur und deutete auf das Schlüsselbrett. Dort hing nur ein einziger Schlüssel, der wohl zu dem Schuppen gehörte, den sie im Garten gesehen hatte.

»Er ist wohl mit dem Auto weggefahren«, sagte sie und wies auf den leeren Haken. »Überprüft doch bitte, welches Fahrzeug auf seinen Namen zugelassen ist, und gebt eine Suchmeldung an alle Dienststellen raus.«

Dann nahm sie den Hörer des Festnetztelefons und ließ sich die letzten Anrufe anzeigen.

»Scheiße«, sagte sie und hielt Huber das Display hin. Der Name und die Handynummer von Anabel standen dort an erster Stelle.

»Du meinst, Stephan Bach war die Verabredung, wegen der sie die Schicht in der Pizzeria tauschen wollte?«

»Möglich. Wir brauchen auf jeden Fall die Verbindungsdaten. Es kann ja auch sein, dass er sie gar nicht erreicht hat.«

Huber nickte einem der Mitarbeiter zu, der gleich im Büro Bescheid gab.

Alexa ging noch einmal zurück ins Wohnzimmer und schaute sich die Regale an, die eine riesige Kollektion von DVDs enthielten. Blockbuster, vor allem Actionfilme. Bierkrüge, ein Foto, das vermutlich seine Familie zeigte: Vater, Mutter und ein junger Mann, der ihm ähnelte. Ein Bild von Bach auf einem Motorrad. Daneben entdeckte sie eine Lücke. Alexa stellte sich auf die Zehenspitzen. Tatsächlich. Da hatte zuvor etwas gestanden, sie konnte noch eine schmale Linie im Staub ausmachen.

Vorsichtig zog sie eine der Schubladen darunter auf und fand einen umgedrehten Bilderrahmen, der unter einigen Papieren lag. Ein Bild von ihm und Anabel in inniger Umarmung.

Hatte sie den Anruf vielleicht nicht angenommen? War er losgefahren, um sie ganz direkt um eine Unterredung zu bitten, entdeckte dabei, dass sie einen anderen hatte, war ihnen gefolgt, und dann: Kurzschluss?

Bach wäre nicht der Erste, dem die Nerven durchgingen, wenn er die Ex mit einem anderen sah. So gleichberechtigt sich die Gesellschaft auch darstellte, die Zahl der Femizide sank nicht. Im Gegenteil: Immer noch gab es mildernde Umstände, wenn ein Mann eine Frau tötete, nachdem sie sich von ihm getrennt hatte.

»Die Nachbarn in der Straße sollten alle befragt werden«, sagte sie. »Es ist wichtig, dass wir herausfinden, wann er weggefahren ist und in welchem Zustand er war. Bachs

Kumpel, von dem uns Lotti erzählt hat, kann uns sicher sagen, wie es ihm ging. Vielleicht hat Stephan Bach die Trennung nicht verwunden. Ich möchte wetten, dass sie diejenige gewesen ist, die ihn verlassen hat.«

»Was machen wir mit dem Hund?«, fragte Huber.

Der saß vor der Tür auf der Fußmatte. Sicher musste er sich erleichtern.

Kurz entschlossen nahm Alexa die Leine, die auf der Anrichte lag, klickte den Haken in das Halsband und öffnete die Tür. Der Wind war stärker geworden und peitschte durch das Tal.

Der Hund stand schwanzwedelnd neben ihr, zog schon an der Leine und sah sie erwartungsvoll an. Der Ortsteil Gartenberg, in dem Bachs Haus sich befand, war nicht weit von den Isarauen entfernt.

»Ich lass den mal eben sein Geschäft machen«, rief sie Huber zu.

Irgendetwas war geschehen, das Bach nicht eingeplant hatte. Niemand würde sein Tier ohne Not über Nacht allein lassen. Im Wohnzimmer hing eine Reihe von Diplomen. Oskar war zu einem Schutzhund ausgebildet worden. Auf der Couch hatte Alexa eine Decke mit Hundehaaren darauf gesehen. Vermutlich lag er immer direkt neben Stephan Bach, wenn der seiner Liebe zu Filmen frönte.

»Hoffen wir, dass wir dein Herrchen bald finden«, murmelte sie und zog ihre Kapuze über den Kopf.

Als sie wenige Minuten später völlig durchnässt zurückkam, erwartete Huber sie schon an der Tür. »Stein hat sich gemeldet. Sie haben den Taxifahrer ausfindig gemacht.«

Alexa ließ den Hund von der Leine und rieb sein Fell mit dem Handtuch trocken, das sie hinter der Haustür auf dem Boden entdeckt hatte.

»Er hat Juliane auf dem Foto erkannt und sie wirklich an dem Abend gefahren.«

Wieder brach Huber ab. Alexa konzentrierte sich auf den Hund, dem die Behandlung sichtlich gefiel.

»Aber er hat sie nicht nach Hause gebracht«, fuhr er fort. »Er hat sie beim Dannerer abgesetzt. Er war ganz außer sich, beteuerte immer wieder, er hätte nichts mit ihrem Verschwinden zu tun.«

Geduldig schaute Alexa Huber an.

»Die Kollegen haben daraufhin weiter nachgefragt. Erst hat der Mann behauptet, sie hätte zu wenig Geld bei sich gehabt. Was natürlich Blödsinn ist, ihre Eltern hätten ihr ja auf jeden Fall ausgeholfen. Als die Kollegen ihn unter Druck gesetzt haben, brach die Fassade, und er gab zu, dass es wegen des Wetters war. Er hatte Angst um sein Auto. Diesen Monat hatte er schon einmal einen Unfall – die Delle, von der das Mädchen in der Bäckerei gesprochen hat. Für den Schaden muss er anteilig bei seiner Taxigesellschaft aufkommen, seine Frau ist schwanger, und er braucht das Geld. Wegen der vereisten Strecken und den Verwehungen wollte er nichts riskieren und hat sich wohl schlicht geweigert, sie noch weiter zu fahren.«

Alexas Augen weiteten sich. Diese Information setzte alles in ein anderes Licht. »Wahnsinn. Das gibt es doch gar nicht. Der hat sie doch nicht allen Ernstes bei diesem Wetter da draußen stehen lassen?«

Huber fuhr fort: »Das Café hatte noch geöffnet, und er dachte, sie könnte da abwarten, bis der Sturm nachließ.«

»Und wie lange war sie dort? Könnte sie da diesen Johannes Moser getroffen haben?«

Doch Huber schüttelte den Kopf. »Die Besitzer des Cafés sagen, sie hätten sie definitiv nicht gesehen. Es war nichts los, und sie hatten um die Zeit gerade zusperren wollen.«

Also war sie zu Fuß weitergegangen. Im Schneetreiben … Instinktiv schaute Alexa auf die Uhr. »Wie weit ist das von ihrem Elternhaus entfernt?«

»Genau kann ich das nicht sagen. Aber ich denke, fünf Kilometer dürften es schon sein, vielleicht mehr.«

Alexa schaute Huber nachdenklich an und spürte, wie ihr eiskalt wurde. Bei dem Sturm konnte Juliane nicht einfach querfeldein laufen, sondern musste auf der Straße bleiben.

Natürlich wäre sie völlig leichtsinnig bei jedem eingestiegen, um schneller nach Hause zu kommen, hatte eventuell sogar den Daumen herausgehalten. Wer immer das gewesen sein mochte – Zeugen würde es dafür vermutlich keine geben. Und Juliane konnte im Grunde überall sein.

Dann kam ihr noch ein anderer Gedanke.

»Könnte sie angefahren worden sein? Bei der Sicht … im Dunkeln … Liegt sie vielleicht irgendwo, und wir bemerken sie nicht in den Schneemassen?«

Huber zuckte die Schultern. »Das können wir erst morgen herausfinden. Es soll die ganze Nacht Starkregen geben, deshalb kann jetzt weder ein Suchtrupp etwas ausrichten noch der Hubschrauber. Aber wenigstens ist dann das meiste von dem Schnee weg.«

Sie standen voreinander, und Alexa konnte förmlich spüren, wie sich wieder eine unsichtbare Mauer zwischen ihnen aufbaute. Klar. Es ging um die Verantwortung. Wer dieses Mal das Sagen hatte, da Brandl erneut wegen seiner Gesundheit nicht als Einsatzleiter zur Verfügung stand.

»Willst du den Suchtrupp organisieren?«, fragte sie deshalb schnell. »Lass mich doch einfach in Lenggries raus, dann kann ich mich in der Zeit wieder um ein Zimmer dort kümmern. Sicher wäre es gut, wenn jemand direkt vor Ort bliebe. Und ich bin das ja schon gewohnt.«

Huber legte den Kopf schief. »Ernsthaft? Ich kann dich aber auch gerne in Weilheim absetzen, wenn wir hier fertig sind.«

»Nein, nein. Das passt schon. Du müsstest nur bei meiner Pensionswirtin dort vorbeifahren. Ich würde sie bitten, mir ein paar Sachen für die nächsten Tage zusammenzupacken, die könntest du mir morgen mitbringen.«

»Ist dir das denn recht? Ich meine, wenn sie das macht ...«

Alexa lächelte. Es war nett, dass er sich um ihre Privatsphäre sorgte. Offenbar war Huber nicht so ein Macho, wie sie zunächst geglaubt hatte.

»Keine Sorge. Da ist nichts, was sie nicht sehen dürfte. Aber danke, dass du daran gedacht hast.«

Als hätte er begriffen, dass sich die Stimmung verändert hatte, kam Oskar mit wedelndem Schwanz zu ihr getrottet, setzte sich hin und schaute sie mit schiefgelegtem Kopf an. Er war wirklich ein hübscher Kerl.

Huber rieb sich verlegen den Nacken, überlegte vermutlich, ob er nicht diesen Part übernehmen müsste, deshalb griff Alexa schnell zu ihrem Handy, um die Situation aufzulösen.

Auch aus einem weiteren Grund war es gar nicht so schlecht, wenn sie in Lenggries blieb: Sie hoffte, dass in ihrer alten Pension noch ein Zimmer frei war. Dann konnte sie die

Inhaberin gleich fragen, ob sie vielleicht von einer freien Wohnung wusste, die zu mieten war.

Sie wuschelte Oskar durch das Fell. »Und dich nehme ich heute mit, wenn Hunde in der Pension erlaubt sind. Dann kannst du uns morgen bei der Suche helfen.«

23.

Die Stimme, die sich am Telefon meldete, kannte Krammer. Sie war ihm ebenso vertraut wie ihr Name. Beides traf ihn mitten ins Mark. Am liebsten hätte er gleich wieder aufgelegt. Eine kurze Pause wäre nötig gewesen, um sich auf dieses Gespräch vorzubereiten, seine Gedanken zu sortieren.

Aber das ging natürlich nicht.

»Du hast versucht, mich zu erreichen?«, fragte er heiser.

Susanna. Ganz genau erinnerte er sich noch, wie er sie damals zum ersten Mal gesehen hatte. Er kam gerade von einem Seminar des SIAK für Führungsmanagement und Teamentwicklung. Das hatte er sich gegönnt, um schneller vorwärtszukommen. Um möglichst rasch mehr Verantwortung zu übernehmen.

Da stand sie ganz allein mit einem Faltplan in der Hand in der Marokkanergasse, das blonde Haar hinter die Ohren gestrichen. Sie hatte als eine der Ersten in Deutschland nach fünf Jahren ihre Ausbildung zur Osteopathin am Sutherland College in Wiesbaden erfolgreich abgeschlossen und sich zur Belohnung eine Woche in Wien geleistet, inklusive des ganzen touristischen Programms mit Besuch des Praters, einem Mozartkonzert, sogar einer Kutschfahrt durch die Innenstadt.

Wohin sie gewollt hatte, wusste er nicht mehr. Aber den offenen, direkten Blick ihrer klugen Augen und die hochgezogene rechte Augenbraue, die ihr etwas Skeptisches verlieh, würde er nicht vergessen.

Drei Tage im Dezember waren es gewesen. Mehr nicht.

Für ihn die glücklichsten seines Lebens.

»Ich hätte mich längst melden müssen«, sagte sie bloß. »Es tut mir leid.«

Mir auch, dachte er. Mir auch.

Heute schien das alles so banal. In Zeiten von Handy, Mail und billigen Flugreisen war das kaum zu verstehen.

Damals, in den späten Achtzigern, war es noch ganz anders gewesen. Man schrieb sich Briefe, die zwei Tage unterwegs waren. Mindestens. Und die Kosten für Auslandstelefonate waren astronomisch hoch.

Natürlich hatte er bedauert, dass es vorbei war. Hatte ein paar Tage wirklich gelitten. Nach einer Möglichkeit gesucht. Aber dann hatte der Alltag wieder die Oberhand gewonnen, und irgendwann war es einfach zu spät gewesen. Er hatte die Gefühle in eine Ecke seines Herzens geschoben, in der sie keine Aufmerksamkeit verlangten. Und schließlich taten sie nicht einmal mehr weh. Waren nur noch eine schöne Erinnerung.

Sie sagten beide eine Weile kein Wort. Krammer meinte, ihren Atem am anderen Ende der Leitung zu hören.

»Warum ich anrufe …« Sie brach ab, zögerte erneut. Dann fuhr sie fort: »Ich brauche deine Hilfe. Deine Nummer habe ich schon seit ein paar Tagen. Ich habe mich als Journalistin ausgegeben … Und dann … hat mich der Mut verlassen. Aber ich weiß nicht, wen ich sonst bitten sollte.«

Aufmerksam hörte er zu. Über dreißig Jahre hatte er sie nicht mehr gesprochen. Der Klang ihrer Stimme ging ihm noch genauso unter die Haut wie damals. Ihre bedachtsame Art. Ihre Ruhe. Aber vor allem ihre Kraft.

Er hatte schon damals das Gefühl gehabt, dass Susanna die stärkste Person war, die er je kennengelernt hatte.

»Du … Du hast meine Tochter vor einer Weile kennengelernt. Alexa. Sie …« Wieder zögerte sie.

Er setzte an, etwas zu sagen. Doch es war, als hätten seine Stimmbänder ihre Funktion eingebüßt. Er konnte ihr keine Brücke bauen. Obwohl er genau spürte, dass sie darauf wartete. Und obwohl er sich am liebsten in sein Auto gesetzt hätte, um zu ihr zu fahren. Jetzt sofort. Natürlich drängte alles in ihm nach Nähe. Nach einer Chance.

Aber er wusste auch, dass sie etwas völlig anderes in ihm gesehen hatte als er in ihr. Schon damals. Auch wenn sie jetzt behauptete, ihn zu brauchen, dann wäre das nur für einen kurzen Moment. Einen Wimpernschlag. Danach würde sie sich wieder auf sich selbst besinnen, zu einer neuen Reise aufbrechen, ließe ihn zurück, ohne sich nur ein einziges Mal umzudrehen. Wie sie es schon einmal getan hatte.

Damals am Hauptbahnhof. Sie hatte sich auf die Zehenspitzen gestellt, ihm einen Kuss gegeben, für einige Sekunden lag ihre Hand noch auf seiner Schulter, suchte ihr Blick seine Augen. Dann hatte sie ihren Koffer genommen und war gegangen. Zielstrebig, ohne Zögern. Selbst als sie in den Zug eingestiegen war, wandte sie sich nicht um, hielt ihren Blick stolz geradeaus gerichtet.

»Alexa antwortet nicht auf meine Anrufe. Wir … Wir hatten einen Streit vor ein paar Tagen. Wahrscheinlich gibt es keinen Grund, aber ich mache mir furchtbare Sorgen um sie. Und weil sie mir erzählt hat, dass ihr euch kennengelernt habt …«

Sein Blick ging zur Decke, und er presste seine Lippen fest zusammen. Als er zum ersten Mal Alexa Jahns Namen hörte, war bereits die Erinnerung in ihm aufgestiegen. Aber es gab keinerlei äußerliche Ähnlichkeit zwischen ihr und Susanna. So hatte er die Idee energisch weggeschoben, sich einen alternden Trottel geschimpft.

Auch wenn Susanna bislang mit keiner Silbe etwas in der Art angedeutet hatte, war ihm plötzlich klar, dass er sich nicht getäuscht hatte. Die ganze Zeit nicht. Alexa glich ihr, Susanna, tatsächlich kaum. Damit hatte er recht behalten. Aber es gab eine andere Ähnlichkeit: Die ganze Zeit hatte er sich selbst in Alexa gesehen. Nicht nur wegen ihrer engagierten und couragierten Art zu arbeiten.

Er blinzelte, stand auf, trat zum Fenster, sah, wie der Regen über das Inntal peitschte.

»Es klingt völlig verrückt, Bernhard«, fuhr Susanna nach einer Weile fort. »Aber könntest du sie für mich anrufen? Damit ich weiß, dass es ihr gut geht. Bei dir würde sie rangehen, ihr seid Kollegen und …“

Die Stimme am anderen Ende verstummte, und er hörte, wie sie einen tiefen Seufzer ausstieß.

Zu wissen, dass sie unglücklich war, schmerzte ihn. Natürlich. Aber da war noch etwas anderes. Eine tiefe Enttäuschung.

»Warum hast du mir nie etwas gesagt?«, fragte er nach einer Weile.

»Ich …« Sie zögerte. »Ich weiß es wirklich nicht. Erst habe ich natürlich gedacht, es könne gar nicht wahr sein. Dann war ich so sehr mit mir beschäftigt. Mit dem Leben, das mit einem Kind auf mich zukam. Ich brauchte eine neue Wohnung, musste überlegen, wie ich die Praxis fortführen konnte. Und dann war sie plötzlich da, und …«

Er nickte. »Weiß sie es?«

»Ja. Das war der Grund unseres Streits. Seit ich ihr von uns erzählt habe, nimmt sie keinen meiner Anrufe an.«

Vor ein paar Tagen hatte Susanna es ihr gesagt. Dennoch hatte Alexa sich nicht bei ihm gemeldet. Er wusste nicht, was ihn mehr verletzte.

»Warum jetzt? Warum hast du nicht weiter geschwiegen? So, wie du es dreißig Jahre getan hast«, brach es aus ihm heraus.

Susanna blieb stumm. Aber sie musste auch gar nichts sagen. Es gab Dinge, die konnte man nicht erklären. Und manches, was man sagte oder was geschehen war, ließ sich nicht einfach wieder kitten.

Vor einigen Minuten hatte er noch gedacht, er würde alles für diese Frau tun. Doch nun war ihm klar, dass es Grenzen gab.

So, wie Susanna ihn damals ohne einen Blick zurückgelassen hatte, so war Alexa, nachdem sie Bescheid wusste, ebenfalls auf Abstand geblieben.

Er fasste sich an seine Brust und betrachtete sein Gesicht, das sich in der Scheibe spiegelte.

Vielleicht war es besser so. Sie konnten die Uhren nicht zurückdrehen, sich nicht vorgaukeln, es gäbe irgendeine Form von Nähe oder eine Bindung, die sie im Grunde nicht zueinander hatten. Sie waren Kollegen. Das war alles. Auch wenn er es in diesem Moment zutiefst bedauerte.

»Susanna, es tut mir leid. Aber ich kann dir nicht weiterhelfen«, sagte er mit fester Stimme. »Ich werde Alexa nichts aufzwingen, was sie nicht will. Sie ist eine erwachsene Frau. Du hast das vor Jahren genauso gemacht und einfach über unsere Köpfe hinweg entschieden. Also verlang jetzt nicht von mir, dass ich den Vermittler spiele.«

Er starrte weiter aus dem Fenster. Es war schon stockdunkel draußen, der Wind peitschte den Regen gegen die Scheibe. Bevor Susanna noch etwas erwidern konnte, beendete er das Gespräch.

24.

Viel Zeit hatte es Alexa nicht gekostet, das Zimmer zu beziehen, und glücklicherweise hatte sie noch den Pyjama von Line dabei, den sie ihr gewaschen hatte zurückgeben wollen. Kati Messerer, der die kleine Pension am oberen Rand des Dorfes gehörte, hatte ihr eine Zahnbürste und eine winzige Tube Zahnpasta, Seife sowie Handtücher bereitgelegt.

Ihre Wirtin war eine patente Frau. Sie hatte sogar rasch ihre Sachen gewaschen, damit sie nicht am Morgen in die getragenen Klamotten schlüpfen musste. Obendrein hatte sie ihr auch noch etwas zu essen bereitet.

Nun saß Alexa in ihrem karierten Schlafanzug in der Wohnküche der Pension vor einem sahnigen, lecker duftenden Pilzrisotto. Oskar, den sie zum Glück hatte mitbringen dürfen, lag unter der Eckbank und wärmte ihre Füße. Heimeliger hätte dieser seltsame Tag nicht ausgehen können.

»Ich weiß gar nicht, wie ich Ihnen danken soll. Es schmeckt köstlich!«

»Passt schon!«, antwortete Frau Messerer, die mit ihr zu Abend aß, lächelnd. »Ich bin froh, wenn ich ein wenig Gesellschaft habe. Bei dem Wetter ist nicht viel los. Heuer wird erst an Pfingsten der Betrieb richtig starten.«

Alexa konnte das absolut nicht verstehen. Sie hatte sich schon bei ihrem ersten Aufenthalt in dem Haus pudelwohl gefühlt, das zwar mit den Holzdecken und verzierten Türen einen alpinen Touch hatte, sonst aber völlig modern war. Und Frau Messerer war eine besonders liebenswerte Vermieterin.

»Sie sind im Moment mein einziger Gast.«

»Wie kommt das?«, wollte Alexa wissen.

»Ich kann die Leute ja verstehen. Nach der Pandemie haben alle die Nase voll von ihrer Heimat, wollen weg, fliegen. Am besten ins Ausland, in die Sonne: Strand, Meer, Party. Da können wir hier nicht mithalten.« Sie zuckte die Schultern. »Es wird viel gemacht, die Gegend ist ja für den Ganzjahrestourismus geeignet, die Freizeitarena am Brauneck bietet viele Angebote, auch im Sommer. Aber für die meisten sind wir eben ein reines Skigebiet. Dabei haben wir kaum noch Schnee. Bis Weihnachten ging die letzten Jahre fast nix. Und auch dann nur für ein paar Wochen. Da fahren die Leute lieber nach Österreich.«

Bei der Erwähnung des Nachbarlandes zuckte Alexa kurz zusammen, dachte sofort an Krammer. Das Thema war wie eine alte OP-Narbe, die empfindlich blieb, egal wie sehr sie sich auch bemühte, sie zu vergessen. Der Hund hob den Kopf und fiepte kurz. Doch Frau Messerer schien die Veränderung nicht bemerkt zu haben.

Alexa beugte sich vor, tätschelte Oskars Kopf und sagte: »Ich hätte noch ein Anliegen: Wissen Sie zufällig, ob irgendwo eine Wohnung in Lenggries frei ist, zur Miete? Sie kennen hier doch sicher viele Leute, und da dachte ich …«

Verblüfft legte Frau Messerer ihre Gabel nieder. »Ned wahr! Sie wollen sich hier eine Bleibe suchen?«

»Erstaunt Sie das so sehr?«

»Überhaupt nicht.« Sie lachte. »Für mich gibt es gar keinen besseren Ort zum Leben. Aber nach Weilheim ist es ein Stückl. Und ich hatte gedacht, Sie wollen eher nach München. In Ihrem Alter …«

Alexa zuckte die Schultern. »Ich war nie so für das Nachtleben. Klar, die Museen und Theater reizen mich schon, aber die kann ich auch von hier aus besuchen.«

»Aber nicht, wenn Sie so viel arbeiten wie in der vergangenen Woche«, ermahnte sie Frau Messerer. »Und schon wieder ein Wochenende, an dem Sie im Einsatz sind. Sie müssen auf sich achten.«

Alexa schwieg und rührte in ihrem Risotto. Das sah sie völlig anders: Für sie war es gut, dass der Fall sie beschäftigte. So musste sie nicht weiter über das Chaos in ihrem Privatleben nachdenken.

Ein Geräusch wie von spitzen Nadeln ließ ihren Blick zum Fenster wandern. Ein Hagelschauer. Der Sturm hatte sich immer noch nicht gelegt – ganz im Gegenteil.

»Was für einen Fall haben Sie denn dieses Mal? Oder dürfen Sie darüber nicht reden?«

Alexa zog ihr Handy aus der Hosentasche und zeigte der Frau die Fotos der Vermissten. Schaden konnte es nicht.

»Wir suchen drei Personen, die seit dem Schneetreiben gestern verschwunden sind.« Sie nannte die Namen und die Wohnorte.

»Die kenne ich nicht. Tut mir leid. Aber die Jachenau …« Sie winkte ab und nahm eine Gabel Risotto.

Sofort war Alexas Neugier geweckt. »Wie meinen Sie das? Gibt es irgendwas, das ich über die Jachenau wissen sollte?«

Frau Messerer kaute langsam und schien zunächst nicht antworten zu wollen.

»Das Tal wird ja überall als *Sonnental* beworben«, sagte sie dann doch. »Dabei stimmt das nicht so ganz. Die Jachenau wird von zwei Bergkämmen gesäumt: auf der einen Seite die Benediktenwand, auf der anderen der Wilfetsberg. Einige der Höfe liegen im Winter dort wochenlang im Schatten. Daher werden sie auch bloß die *Schattenhöfe* genannt. Stellen Sie sich das mal vor, kein einziger Sonnenstrahl kommt da hin – über zwei Monate lang! Diese Finsternis, die muss einem doch aufs Gemüt schlagen. Ich will ja nichts sagen, aber ich würde dort verrückt werden. Und eiskalt ist es dadurch obendrein. Immer.« Frau Messerer rieb sich über die Arme.

Sofort musste Alexa an die eigenartige Stimmung auf dem Hof der Hockes denken. An die Masken, die an die Holzverkleidung genagelt waren. Welche Geister sie wohl vertreiben sollten?

Schon fuhr Frau Messerer fort, und Alexa hörte ihr interessiert zu. Sie erzählte, dass die Menschen in dem Tal sehr konservativ, streng katholisch und traditionsbewusst seien. Es gab sogar Legenden, dass dort früher wegen der Erbreihenfolge der Höfe auch Inzest üblich gewesen sei.

»So sagen die Leute jedenfalls«, sagte sie in verschwörerischem Ton. »Man soll ja nicht schlecht reden, und mir persönlich hat auch niemand von dort etwas getan. Aber ein wenig seltsam kommen sie mir schon manchmal vor, die Leute da. Denken Sie nur: Nicht einmal tausend Menschen wohnen in dem Tal. Und kochen immer ihr eigenes Süppchen. Die Jachenau ist die kleinste selbst verwaltete Gemeinde Bayerns, das sagt doch einiges, finden Sie nicht?«

Da musste Alexa ihrer Vermieterin recht geben. Und bei dem Gedanken an Hocke und an Inzest graute auch ihr. Doch damit ging sie eindeutig zu weit. Sie durfte sich nicht von diesen alten Geschichten zu falschen Schlüssen verleiten lassen.

»Sagt Ihnen der Name Moser was? Die Familie hat auch einen Hof in der Jachenau«, fragte sie deshalb schnell.

Auf der Stelle legte Frau Messerer die Gabel weg. »Meinen Sie den Moser Sepp oder den Johannes?«

Alexa horchte auf. Der Name schien in der Gegend wirklich bekannt zu sein. »Den Moser junior. Den Johannes. Er soll die Juliane gekannt haben.«

Frau Messerer lehnte sich näher zu Alexa hin und dämpfte ihre Lautstärke, als sie antwortete. »Ganz ehrlich: Von denen sollten Sie sich fernhalten, Frau Jahn. Am besten von allen beiden. Der Alte ist ein Despot und ständig auf der Suche nach Streit. Ihm gehört der größte Hof in der Jachenau. Der Moserhof.« Sie verstummte.

Die Art, wie sie diesen Namen ausgesprochen hatte, ließ Alexa jedoch aufhorchen. Es schwang etwas Düsteres mit.

Dann nahm Kati Messerer ihre Serviette und wischte ein paar Krümel vom Tisch. Leise fügte sie hinzu: »Aber der Junge, der ist noch viel schlimmer. Völlig verzogen. Was der schon alles auf dem Kerbholz hat, meiomei. Normalerweise würde ich so was von niemandem sagen, aber glauben Sie mir: Der trägt das Böse in sich.«

25.

Krammer legte auf, starrte ungläubig auf das Telefon. Wartete darauf, dass es noch einmal klingelte oder sich die Tür öffnete und man ihm die versteckte Kamera zeigen würde.

Was natürlich nicht geschehen würde. Das alles war real. Auch wenn es klang wie aus einem schlechten Film.

Es gelang ihm immer noch nicht, sich zu bewegen. Er fühlte sich, als hätte ihn eine riesige Welle überrollt, die ihn nun kraftlos und durchnässt am Strand zurückließ, nicht wissend, ob er lachen oder weinen sollte.

Da hörte er draußen auf dem Flur das Stakkato von Szabos Schritten, die auf seine Tür zuhielten. Sicher hatte sie Neuigkeiten dabei. Er wischte sich über das Gesicht, bemüht, sich nichts anmerken zu lassen und zur Seite zu schieben, was vor wenigen Minuten passiert war.

Sie suchten nach zwei jungen Frauen – und für die zählte jede Sekunde. Er musste wachsam bleiben, wenn er ihnen helfen wollte. Und es durfte keine Rolle spielen, was in seinem Privatleben passierte. Egal wie unfassbar alles war, was er gerade gehört hatte.

»Wie gut, dass du noch da bist«, sagte Roza Szabo, marschierte um seinen Schreibtisch herum, zog die Tastatur zu sich hin und rief eine Seite in den sozialen Medien auf. »Die Handyortung hat nichts ergeben. Die Geräte, die auf die beiden Mädchen laufen, waren zuletzt in dem Bereich eingewählt, in dem sich das Wohnheim befindet. Seither sind sie aus. Also sind sie vielleicht noch ganz in der Nähe, wie du vermutet hattest. Aber schau dir das an.«

Es handelte sich eindeutig um das Profil von Karolin Nowak. Zahlreiche Fotos flogen blitzschnell über den Bildschirm. Ihr strahlendes Lächeln, die glänzenden roten Haare im Wind, wie sie eine freche Grimasse zog. Die Lebensfreude in ihren Zügen raubte Krammer für einen Moment den Atem.

Plötzlich stoppte Szabo. Auf dem Bild, das er vor sich sah, hielt Karolin ein Dokument in die Kamera. Und direkt neben ihr war ein Teil eines Gesichts und eines Schleiers zu erkennen. Roza tippte darauf.

»Das ist Lela. Die beiden haben einen Preis gewonnen für eine gemeinsame Studienarbeit.«

Krammer verstand nicht. Das war sicher kein Grund, jemandem Gewalt anzutun. Zudem waren sowohl das Bild als auch das Posting schon einige Wochen alt.

»Darunter habe ich das hier gefunden.« Sie scrollte in die Kommentarspalte. »Schau dir das mal an. Das ist ganz neu. Von heute.«

Krammer legte den Kopf in den Nacken, damit er die kleine Schrift mit seiner Lesebrille entziffern konnte.

Geschieht ihr gerade recht, der Schlampe.

»Du meinst, das ist auf ihr Verschwinden bezogen? Aber woher sollten ihre Kommilitonen das denn wissen?«

»Das habe ich mich auch gefragt. Natürlich ist unsere Arbeit nicht unbeobachtet geblieben. Es waren ja doch einige Studenten im Haus, die wir befragt haben. Außerdem war dieser Pressemensch da. Daraufhin habe ich weitergeschaut.

Und jetzt sieh dir das an. Offenbar hat uns jemand im Netz schon die Arbeit abgenommen.«

»Scheiße«, sagte Krammer, der wusste, was geschah, wenn eine Meldung ungefiltert und zu schnell in die Öffentlichkeit geriet. Sie würden unzählige gut gemeinte Hinweise bekommen. Von Menschen, die die Vermisste vermeintlich irgendwo gesehen hatten. Von Verschwörungstheoretikern, von Trittbrettfahrern. Von allen, die nichts zu tun hatten, sich wichtigmachen wollten oder schlicht der Meinung waren, dass die Polizei und insbesondere die Kripo noch nie gut gearbeitet hatten – und sie diese Arbeit viel besser verrichten könnten.

»Die Eltern?«

Szabo nickte. Ein Aufruf mit diversen Fotos von Karolin Nowak, die sie im Urlaub im Sommerkleid an einem Strand, dann bei einer offiziellen Veranstaltung und zuletzt im heimischen Garten mit einer Katze auf dem Arm zeigten. Der Beitrag war bereits einige hundert Male geteilt worden.

Er fuhr ein Stück mit dem Schreibtischstuhl nach hinten. »Was schlägst du vor?«, fragte er.

»Ich kümmere mich jetzt darum, die Anschrift dieser Lorena Reinhardt herauszufinden, die hinter diesem netten Kommentar steckt. Dann werde ich Elly bitten, das Telefon zu hüten und die Mails zu checken, die uns sicher überfluten werden, denn die Eltern haben unsere Adresse angegeben.«

»Kann ich das nicht übernehmen?«

»Bernhard, hast du dich schon einmal im Spiegel angesehen? Du siehst aus, als würdest du gleich umfallen. Ich schaffe das hier schon allein. Du wolltest doch ins CC, um deinen Spezl von der Uni zu treffen. Iss dort was, und dann ruh dich aus. Morgen brauche ich dich hier wieder taufrisch.«

Bevor sie ging, drehte sie sich noch einmal um: »Ach, das habe ich fast vergessen: Die Kollegen haben die Daten des Navis gecheckt. Die Routen des Besitzers wurden gelöscht, aber wir wissen jetzt, wohin die Diebe unterwegs waren, bevor sie das Auto abgestellt haben. Sonst wurde nichts gefunden. Kannst es dir ansehen, sie haben die Mail an uns beide geschickt. Nur falls du sie noch nicht gesehen hast.«

Als Krammer die Liste aufrief, erstarrte er. Unverwandt hielt er den Blick auf den Bildschirm gerichtet. Lediglich eine einzige Adresse war aufgeführt.

Und er wusste genau, wer dort einmal gewohnt hatte. Stunden hatte er auf der gegenüberliegenden Straßenseite verbracht, um den Mann zu überführen, der in dem Haus lebte.

Zunächst war er unsicher gewesen, ob er unter Paranoia litt. Aber jetzt war klar, dass der Wagen nicht zufällig genau hier, in seinem unmittelbaren Einsatzbereich aufgetaucht war.

Ihm wurde unerträglich heiß, und er zerrte am Kragen seines Hemdes, der ihm den Atem zu nehmen schien. Um Fassung ringend starrte er auf die Uhr auf seinem Schreibtisch, doch alles verschwamm vor seinen Augen, war nur noch undeutlich und schemenhaft.

Er hatte es immer gewusst. Perski würde nie aufhören. Der Kerl lechzte nach Macht, war nicht in der Lage, seine Natur zu unterdrücken, sich in der Deckung zu halten, um dort unbehelligt weiterleben zu können. Er musste weitermachen. Morden.

Hatte Perski ihm in den letzten Jahren bloß eine Pause gegönnt und forderte ihn jetzt erneut heraus?

Der Druck auf seiner Brust nahm noch weiter zu. Wie hieß es so schön: Der Vergangenheit konnte man nicht entfliehen.

Heute hatte sie ihn gleich doppelt eingeholt.

Rasch schloss Krammer die Nachricht, rannte aus seinem Büro, hinüber zu den Toiletten, drehte die Temperatur auf die höchste Stufe und wusch sich die Hände. Minutenlang, bis die Haut schon ganz rot war. Erst dann drehte er endlich den Hahn zu.

Er hatte alles in dem Wagen angefasst, hatte selbst da Platz genommen, wo vor ihm dieser Teufel gesessen hatte.

Er musste sofort hier raus. Brauchte Luft. Musste sich sortieren und genauestens überlegen, welchen Schritt er als Nächstes tun sollte. Vor allem aber, ob er Szabo davon erzählen sollte. Und wenn ja, wie viel von der alten Geschichte. Schließlich kehrte er zurück zu seinem Büro. Jeder Schritt fiel ihm schwer.

Während er seinen Mantel anzog, streifte sein Blick das Foto, das an seiner Pinnwand hing: die Zeitungsmeldung seines letzten Falls.

In dem Moment wurde ihm noch etwas anderes klar: Nie zuvor war er für eine Reportage abgelichtet worden, seit er sich von Wien hatte versetzen lassen. Und eine Woche später tauchte Roland Perski wieder auf. Womöglich war es dieser verdammte Bericht über die deutsch-österreichische Ermittlung, der den Kerl auf seine Spur gebracht hatte.

Aber auf dem Bild war nicht nur er zu sehen. Neben ihm stand noch eine weitere Person: Alexa Jahn. Vielleicht war es doch berechtigt, dass Susanna sich solche Sorgen um ihre Tochter machte.

Unverwandt schaute Krammer auf das Bild. Dann wickelte er den Schal um seinen Hals und eilte nach draußen.

26.

Einige Stunden zuvor

Minutenlang hatte sie ausgeharrt, sich geweigert, den Kopf zu heben. Hatte im Stillen geweint, gehofft und gebetet, dass es nicht ihre Freundin war, die dort hinter dem Tresen verborgen lag.

Ohne jede Regung.

Erst vor wenigen Wochen hatte Lela endlich Karolins Drängen nachgegeben. Sie lebten schon ein Jahr Tür an Tür. Die quirlige, lebensfrohe Rothaarige und sie. Erst grüßten sie sich bloß, waren sich aber auf Anhieb sympathisch. Nach einem Abendessen in der Gemeinschaftsküche, in der sie beide übrig geblieben waren und sich bis tief in die Nacht unterhalten hatten, trafen sie sich häufiger. Oft hatten sie miteinander gelernt, Musik gehört, Filme geschaut oder einfach nur schweigend im Zimmer gesessen und gelesen.

Doch dann hatte Karolin sie plötzlich auf eine Art angesehen, die anders war. Intensiv. Fordernd. Und gleichzeitig voller Achtsamkeit und Verständnis.

Lela hatte zunächst so getan, als wäre ihr diese Veränderung nicht aufgefallen. Dabei war es mehr als deutlich. Immer häufiger berührte Karolin sie zufällig, wenn sie ein Buch aus dem Regal zog oder ihr etwas zeigen wollte.

Auch sie fühlte sich zu Karolin hingezogen. Das war vielleicht das Schlimmste. Ihre Eltern hatten sie konservativ erzogen. Als gläubige Muslimin blieb ihr deshalb keine Wahl: Sie musste die Andeutungen übergehen. Ihre Gefühle niederkämpfen.

Es war nicht einmal erlaubt, mit einem Mann Sex zu haben, bevor man verheiratet war. Geschweige denn mit einer Frau. Das war die allergrößte Sünde. Obwohl es an keiner Stelle des Korans geschrieben stand. Aber sie war so erzogen worden.

Für Lela stand längst fest, wen sie heiraten sollte. Die Eltern hatten jemanden in ihrer Heimatstadt Hama für sie ausgesucht. Sie kannte den Mann nicht. Ein völlig Fremder, aber eine gute Partie. Sie würde mit ihm ein gutes Leben führen, hatte der Vater gesagt. Sie habe Glück, meinte die Mutter. Er würde sie anständig behandeln. Doch dann war der Krieg gekommen und mit ihm in dieser Hinsicht für Lela zunächst die Freiheit.

Denn sie hatte schon lange gewusst, dass das alles nichts für sie war: Kinder, Ehe, ein Haushalt. Das war ihr einfach zu wenig. Sie konnte sich nicht vorstellen, nur daheim zu sein, zu kochen, Kinder zu erziehen. Sie wollte zur Universität, lernen, einen Abschluss, selbst im Leben weiterkommen. Das war es, was für sie zählte. Was sie sich ersehnte. Und so sehr sie auch jetzt noch unter der Trennung von ihren Eltern litt, mit den Folgen ihrer traumatischen Flucht zu kämpfen hatte – dies alles hatte sie von den traditionellen Pflichten entbunden.

Zunächst war sie Karolin aus dem Weg gegangen. Einige Tage lang. So gut es eben ging. Hatte gehofft, sie würde es begreifen und akzeptieren.

Und dann, eines Abends, hatte Karolin ihre ganze Welt auf den Kopf gestellt. Dieses Mal ließ sie sich nicht von Lela abwimmeln. Karolin drängte auf eine Aussprache. Irgendwann saßen sie stumm voreinander. Ganz nah war ihr sommersprossiges Gesicht, ihre schönen braunen Augen. Dann hatte sie sich vorsichtig an Lela angeschmiegt. Mit ihrem Gesicht. Ganz behutsam. Haut an Haut. Sofort hatte Lela wieder den intensiven Duft ihrer roten Haare in der Nase, die so wunderbar nach Mango rochen.

Doch danach war Karolin ein Stück abgerückt. Sah Lela nur wortlos an. Ihre Miene war plötzlich ganz ernst geworden, zeigte Entschlossenheit. Nur die Nasenflügel, die weit aufgebläht waren, verrieten, dass sie genauso ängstlich war wie Lela selbst. Schließlich hatte sie Karolins Lippen auf ihren eigenen gespürt. Sanft und warm. Nur für wenige Sekunden.

Lela hatte völlig versteinert dagesessen. Wagte nicht, etwas zu sagen oder zu tun. Wünschte sich, es wäre nie geschehen. Und wusste gleichzeitig, dass sie nichts jemals mehr herbeigesehnt hatte als diese Berührung, diesen flüchtigen Kuss.

Völlig verwirrt war Lela aufgestanden und hatte auf der Stelle das Zimmer verlassen. War durch Innsbrucks Straßen geirrt, die sie gut kannte, die aber dennoch so anders waren als die in ihrer Heimat.

Kopf und Herz lagen tagelang im Zwiespalt. Karolin hatte sie nicht gedrängt, hatte ihr Zeit gelassen, in Ruhe eine Entscheidung zu treffen, obwohl sie Lela in diesen wenigen Sekunden ihre ganze Seele geöffnet hatte.

Ein Nein hätte Karolin zutiefst enttäuscht. Aber sie hätte es akzeptiert. Das wusste Lela.

Drei Tage und drei Nächte hatte sie mit sich gerungen.

Und war dann zu einem Entschluss gelangt. Nicht nur für die Beziehung zu Karolin, sondern auch dafür, für immer in Europa zu bleiben. Hier beanspruchten die Konventionen viel weniger Raum. Auch wenn es ihr bis heute noch immer schwerfiel, sich frei in diesem Land zu bewegen, die hiesigen Gepflogenheiten und Bräuche anzunehmen, hatte diese Zeit sie so sehr verändert, dass ein Leben in ihrer Heimat ohnehin undenkbar geworden war.

Ihren Eltern würde sie nicht mehr willkommen sein. Auch das wusste sie. Dennoch hatte sie beschlossen, Karolin ihr Herz zu schenken.

Und jetzt würde es in tausend Stücke brechen, wenn dieser geliebte Mensch schwer verletzt oder noch schlimmer – nicht mehr am Leben war.

Erschöpft von ihrem Kummer und dem schrecklichen Hunger und Durst, musste Lela sich kurz ausruhen, bevor sie sich dem stellte, wovor sie so furchtbare Angst hatte.

Aber sie brauchte endlich Gewissheit. Vielleicht war Karolin ja gefährlich verwundet, benötigte ihre Hilfe. Zwar hatte sie keine Ahnung, wie sie etwas für sie tun sollte, gefesselt, wie sie war. Doch es kam nicht in Frage, jetzt aufzugeben. Wenn sie es war, die dort hinten lag, musste sie die Anstrengung auf sich nehmen und zu ihr.

Egal wie. Und egal wie groß das Risiko war.

Lela atmete tief ein und zählte wieder den Takt der Musik mit. Ein Viervierteltakt. Perfekt.

Auf vier würde sie sich vorwärtsschieben. Dann drei Takte ausruhen. Dann wieder all ihre Kraft aufbringen, um ein Stück vorwärtszukommen. Es würde Stunden dauern, aber

Zeit war das Einzige, um das sie sich gerade keine Sorgen machen musste. Schließlich war bisher nie jemand aufgetaucht.

Sie hob den Kopf nur einen Zentimeter über das Parkett. Dann legte sie los. Und wirklich: Es funktionierte. Sie konnte es deutlich an der Maserung im Holz sehen. Es war nur ein winziges Stück. Aber sie bewegte sich vorwärts.

Der Erfolg beflügelte sie, und sie ignorierte das pochende Auge, das weiter anschwoll und in dem sich in dieser Haltung und wegen der Anstrengung immer mehr Blut sammelte.

Doch sie ließ nicht locker.

Drei, zwei, eins.

Schieben.

Sie wandte sich hin und her, all ihre Kräfte aufbietend, fokussierte weiter den Boden unter sich. Adrenalin durchflutete ihren Körper, ließ sie alle anderen Beschwerden für einen Moment vergessen.

Sie war völlig in ihren Rhythmus vertieft, als plötzlich ein jäher Schmerz durch ihre Brust zog. Sie bekam kaum noch Luft, japste laut, krümmte sich unter der Last. Etwas Schweres war auf ihren Rücken gekracht. Das Gewicht wurde immer stärker, es war unerträglich, sie versuchte, sich wegzudrehen, aber sie saß fest wie unter einem Schraubstock. Ein gurgelnder Laut löste sich aus ihrer Kehle.

»Wo willst du hin, he?«, fragte die wütende Stimme eines Mannes. »Du glaubst doch nicht etwa, dass du schon gehen kannst, oder?«

27.

Der Geruch nach Kaffee, warme Luft und ein Meer von Stimmen schlugen Krammer entgegen, als er die Tür zum Café Central aufschob. Für einen Moment überlegte er, ob er nicht besser wieder gehen sollte. In dieser lebendigen Umgebung würden seine Gedanken erst recht nicht zum Stillstand kommen. Doch dann entdeckte er im hinteren Eck den Professor, der in eine Zeitung vertieft war.

Vielleicht half es ja auch, seine Sorgen einfach runterzuspülen. Am besten mit etwas Hochprozentigem.

Er hielt auf den Tisch zu, an dem er normalerweise saß. Aber der war besetzt. Ein Pärchen unterhielt sich angeregt, die Teller noch halb voll. So schnell würden die das Lokal nicht verlassen.

Er ging ein paar Tische weiter, legte seinen Mantel über den gegenüberliegenden Stuhl und setzte sich dann so in die Ecke, dass er den gesamten Raum wie auch den Außenbereich überblicken konnte. Sofort eilte ein Kellner heran.

»Einen schönen Abend, Herr Inspektor. Was darf ich Ihnen heute bringen?«

»Bitte ein Gulasch und ein Seidl Bier.« Krammer hatte sich eines Besseren besonnen. Sich heute zu besaufen, würde sein Problem auch nicht lösen. Außerdem fühlte er sich auf dem ungewohnten Platz nicht recht wohl und wollte nur schnell nach Hause.

Unruhig ließ er seinen Blick durch den Raum wandern. Und fand dabei wieder sie. Wie immer lesend, den Kopf gesenkt. Sie wirkte ganz bei sich und völlig zufrieden.

Genau wie alle anderen Menschen um ihn herum, die ihren Abend genossen, nach einem Einkaufsbummel in der Innenstadt hier einkehrten, um entspannt noch etwas zu essen und zu trinken.

Nur er fühlte sich wie auf dem Präsentierteller. Doch das war bloß ein Gefühl. Den Nachrichten geschuldet, die ihn in alte Zeiten katapultiert hatten. In Wahrheit schenkte ihm niemand Beachtung. Im Gegenteil. Je älter er wurde, desto unsichtbarer wurde er.

In seinem Beruf war das gar nicht unangenehm. Wer im Hintergrund blieb, konnte besser beobachten. Das hatte er sich oft zunutze gemacht, und er empfand es mittlerweile als Geschenk. Natürlich war er dadurch in der Hierarchie nicht noch höher aufgestiegen und zu einem dekorierten Major aufgerückt. Aber er hatte das erreicht, was er wollte. Mehr war auch nie sein Bestreben gewesen.

Doch seit heute wusste er, dass es jemanden gab, der es noch besser verstand, im Verborgenen zu bleiben. Völlig unsichtbar. Er hatte nicht im Geringsten bemerkt, dass Roland Perski erneut aufgetaucht war. Ganz in seiner Nähe. Wieder musterte Krammer seine Umgebung, rutschte unruhig auf seinem Platz hin und her.

Der Ober hielt auf ihn zu und brachte das sonnengelbe Bier, dessen weiße, schaumige Krone perfekt gezapft war.

Krammer wischte den feuchten Tau von dem Glas, dann nahm er einen kräftigen Schluck, spürte nach, wie der kalte Gerstensaft durch seine Kehle rann. Doch als er die Augen öffnete, blieb der Genuss aus. Es hinterließ nicht mehr als Kälte und einen bitteren Nachgeschmack.

Krammer stellte das Glas zurück auf den Deckel und beschloss, den Tisch des Professors aufzusuchen, bevor der womöglich das Lokal verließ. Immerhin war er nur aus einem einzigen Grund hergekommen.

Der Mann war Archäologe und forschte derzeit an der Burg Kropfsberg darüber, welche Menschen während der Bronze- und Eisenzeit in Tirol gelebt hatten. Krammer hielt sich jedoch nicht lange mit Höflichkeiten auf, sondern schilderte dem Professor sein Anliegen. Obwohl Lela und Karolin mit dem Masterstudiengang Umweltmanagement in Bergregionen ein völlig anderes Fach belegt hatten, sagte der Forscher ihm zu, die Kollegen aus der biologischen Fakultät noch an diesem Abend anzurufen und sie zu bitten, sich am nächsten Morgen mit dem Landeskriminalamt in Verbindung zu setzen.

Das wäre ein echter Fortschritt – und nun erst recht wichtig, bevor die Information über die öffentlichen Kanäle, die Karolins Eltern aktiviert hatten, an die Ohren der Verantwortlichen in der Universitätsverwaltung drang.

Obwohl der Professor ihm anbot, bei ihm Platz zu nehmen, und Krammer unter normalen Umständen gerne mehr über seine Grabungen erfahren hätte, übergab er ihm bloß seine Karte und zog sich wieder an seinen Tisch zurück.

Heute hatte er keine Muße für Geschichte. Seine eigene war ihm eh schon zu viel.

Dankbar nahm Krammer sein Gulasch entgegen, das just in dem Moment serviert wurde, als er gerade wieder an seinen Platz zurückgekehrt war. Er breitete die weiße Stoffserviette auf seinen Beinen aus und griff zu dem schweren Besteck. Mechanisch schob er das Essen auf die Gabel und kaute, ohne es wirklich zu würdigen.

Seine Gedanken wanderten zu einem Abend vor nicht einmal einer Woche, an dem er Alexa Jahn zum Essen eingeladen hatte. Heute saß er einem leeren Stuhl gegenüber. Wie auch am Abend zuvor. Wie an jedem verdammten Tag im vergangenen Monat. Und während der letzten Jahre. Doch heute war ihm dieser Anblick unerträglich.

Er sah zu der Frau hinüber, die er auch von diesem Tisch aus unbemerkt beobachten konnte. Sollte er sie ansprechen? Wenn sie ihm die kalte Schulter wies, wusste er wenigstens, woran er war. Susannas Anruf hatte ihm deutlich vor Augen geführt, dass das Leben nur wenige Chancen bereithielt. Vielleicht war diese hier seine allerletzte.

Er nahm noch einen Schluck Bier. Schlimmer konnte der Tag im Grunde nicht mehr werden. Er musste es einfach riskieren. Resolut zog er die Serviette von seinen Beinen, legte sie auf den Tisch, suchte nach den richtigen Worten.

Doch als er gerade den Stuhl zurückschob, blickte sie auf die Uhr, klappte das Buch zu, verstaute es in ihrer Tasche und zog ihren Mantel an. Dann ging sie eilig Richtung Ausgang davon.

Wieder zu spät. Krammer ließ sich gegen die Lehne fallen und konnte den Blick nicht von dem Platz abwenden, auf dem sie bis vor wenigen Sekunden gesessen hatte. Da entdeckte er etwas auf dem Stuhl. Das Lesezeichen war aus dem Buch geglitten.

Er lief hinüber, hob es auf und wollte schon hinter ihr her. Doch dann starrte er darauf und kam sich wie ein Narr vor.

Was tat er eigentlich hier? Wollte einer Frau hinterhereilen, die er gar nicht kannte. Dabei gelang es ihm nicht einmal, Alexa anzurufen. Trotz allem, was sie verband.

Er seufzte.

Sich jemandem aufzudrängen, war nun einmal das Letzte, was er wollte. Solange Alexa nicht wusste, dass Susanna ihn in Kenntnis gesetzt hatte, konnte er sich im Hintergrund halten.

Er würde sie den ersten Schritt machen lassen. Ihr die Entscheidung überlassen, ob sie ihn in ihrem Leben haben wollte. Das hieß, er musste abwarten. Und sich ablenken.

Das war ohnehin, was er am besten konnte.

Seit er Wien verlassen hatte, war er allen Gefühlsdingen aus dem Weg gegangen. Mit Erfolg: vergraben in Arbeit, ohne enge private Kontakte. Nur seine Ex-Frau rief von Zeit zu Zeit an. Alte Freunde hatte er kaum, und mit den Jahren hatte die Mehrzahl von ihnen aufgegeben und die Lust an wortkargen Telefonaten verloren.

Die meiste Zeit hatte er sich vorgemacht, der Dienst würde seinem Leben Erfüllung geben. Dabei hatte er sich längst in seiner Einsamkeit eingerichtet. Kannte schon nichts anderes mehr.

Doch heute begriff er, dass es noch einen weiteren Grund für diese Entscheidung gab: Er hatte gewusst, dass diese Geschichte nicht zu Ende war. Dass Perski eines Tages zurückkommen würde. Und er wollte niemanden in diesen Kampf hineinziehen, musste ganz allein mit ihm fertig werden.

Krammer betrachtete das Lesezeichen aus dünnem Edelstahl in seiner Hand, an dem eine schwarze Quaste befestigt war. Neugierig las er den Spruch von Isabel Allende, der in geschwungenen Lettern eingraviert war: *Ohne Schatten gibt es kein Licht. Es gibt keine Freude ohne Schmerz.*

Er presste die Lippen zusammen und nickte.

Dann straffte er die Schultern, wandte sich von dem Platz ab, trug das Lesezeichen zum Ober, erklärte, wo er es gefunden hatte, und beglich seine Rechnung.

28.

Einige Stunden zuvor

Nur mit Mühe kam sie wieder zu sich. Sie hörte ein dumpfes, rhythmisches Pochen, das durch die Decke drang. Oder war das am Ende ihr Verstand, der ihr einen Streich spielte?

Sie schob sich langsam hoch, um in eine aufrechte Sitzhaltung zu kommen. Dieses Mal blieb der Schwindel aus.

Ihr Mund war furchtbar trocken und hatte einen eigenartigen Geschmack. Künstlich. Unangenehm stieg ihr der Geruch ihres eigenen Erbrochenen in die Nase. Sie zitterte vor Kälte.

Bewegung. Das würde helfen.

Und sie brauchte etwas zu trinken.

Juliane versuchte aufzustehen, was ihr erst nicht gelingen wollte. Zwar war es stockdunkel geworden, aber sie erinnerte sich noch an die Fässer und Getränkekisten. Sie schob sich auf allen vieren voran, tastete über den eisigen Boden, der ein wenig feucht war.

Jetzt nahm sie einen fauligen Geruch wahr. Vermutlich waren die Wände voller Schimmel. Instinktiv wollte sie ihre Hände zurückziehen, zwang sich dann aber weiter. Sie brauchte Flüssigkeit. Sonst würde ihr Kreislauf sicher nicht mehr lange mitmachen.

Sie hatte jegliches Zeitgefühl verloren. Waren es nur wenige Stunden, die sie hier drinnen war, oder konnten es schon Tage sein?

Endlich fühlte sie einen der Kästen und griff hinein. Nichts. Keine einzige Flasche war darin.

Sie tastete sich weiter vor, fand einen zweiten Kasten. Und einen dritten. Einen vierten. Alle leer.

Sie kämpfte die Panik herunter, die sie sofort überfiel.

Die Kästen waren dennoch wertvoll. Sie könnte sie umdrehen und eng zusammenschieben. Wie eine Bank. Das war in jedem Fall besser als der kühle Boden.

Sie kroch bis zur Mauer, als ein heller Lichtkegel durch die Fensterscheibe drang und einmal die Wand entlangfuhr. Dann war es wieder genauso dunkel wie zuvor.

Sie hielt inne.

Spähte erneut zu dem Fenster. Aber es blieb dunkel.

Als sie sich gerade weitertastete, sah sie wieder diesen hellen Schein.

Hoffnung keimte in ihr auf. Das waren Scheinwerfer von vorbeifahrenden Autos! Das Gebäude, in dem sie sich befand, musste in der Nähe einer Straße sein.

Rasch richtete sie sich auf, doch sofort sackten ihre Knie unter ihr weg. Gerade rechtzeitig fand sie Halt an einem der Fässer. Sie atmete tief durch, setzte die Füße parallel zur Hüfte auf den Boden. Dann probierte sie erneut, sich vorsichtig hinzustellen.

Es funktionierte!

Jetzt konnte sie mit ausgestreckten Armen beinahe das Fenster erreichen. Sofort spürte sie, wie neue Kraft sie durchflutete. Sie versuchte, eines der Fässer unter das Fenster zu schieben. Aber sie waren zu schwer.

Hastig drehte sie sich um, geriet ins Taumeln.

»Scheiße«, ermahnte sie sich. »Pass doch auf!«

Ihre Stimme hallte von den Wänden wider, und mit einem Mal war das Pochen weg, das sie zuvor noch registriert hatte. Sie hielt die Luft an. Lauschte.

Doch mehr als das Geräusch ihres Atems war nicht zu hören.

Ganz langsam bückte sie sich. Sie nahm den Kasten in die Linke, stützte sich mit der anderen Hand auf den Fässern ab und positionierte ihn unterhalb des Fensters.

Sie stellte erst einen Fuß darauf, zählte bis drei und hob dann den zweiten. Die Kunststoffrillen gruben sich schmerzhaft in ihre nackten Sohlen, sie kam ins Taumeln, es gab nichts, woran sie sich halten konnte. Krachend fiel sie zu Boden, stieß sich den Ellenbogen an einem der Metallfässer und schrie laut auf.

Fluchend hielt sie sich ihren Arm.

Was hatte sie überhaupt da oben gewollt? Sie war so dumm. Wenn sie hier drin nicht einmal das Motorengeräusch vernehmen konnte, würde auch niemand mitbekommen, wenn sie um Hilfe schrie.

Sie sollte ihre Energie besser darauf richten, etwas zu trinken zu finden.

Als sie gerade die Fässer abtasten wollte, bemerkte sie wieder etwas. Ein bläuliches Schimmern. Ein kleines Stück entfernt. Es war nur eine Sekunde lang da gewesen. Aber sie war ganz sicher.

Rasch robbte sie in die Richtung, tastete über den Boden. Kroch langsam immer weiter.

Nichts.

Aber sie hatte sich das nicht eingebildet. Oder war es nur eine Reflexion von draußen, wie zuvor?

Als sie wieder zurück zu den Fässern wollte, berührten ihre Finger etwas Glattes. Flaches. Warmes.

Sie konnte ihr Glück kaum fassen: ein Handy!

Sie fand den Einschaltknopf und drückte ihn. Ein fast leerer schwarzer Bildschirm. Kein Hintergrundbild. Aber es gab eine Uhrzeit. 23.35 Uhr. Beinahe Mitternacht.

Vier Apps waren darauf. Phone, Messages, Internet, Settings.

Und die Restlaufzeit der Batterie. Es blieben ihr noch 4 Stunden und 12 Minuten.

Ihr Herz raste. Sie drückte auf die App mit dem Telefonhörer. Nichts geschah. Vielleicht war ihr Finger zu kalt? Sie hauchte ihn an, drückte erneut. Doch das Gerät reagierte nicht.

Schon ging der Bildschirm aus, der ihr ein klein wenig Licht gespendet hatte.

Erneut drückte sie auf den Knopf. Die Batteriezeit lag jetzt bei 4 Stunden und 11 Minuten. Hatte es einen Code? Eine Gesichtserkennung? Einen Fingerprint-Sensor? Sie musste eine Möglichkeit finden, dieses Ding zu bedienen. Minutenlang tastete sie über das Display, berührte jeden Knopf, jedes Icon.

Doch nichts tat sich. Gar nichts.

29.

Seit sie auf ihrem Zimmer war, strömten die Gedanken rückhaltlos auf Alexa ein. Mittlerweile hatten die Kollegen versucht, Anabels und Stephans Handys zu orten. Ohne Erfolg. Zuletzt waren beide an ihren Wohnorten im Netz gewesen. Wo immer sie sich gerade aufhielten, man würde ihnen nicht so leicht auf die Spur kommen. Leider gab ihnen das auch keinen Aufschluss darüber, ob sie nun freiwillig abgehauen waren und ungestört sein wollten, oder ob jemand dafür verantwortlich war, dass sie wie vom Erdboden verschluckt blieben.

Zwangsläufig dachte Alexa dabei an den letzten Fall. Und an Krammer. Immer wieder spulte sie im Kopf die Gelegenheiten ab, bei denen sie sich begegnet waren.

Sie hatten sich von Anfang an geduzt. Bei der Polizei machte man das so, das war nicht ungewöhnlich. Dennoch hatte sie ihn noch nie beim Vornamen genannt: Bernhard.

Sie schüttelte den Kopf und machte sich daran, sich um ihre Wäsche zu kümmern, die Frau Messerer vorhin aus dem Trockner geholt hatte.

Sie legte den Pullover vor sich auf das Bett, strich den Rücken glatt, faltete erst einen Ärmel quer darüber, dann den anderen. Ungläubig hielt sie in der Bewegung inne und starrte auf den grauen, weichen Baumwollstoff.

Ihre Mutter war es, die ihr das alles beigebracht hatte.

Bügeln, Kochen, sogar Reifenwechseln. Einfach alles. Sie hatte ihr vorgelebt, was es hieß, selbständig zu sein, sich dem Leben zu stellen, Dinge in die Hand zu nehmen. Ihre ganze Art des Denkens und des Handelns war von ihr geprägt, entstanden aus unzähligen Gesprächen, die sie beim Essen, bei gemeinsamen Ausflügen oder am Abend beim Fernsehen geführt hatten.

Wer oder was sollte Krammer sein? Was konnte er ihr geben, das sie nicht schon zuvor im Überfluss bekommen hatte?

Bernhard. Seinen Namen auszusprechen fühlte sich seltsam an. Falsch. Sie rief sich die wenigen Male ins Gedächtnis, die sie ihn getroffen hatte. Er wirkte auf sie wie ein einsamer Wolf, der sein Rudel verloren hatte. Zwar hatte er seine Partnerin in Innsbruck erwähnt, getroffen hatte sie sie aber nie. Alexa konnte sich durchaus vorstellen, dass die beiden grundsätzlich getrennte Wege gingen, ihre Arbeit so organisiert hatten, dass es genügend Freiräume für sie beide gab.

Sicher, er war ein hervorragender Kriminalist. Seine Antennen hatten bei ihrem letzten gemeinsamen Fall von Anfang an das richtige Signal empfangen. Sie war es gewesen, die sich von den Fakten hatte blenden lassen.

Ihre Hand ruhte regungslos auf dem Wäschestück. Sie horchte intensiv in sich hinein. Hätte sie es nicht spüren müssen, als sie Krammer zum ersten Mal traf? Irgendwelche Ähnlichkeiten? Eine Art von Verbindung?

Sie zuckte die Schultern.

Kollegen. Mehr waren sie einfach nicht. Als Ermittler war er durch seine Erfahrung eine sehr gute Ergänzung gewesen. Aber in ihrem Leben brauchte sie das im Grunde nicht. Oder machte sie damit einen Fehler?

Sie legte das untere Rückenteil fein säuberlich über die zusammengeschlagenen Ärmel und faltete es ein letztes Mal in der Hälfte. Strich noch einmal über den Stoff. Hob den Pullover hoch und roch daran, sog den Waschmittelgeruch tief in die Nase, bevor sie ihn schließlich auf den kleinen Stapel sinken ließ, der alles war, was sie heute bei sich hatte.

Sie stieß einen verärgerten Laut aus, dachte an das, was Line ihr geraten hatte. Dennoch: Ihr Vater fehlte ihr nicht, auch früher nie. Ihre Mutter war es, die sie bei sich trug, bei jedem Schritt.

Und die sie gerade jetzt schmerzlich vermisste. Ihren klaren Blick. Ihre langen Gespräche. Es wäre ganz einfach. Sie musste nur anrufen. Ihr verzeihen.

Schon legte Alexa eine Hand auf ihr Handy. Minutenlang verharrte sie so. Dann zog sie sie doch wieder zurück.

Mit Susanna zu sprechen war ihr noch immer nicht möglich. Davon abgesehen konnte sie ihr in dieser Sache sowieso nicht weiterhelfen. Da musste sie allein durch.

Alexa straffte die Schultern und räumte ihre Kleidung in den mit Blumen verzierten Bauernschrank. Anschließend setzte sie sich aufs Bett, schnappte sich einen Notizblock, um sich Stichworte für ihren Bericht zu machen, damit sie ihn morgen nur noch in den Laptop übertragen musste. Aber sie war mit den Gedanken einfach nicht richtig bei der Sache.

Sie schaute auf die Uhr. Schon weit nach Mitternacht. Resolut legte sie den Block zur Seite. Morgen war auch noch ein Tag, und sie brauchte ihren Schlaf, um zu funktionieren.

Rasch schlüpfte Alexa unter die dicke Daunendecke und löschte das Licht. Der Regen prasselte unablässig aufs Dach. Sie schob ihren Arm unter den Kopf und schloss die Augen.

Alles duftete nach frischer Wäsche. Und mit dem Geruch strömten die Erinnerungen auf sie ein. An zu Hause. An ihr Zimmer. An ihre Kindheit.

Sie machte das Licht an und setzte sich auf. Auch Oskar war wach geworden, streckte sich und trottete dann auf sie zu. Sie kraulte ihn unter seinem zottigen Kinn und lächelte ihn an.

Line hatte recht. Sie musste sich entscheiden. Dabei hatte sie das längst getan: als sie alles hinter sich ließ, was sie kannte und liebte. Sie hatte die Zukunft gewählt. Nicht die Vergangenheit.

Entschlossen nahm sie ihr Handy und rief die Kontakte auf. Es war im Grunde schon viel zu spät. Dennoch wählte sie ohne lange zu überlegen Konstantins Nummer.

»Sorry, dass ich mich jetzt erst melde … Ich hoffe, du hast noch nicht geschlafen«, sagte sie hastig, als er sich nach dem dritten Klingeln meldete, und kaute nervös auf ihrer Lippe herum.

»Du darfst mich jederzeit wecken, Alexa, ich dachte, das weißt du. Du kannst auch gerne noch vorbeikommen, wenn du magst.«

Sie ging nicht weiter auf seinen Vorschlag ein, doch sie spürte ein angenehmes Kribbeln im Bauch. So hatte sie sich seit langem nicht mehr gefühlt. Viel zu lange. Sie schob die Gedanken an die Arbeit und an ihre Eltern zur Seite, kuschelte sich in ihr Kissen, bedankte sich für die Einladung zu dem Konzert, erzählte, wie es ihr gefallen hatte und was seither passiert war.

Und mit einem Mal fühlte sich alles richtig an: der Ort, der Job und die Aussicht auf das, was vor ihr lag.

Du bist der Herr.
Sie sind deine Diener.
Sonst nichts.
Lass dir nichts anderes einreden.
Sie sprechen mit gespaltener Zunge.

30.

Das Unwetter hatte sich gelegt, aber dichter Nebel stieg von dem schmalen Flusslauf auf, der der Gegend ihren Namen gegeben hatte. Das Wasser der Jachen war grünlich und kristallklar, man konnte jedes Steinchen darin sehen. Doch weit reichte der Blick nicht: Die Bergmassive zu beiden Seiten hielten sich in den wabernden Wolken versteckt.

Alexa musste daran denken, wie Kati Messerer am Vorabend die Gegend genannt hatte: das Sonnental. Davon war heute, nach den Regengüssen der letzten Nacht, nichts zu spüren – im Gegenteil. Die Wolken hingen so tief, dass die Gipfel der Bergkämme nicht mehr zu sehen waren, und der graue Horizont ließ es eher wie die Zufahrt ins Nichts erscheinen. Die riesigen Tannen, die sich unter der Last der Feuchtigkeit tief hinab beugten, hatten den Weg noch düsterer wirken lassen als gestern im gleißenden Weiß des frischen Schnees.

Zusammen mit Huber stand sie vor dem weißen Golf GTI von Stephan Bach, den ein Wanderer am Morgen verlassen am Ufer auf einer Wiese entdeckt hatte. Bachs Hund, den sie mitgebracht hatte, lief schnüffelnd hin und her. Das Gebiet war weiträumig mit rot-weißem Flatterband abgesperrt, das sich leicht im abgeflauten Wind bewegte. Reste von Schnee säumten noch den Waldrand am gegenüberliegenden Ufer.

Die Türen des Wagens waren weit offen, die Front war zum Flussbett hin ausgerichtet, mit einem Reifen stand das Fahrzeug fast im Wasser. Es gab weder einen Hinweis auf den Verbleib des Besitzers noch auf den von Anabel. Und alle möglichen Spuren rund um das Fahrzeug hatte der Regen längst fortgespült.

Alexa blieb einen Schritt hinter Huber zurück, um alles in Ruhe auf sich wirken zu lassen.

»Was habt ihr für uns?«, fragte ihr Kollege, nachdem er Mark Brohl von der Spurensicherung begrüßt hatte.

»Der Wagen wurde hier abgestellt, die Türen waren nicht verschlossen, und der Schlüssel steckte noch«, berichtete Brohl. »Der Tank ist halb voll und der Motor ließ sich einwandfrei starten. Dass er einfach liegen geblieben ist, können wir damit ausschließen. Der Fahrzeugschein war im Handschuhfach, und Schäden sind ebenfalls keine zu sehen, also hatten sie wohl auch keinen Unfall.«

Alexa kaute auf ihrer Unterlippe herum und wartete gespannt darauf, dass Brohl fortfuhr. Die Art, wie er seinen Bericht aufbaute, ließ erahnen, dass er dennoch etwas Interessantes gefunden hatte.

»Wissen wir, wann das war?«

Brohl schüttelte den Kopf. »Der Zeuge war heute gleich nach Sonnenaufgang aufgebrochen, nachdem es aufgehört hatte zu regnen, und hat uns sofort angerufen. Aber wie lange der Wagen hier steht, können wir nicht sagen. Er kann schon einige Stunden hier sein. Oder Tage.«

Alexa drehte sich um. Von der Straße aus war der Wagen nicht zu sehen, zumal in dem gestrigen Unwetter die Sicht nicht gut gewesen war. Und im Schnee fiel das weiße Fahrzeug erst recht nicht auf, vor allem, wenn Alexa an die Verwehungen dachte, die es am Vortag im gesamten Tal gegeben hatte. Sie waren selbst mehrmals hier entlanggefahren, aber sie erinnerte sich nicht an Reifenspuren oder etwas in dieser Art.

»Zwei Sachen scheinen uns wichtig. Zum einen lag eine Brille im Fußraum, da wo die Nummerntafel mit der Zwei steht.«

Er zog einen Beutel hervor und reichte ihn Huber, der ihn kurz beäugte und dann an Alexa weitergab.

Es handelte sich definitiv um die Metallbrille, die Anabel Eisert auf dem Foto trug.

»Ist sie kurz- oder weitsichtig?«, fragte Alexa und versuchte, durch das Plastik auf die Gläser zu schauen, um es selbst zu überprüfen.

»Kurzsichtig, und zwar ganz ordentlich«, sagte Brohl. »Wie ihr sehen könnt, sind Kratzer auf den Kunststoffgläsern. Wir schauen uns die noch genauer an, aber es könnte bedeuten, dass ein Kampf stattgefunden hat und sie dabei die Brille verloren hat. Wir haben Teile von Fingerabdrücken entdeckt, die müssen wir noch auswerten. Und ein langes blondes Haar konnten wir ebenfalls im Innenraum sicherstellen.«

Alles wies also darauf hin, dass Anabel in dem Auto gesessen hatte. Das Haar konnte zwar schon länger dort haften, immerhin waren die beiden bis vor kurzem ein Paar gewesen. Aber die Brille, ohne die sie nur wenig sehen konnte, hätte sie sicher nicht lange entbehren können. Alexa schaute zu der Straße hinauf, die man von hier durch die Büsche kaum ausmachen konnte. Es führte auch kein Weg hierher. Hatten sie vielleicht Streit gehabt?

»Möglicherweise gab es ein Handgemenge, Bach hat ihr die Brille von der Nase geschlagen und kam dabei von der Straße ab«, überlegte Alexa. Dann fiel ihr wieder ein, wie Huber gestern wegen eines Baumes bremsen musste. »Oder er ist auf der vereisten Fahrbahn ins Rutschen geraten. Wenn Anabel darauf nicht gefasst war, könnte sie auch bei einem solchen Manöver ihre Brille verloren haben. Gestern war es immerhin verdammt glatt hier draußen.«

Brohl nickte. »Das hatten wir zunächst auch vermutet. Dass sie wegen des Schnees hier festsaßen und die beiden sich vielleicht zu Fuß auf den Weg gemacht haben. Aber dann fanden wir das hier.« Er hielt ihnen sein Handy hin und bat sie, sich ein Foto anzuschauen.

Erst wusste Alexa nicht, was Brohl meinte. Aber dann erkannte sie, warum er ihnen ein Bild des Flusslaufes zeigte: Da lag eine Handtasche. Sie hatten Glück gehabt, dass der Riemen sich an einem Strauch verhakt hatte, sonst hätte die Jachen, die extrem viel Wasser mit sich führte, sie längst weggespült.

»Wo genau war die?«, fragte Alexa.

Sie musste sich um das Fahrzeug winden und trat so nahe an das Wasser heran, wie es die rutschigen Steine zuließen, um die Stelle am gegenüberliegenden Ufer sehen zu können, auf die der Mann deutete. Selbst der Hund blieb hinter ihr zurück, scheute den unsicheren Grund. Ganz sicher war Anabel in der Dunkelheit nicht hier entlanggewatet. Noch dazu bei Sturm.

Die Stelle war auch viel zu weit entfernt. Eher sah es aus, als hätte jemand versucht, die Tasche loszuwerden.

»Es war alles darin: Papiere, Geldbörse, Handy.«

»Scheiße«, entfuhr es Huber.

Treffender konnte man es nicht formulieren.

»Und sie hätte wohl kaum das alles zurückgelassen, wenn sie aus irgendeinem anderen Grund versuchen wollten, sich Hilfe zu holen«, resümierte Brohl. »Leider können wir das Handy in dem Zustand noch nicht auswerten. Wir müssen es zuerst trocknen. Das wird einige Stunden dauern.«

»Aber dann könnt ihr das?«

»Normalerweise geht das, ja. Wenn das Gerät nicht zu lange im Wasser gelegen hat. Dummerweise war es auch sehr kalt, deshalb kann ich euch nichts versprechen. Aber wenn wir behutsam sind und der Elektronik keinen Schaden zufügen, dann müsste das klappen.«

»Macht bitte weiter«, bat Huber ihn. »Stellt alles auf den Kopf. Wir brauchen einen Anhaltspunkt, wohin er seine Freundin gebracht hat.«

Brohl nickte. »Ich schicke euch schon einmal die Fotos, wie wir hier alles vorgefunden haben.«

Während sie zum Wagen zurückgingen, meinte Huber: »Das wirft ein völlig anderes Licht auf die Sache.«

Alexa nickte. »Nur was passiert ist, das ist für mich nicht klar: Waren die beiden doch miteinander verabredet? Oder hat Stephan Wind davon bekommen, dass sie sich mit einem anderen treffen wollte, hat ihr aufgelauert und sie dann verschleppt?«

Genau wie dieser Johannes Moser seiner ehemaligen Freundin, schoss es ihr durch den Kopf. Aber wieso hatte er dann den Wagen zurückgelassen? Eine andere Möglichkeit wäre, dass beide entführt worden waren. Vielleicht hatte sie jemand von der Straße abgedrängt.

Alexa schaute zur Hauptstraße, dann in die Richtung, in der das Dorf lag, und versuchte, in dem Nebel etwas zu erkennen. Beides war ein ganzes Stück entfernt. Wenn es kein Unfall war, was hatten die beiden dann hier gewollt? Bei diesem Wetter?

Sie hatten den Parkplatz, an dem Juliane abgesetzt worden war, auf der Fahrt passiert.

»Wie weit ist es von hier zum Hof der Hockes?«, fragte sie.

»Keine Ahnung. Zwei oder drei Kilometer, würde ich sagen.« Huber musterte Alexas Gesicht.

Also ungefähr auf der Hälfte der Strecke. Möglicherweise hingen die beiden Fälle ja doch zusammen. Zeitlich dürfte es hinkommen.

War Juliane den beiden begegnet? Vielleicht wollte sie Stephan bitten, sie daheim abzusetzen. Und war dann unfreiwillig Zeugin eines Streits geworden. Oder schlimmer, eines Mordes? Alexa schaute noch einmal in den Wagen. So viele Möglichkeiten es gab, so wenige Anhaltspunkte hatten sie, was wirklich geschehen war.

»Gibt es in der Nähe irgendetwas, wo man sich verstecken könnte? Eine Schutzhütte, Heuschober, verlassene Bauernhöfe?«

Huber nickte. »Wir müssen gleich mit unserer Suche beginnen. Die Leute sind schon in Rufbereitschaft. Denn wenn die beiden zu Fuß hier weg sind, können sie wohl nicht allzu weit sein.« Er hielt kurz inne. »Aber wieso lässt er seinen Golf dann ausgerechnet hier stehen? Hätte er den ein Stück weiter hinten auf dem Loipenparkplatz abgestellt, wäre er sicher erst in ein paar Tagen aufgefallen. Wenn er unbemerkt mit Anabel hätte verschwinden wollen, wäre das in jedem Fall sinnvoller gewesen.«

Alexa nickte. Genau das irritierte sie auch. Zudem büßte er ohne den Wagen Mobilität ein. Und wieso hatte er seinen Hund zurückgelassen? Nachdenklich tätschelte sie dem Tier, das die ganze Zeit dicht neben ihr lief, den Kopf.

»Das Ganze ergibt nur dann Sinn, wenn Stephan und Anabel einem Dritten zum Opfer gefallen sind.«

»Ich weiß nicht. Bei diesem garstigen Wetter würden die wohl kaum hier draußen ein Stelldichein veranstalten, bei dem sie jemand hätte überraschen können. Sie haben vor kurzem noch zusammengewohnt, da bleiben die doch nicht in dieser Kälte. Und wer sollte auch bei diesem Sturm hier lauern?«

Alexa nickte, das klang plausibel. Aber genauso konnte Stephan es von langer Hand geplant haben, Anabel zu entführen. Genug Männer hielten es nicht aus, wenn die Freundin sie verließ. Und vielleicht war Juliane zufällig hier vorbeigekommen, hatte sich im Schnee verlaufen …

Als Alexa Huber gerade ihre Idee erzählen wollte, winkte sie einer der anderen Beamten gestikulierend zu sich heran. Sie wechselten einen kurzen Blick und hielten auf ihn zu.

Er stand neben einem schlanken Mann in den Vierzigern, der einen Rucksack bei sich hatte und Wanderstiefel trug. Vermutlich derjenige, der den Wagen entdeckt hatte.

»Und Sie sind ganz sicher?«, fragte der Kollege.

Der Mann nickte. »Natürlich. Da ist jemand weggelaufen. Ich weiß natürlich nicht, ob der zuvor bei dem Wagen war. Aber der Kleidung nach war das gewiss kein Jogger.«

Alexa und Huber wechselten einen Blick.

»Sie meinen, heute Morgen haben Sie jemanden hier in der Nähe des Wagens gesehen?«, hakte Alexa ein. »War es vielleicht dieser Mann?« Sie hielt ihm ihr Handy mit einem Foto von Stephan Bach hin.

Doch der Wanderer zuckte bloß die Schultern. »Das kann ich nicht sagen. Der war viel zu weit weg. Bestimmt hundert Meter. Aber er hatte es eilig.«

»Und er war allein?«, fragte Huber.

»Soweit ich das sehen konnte.«

»Und er lief hier querfeldein?«

»Genau. Er lief in diese Richtung, wo Niggeln und Höfen liegen. Der Mann trug eine rot-schwarz karierte Jacke. Und er wirkte groß, eher bullig. Das kann natürlich auch täuschen.«

Hatte dieser Mann etwas mit ihrem Fall zu tun? Oder war das am Ende Stephan gewesen, der davonrannte? Vielleicht, um noch Spuren im Wagen zu beseitigen? Dann wäre er nicht weit weg …

Aber wo war dann Anabel?

Sie mussten unbedingt bei dem Freund nachfragen, der die Vermisstenmeldung aufgegeben hatte, ob Stephan eine derartige Jacke besaß.

Die kaputte Brille und die Tasche im Fluss ließen jedenfalls darauf schließen, dass zumindest Anabel etwas geschehen war. Und wenn Stephan oder ein anderer Täter ihr etwas antun wollte, kämpften sie gegen die Zeit. Sie bedankten sich und eilten zum Auto.

»Wir sollten uns aufteilen«, schlug Alexa vor. »Du übernimmst die Suche hier im Tal. Tobi Gerg von der Bergwacht wird uns sicher wieder helfen, wenn wir ihn fragen. Ich versuche derweil weiter, mehr über Juliane herauszubekommen, wenn das für dich in Ordnung ist. Ott hat mir ein paar Namen von Leuten geschickt, mit denen sie online in Kontakt stand. Ich möchte ihre Mutter fragen, ob sie irgendwen davon kennt. Möglicherweise hat sie auch einen Zweitschlüssel für Julianes Wohnung. Da möchte ich mich noch mal umsehen. Und wer weiß, vielleicht kannte Juliane ja sogar Anabel oder Stephan, und es gibt eine Verbindung zwischen beiden Fällen.«

Erneut kam die steile Falte auf Hubers Stirn zum Vorschein.

Alexa ahnte, woher seine Skepsis rührte, schließlich hatten sie in der vergangenen Woche häufiger Kompetenzdebatten geführt. Aber genau deshalb wollte sie ihm dieses Mal die Organisation der Suche überlassen, die definitiv mehr Aufmerksamkeit auf sich zog. Vielleicht gelang es ihr so, endlich Hubers Vertrauen zu gewinnen. Denn auch wenn sie in Konkurrenz zueinander standen, sie brauchten beide die Unterstützung des anderen.

»Willst du die Leitung des Suchtrupps übernehmen? Du hattest das ja sowieso schon angeleiert. Wir trommeln einfach so viele zusätzliche Leute zusammen, wie wir kriegen können, damit ihr möglichst weit kommt, bevor es dunkel wird«, fügte sie noch hinzu. »Dann frage ich Frau Messerer, ob wir in ihrer Pension unsere Lagebesprechungen machen können. So bleiben wir beide informiert. Falls Ott sich dort mit seinem Rechner einrichten will, geht das sicher auch. Der Speiseraum ist groß, und ich bin momentan sowieso ihre einzige Mieterin. Wenn du nichts mehr von mir hörst, treffen wir uns heute Abend dort. Einverstanden?«

»Also kein riskanter Alleingang mehr?«, fragte er.

Sie schüttelte den Kopf. »Nein, Teamwork. Versprochen. Willst du dann auch gleich noch Brandl informieren?«

Huber nickte und zückte bereits sein Smartphone.

Der Countdown lief.

31.

Am nächsten Morgen war Krammer bereits vor Roza im Büro. Er war frisch geduscht, hatte ein ordentliches Hemd angezogen und Kaffee gekocht. Er wollte da sein, falls sich jemand aus dem Sekretariat der Universität meldete. Und er hatte Ludwig Brandl aus Weilheim per Mail gebeten, ihm alle Informationen über den Besitzer der schwarzen Limousine und den damit zusammenhängenden Diebstahl zukommen zu lassen. Dieses Mal wollte er es richtig machen und die Anfrage an die Deutschen über den korrekten Weg abwickeln. Seinen Chef hatte er in Kopie gesetzt. Er hatte auch überlegt, Alexa zu informieren, es dann aber revidiert. Alles musste formal perfekt sein, bis ins letzte Detail, damit kein noch so findiger Advokat irgendetwas beanstanden konnte. Bei diesem Fall nicht, das hatte er sich fest vorgenommen.

Außer ihm war niemand in der Dienststelle gewesen. Auch bei ihnen war der Sonntag für die meisten ein freier Tag. Der Sturm hatte sich gelegt, aber der Himmel war weiterhin tief verhangen.

Jetzt saß ihm Roza gegenüber, hielt ihre Kaffeetasse in der Hand. Er hatte sich entschlossen, seiner Kollegin alles zu sagen. Sie musste Bescheid wissen – und dann selbst entscheiden, ob sie an dem Fall dranbleiben wollte.

»Wenn es Perski ist, dann können wir sowieso nichts mehr

für diese beiden Frauen tun«, sagte Krammer. »Irgendwann werden wir ihre Leichen finden, und er ist über alle Berge. Deshalb sollten wir uns besser aufteilen. Während du weiter recherchierst, wo er sie hingebracht haben könnte, setze ich mich direkt auf seine Fersen.«

Roza schüttelte den Kopf und nahm ihre rote Brille ab. »Das ist jetzt nicht dein Ernst, Bernhard. Hörst du dir eigentlich manchmal zu?«

Krammer verschränkte die Arme vor der Brust. »Ich weiß, wie das klingt. Aber es ist das Beste so. Du kennst den Mann nicht. Ich schon. Und ich sage dir: Das ist ein Monster. Noch dazu ein aalglattes.«

»Das habe ich schon verstanden. Nur die Erkenntnis, die du daraus ziehst, kann ich nicht nachvollziehen. Warum gibst du die Mädchen einfach auf? Du kennst diesen Kerl wie kein anderer, Bernhard. Das muss doch etwas bringen.«

Krammer lachte und hörte selbst, wie gekünstelt es klang. »Du hast keine Ahnung, wie er ist. Glaub mir.«

Roza ließ sich nicht beirren. »Jetzt hör du mir mal gut zu. Diese Opferhaltung steht dir nicht. Du bist kein Reh, das mit aufgerissenen Augen in die Scheinwerfer glotzt und reglos stehen bleibt. Du bist ein Jäger, verdammt, ein Wolf. Folge deinem Instinkt. Dann wirst du ihn finden, aus seinem Versteck locken. Und schließlich zur Strecke bringen.«

Krammer sagte nichts, starrte weiter an die Wand.

»Na schön. Dann bleib halt bockig. Ich werde jedenfalls nicht klein beigeben. Nicht jetzt. Nicht heute. Nicht bevor ich die beiden gefunden habe. Ich weigere mich, sie einfach abzuhaken.« Sie stellte ihre Tasse ab. »Aber das Ganze ähnelt dir so gar nicht. Du bist es doch, der jeden Altfall immer wieder dreht und wendet, um vielleicht irgendwann noch etwas Neues zu entdecken. Durch einen anderen Blickwinkel. Du wirfst doch sonst nicht vorschnell hin. Schon gar nicht, wenn es noch Hoffnung gibt. Und die gibt es. Glaub mir!«

Leise murmelte Krammer. »Das habe ich damals auch gedacht. Habe alles getan, um die Frauen rechtzeitig zu finden. Und nachzuweisen, dass er es ist, der hinter den Morden steckt. Aber dieser Mann hat seine Leute überall. Bekommt immer ein astreines Alibi. Oder es tauchen Dinge auf, die ihn entlasten. Wie von Zauberhand. Mal war es ein Experte für Ballistik, der bewies, dass es sich um eine andere Waffe handelte, mal waren es Lackreste, die eindeutig nicht zu seinem Fahrzeug passten, oder jemand hat blitzschnell sein Geständnis widerrufen. Ich hatte sogar die Vermutung, dass es in unseren Reihen jemanden gibt oder gegeben hat, der ihm hilft. Nur beweisen konnte ich es nicht.«

»Aber jetzt hast du mich an deiner Seite. Du erzählst mir noch einmal haarklein, was in Wien passiert ist. Alles. Du lässt nichts aus. Und dann machen wir uns mit frischer Kraft daran, unseren Fall zu lösen. Vielleicht sehe ich ein Detail, das dir entgangen ist. Gemeinsam retten wir die beiden Frauen!«

Krammer schnaubte kurz und verschränkte die Arme vor der Brust.

»Bittschön.« Entnervt nahm sie den Hörer ab und hielt ihn ihm hin. »Aber dann richtig: Geh und sag's dem Chef. Dann schmeiß aber auch alles hin und blockier nicht deinen Posten. Jetzt.«

Ungläubig schaute Krammer Roza an.

»Na los.« Sie fuchtelte mit dem Hörer. »Wenn du aufgibst, dann gehst besser gleich.«

Krammer nahm ihn ihr ab, legte aber nicht auf. Es wäre ganz schnell erledigt. Ein Satz. Dann wäre alles vorbei. Dann wäre er draußen. Basta. Ende. Aus.

Reglos starrte er auf den Hörer, auf dem die feuchten Abdrücke seiner Finger glänzten, dann sah er wieder seine Kollegin an, deren linke Augenbraue in steilem Winkel nach oben zeigte. Der Gedanke an Alexa blitzte in seinem Kopf auf. Was würde sie davon halten? Wenn er feige das Feld räumte? Er hielt noch einen Moment inne, dann ließ er den Hörer auf die Gabel sinken.

»Gut. Fang an. Ich höre.«

Krammer rieb die verschwitzten Handflächen an seiner Hose trocken, schwieg aber beharrlich.

»Bernhard, wir beide werden das schaffen. Ich weiß das. Du kennst mich noch nicht lang, und ich habe nie viel von mir erzählt. Aber meine Erfahrungen mit menschlichem Ausschuss sind ebenfalls abendfüllend, glaub mir. Ich weiß auch, wie die ticken. Ich hatte selbst schon mit einem zu tun.« Sie senkte kurz den Blick, zupfte an den Ärmeln ihrer Bluse, doch dann warf sie den Kopf in den Nacken. »Es wäre mir eine Freude, ein solches Arschloch zur Strecke zu bringen.«

Ihre Blicke begegneten sich, und Krammer sah etwas in Rozas Gesicht, das er vorher nicht wahrgenommen hatte. Einen gequälten Zug. Tatsächlich hatte er sich nie gefragt, warum sie allein lebte. Es gab verdammt viel nachzuholen in seinem Leben, musste er feststellen. Und wenigstens mit einer Sache konnte er heute beginnen. Zögernd fing er schließlich an zu erzählen.

Als er geendet hatte, schaute Roza ihn lange und nachdenklich an. »Und es sind jetzt mehrere Jahre vergangen, ohne dass dieser Perski noch einmal in Erscheinung getreten ist?«, fragte sie.

Krammer nickte. »Glaub mir, die Kollegen aus Wien hätten mir das sofort mitgeteilt. Es gab keinen Fall mehr, der auch nur entfernt seine Handschrift trug.«

Szabo nickte und schob sich ihre rote Brille ins Haar. »Wenn du dir unseren Fall ansiehst: Was genau lässt dich darauf schließen, dass es Perski ist? Erklär mir das bitte noch einmal.«

»Wie ich schon sagte: das Alter der Entführten. Er suchte sich immer junge Frauen aus. Ich glaube, es hat ihm Vergnügen bereitet, ihnen nicht nur das Leben zu nehmen, sondern auch ihre Frische, ihre Erwartung – ihre Zukunft. Es waren immer kluge Köpfe, die am Anfang einer Karriere standen.«

»Was sonst? In Wien war es nicht das Studentenmilieu, in dem er sich seine Opfer aussuchte, oder?«

Krammer schüttelte den Kopf. »Nein. Die Frauen hatten ganz unterschiedliche Biographien: Eine war Köchin in einem Café, eine war Pharmazeutin, eine Bankerin, und ein Mädchen besaß einen mobilen Partyservice.«

Sie spitzte den Mund, sagte aber erst einmal nichts.

»Lebten die Frauen in einem Wohnheim?«, fragte sie nach einer Weile. »Und hattest du nicht erwähnt, dass dieser Perski stets ein Einzeltäter war?«

Plötzlich wurde Krammer bewusst, worauf ihre Fragen abzielten. »Roza, das ist nicht der Punkt ... Ich kann es dir nicht erklären ... aber ich weiß ganz genau, dass er hier ist. Nenne es Intuition, nenne es Spürsinn, was auch immer. Aber es ist so, als könnte ich ihn wittern. Schon am ersten Abend überfiel mich so eine Ahnung. Und dann bei dem dunklen BMW. Nur deshalb bin ich an dem Tag ausgestiegen. Sonst hätten wir bis heute ja gar nichts davon mitbekommen.«

Sie blieb ganz ruhig und sah ihn gelassen an, als sie ihre nächste Frage formulierte: »Eben. Das ist genau, was ich dachte. Wie oft hattest du eine solche Ahnung zuvor schon?«

»Wie meinst du das?«, fragte er irritiert.

»In den letzten Jahren, seit du hier bist. Wie oft, Bernhard? Bei wie vielen Gelegenheiten?«

Er schüttelte den Kopf. »Du glaubst mir nicht.«

»Ganz im Gegenteil: Ich glaube dir jedes Wort. Aber ich sehe die Verbindung nicht, die du zu ihm herzustellen versuchst. Die Frauen, von denen du gesprochen hast, waren alle in öffentlichen Bereichen tätig, hatten Kundenkontakt. Keine Studentinnen. Damals waren alle Opfer Österreicherinnen. Wir suchen eine Deutsche und eine Syrerin. Er hat jedes Opfer einzeln entführt. Im Abstand von einigen Tagen. Wir suchen nach zwei Frauen, die gleichzeitig verschwunden sind.« Sie machte eine kurze Pause.

Krammer rang die Hände. Sie hatte mit jedem Hinweis recht. Dennoch war er nicht davon abzubringen.

»Das Einzige, was ich deutlich sehe«, sagte sie, »ist, wie sehr dir dieser Fall immer noch unter die Haut geht. Dass du gelitten hast unter diesem Kerl. Und es auch heute noch tust. Deine extreme Abneigung gegen die Presse. Das hatten wir ja schon.« Szabo fixierte ihn mit ihrem Blick. »Mehr als alles andere möchte ich aber, dass du aufhörst, ihm so eine riesige Macht über dich zu geben. Bernhard, du musst dich dagegen zur Wehr setzen. Du bist schon einmal aus einer Dienststelle weggelaufen. Dennoch ist es dir nicht gelungen, ihn und den ganzen Fall hinter dir zu lassen. Wenn du es jetzt nicht schaffst, wirst du den Kerl nie mehr los.«

Er schlug die Hände auf den Schreibtisch. »Aber diese Adresse, Roza! Ich halluziniere doch nicht. Du kannst das nachprüfen!«, schnaubte er.

»Das habe ich längst getan, Bernhard«, sagte sie sanft. »Sofort nachdem die Kollegen sie mir zugerufen haben. Dort ist eine vierköpfige Familie aus der Steiermark gemeldet. Junge Leute mit zwei Kindern. Ohne Verbindung zu deinem Perski. Oder nach Deutschland.«

Krammer sah Roza an, die jetzt ihre Brille aus den Haaren zog und sie auf den Schreibtisch legte. Dann nahm sie ihre Tasse, trank einen Schluck.

Er fuhr sich mit den Händen durchs Haar, starrte an die Decke. Das war einfach alles zu viel. War er denn wirklich durch die Vergangenheit so verblendet, dass er sich gerade in etwas hineinsteigerte? Aber Perski hatte damals dort gewohnt. Das sollte bloß ein Zufall sein?

»Was ich mich allerdings gerade frage …«, meinte Roza nach einer Weile. »Kann jemand von dieser alten Geschichte wissen? Von deiner Verbindung zu diesem Mann?«

Krammer nickte. »Natürlich. Die Sache ging damals groß durch die Presse. Ich habe mich eher gewundert, dass du nicht darüber informiert warst. Perski kam wieder auf freien Fuß, hat sich als Opfer der Polizei inszeniert, mich persönlich dafür verantwortlich gemacht. Und mich damit den Journalisten zum Fraß vorgeworfen. Ich konnte keinen Schritt mehr tun, ohne dass sie mir folgten.«

»Bernhard, natürlich habe ich von der Sache gehört. Ich

wusste genau, wer du bist – und auch, warum du dich zu uns hast versetzen lassen.« Sie musterte sein Gesicht. »Wie alle anderen auch. Aber wir wissen beide, wie so was in unserem Beruf laufen kann.«

Also doch. Er betrachtete seine Hände, die Altersflecken, die sich immer mehr auf der bleichen Haut abzeichneten. Er war so ein Idiot. Hatte immer gedacht, keiner hätte eine Ahnung. Dabei waren alle bloß höflich, hatten aus Respekt vor seinem Rang und seiner Erfahrung nicht nachgefragt.

»Worauf ich hinauswill, Bernhard: Könnte sich nicht jemand diese Sache zunutze gemacht haben? Ich hatte nie einen Zweifel an deinen Fähigkeiten. Du bist der beste Inspektor, mit dem ich je gearbeitet habe, das habe ich dir schon oft genug gesagt. Aber bei dir gibt es nun einmal einen wunden Punkt. Und vielleicht zielt jemand genau darauf ab und will dich mit dieser Adresse auf eine falsche Fährte bringen.«

»Du meinst …«

»Überleg mal: Du konntest Perski nie etwas nachweisen. Das wäre erstmals eine echte, ganz konkrete Verbindung. Der wäre nicht so blöd, den Eintrag im Navi zu belassen, oder? Das passt nicht zu dem, was ich gerade gehört habe. Ich denke vielmehr, dass jemand ganz bewusst diese Adresse eingegeben hat, damit du die Verbindung zu ihm herstellst. Und du wieder ein Phantom jagst.«

Krammer neigte den Kopf. Inzwischen konnte er selbst nicht mehr einschätzen, was er glauben sollte und was nicht.

»Komm schon, Bernhard. Du musst deine inneren Dämonen bezwingen. Und dann lass uns den beiden Frauen helfen, solange es noch eine Chance für sie gibt.«

Er fixierte weiter seine Hände. Schließlich nickte er.

32.

Ein Streifenpolizist hatte Alexa an der Straße abgesetzt, die zu dem Hof der Hockes führte, und Stein würde sie später genau dort wieder abholen, um danach mit ihr nach München zu Julianes Wohnung zu fahren. Den Hund hatte sie bei Huber gelassen. Vielleicht würde Oskar bei der Suche nach seinem Herrchen nützlich sein.

Auf der Fahrt hatte sie sich die Umgebung genau eingeprägt, die ganz anders aussah als am Tag zuvor. Auf den weitläufigen Wiesen stand in riesigen Pfützen das Wasser. Der gefrorene Boden konnte die hohen Niederschlagsmengen gar nicht aufnehmen.

Jetzt ging sie die einspurige Straße entlang und hielt auf die zwei Häuser zu, die geduckt unterhalb des Berges standen.

Die Schattenhöfe.

Treffender hätte man es nicht beschreiben können. Im ersten Stock gab es nur eine einzige Klappe im Holz. Vermutlich hatte man dort früher das Heu gelagert. Die winzigen Fenster im Erdgeschoss ließen kaum Licht ins Innere. Und in dem Haus neben den Hockes waren sogar die lindgrünen Fensterläden fest verschlossen.

Nicht nur im Winter hätte sie dort nie leben wollen.

Auf halbem Weg kam sie an einem Pfeiler vorbei, auf dem ein hölzerner Bildstock stand. *1906* las sie auf einem Schild, das in den Betonsockel eingelassen war. Hinter dem Glas erkannte sie eine Madonna aus Porzellan, den Blick und die betenden Hände zum Himmel erhoben. Rund um die Statue steckten Kunstblumen. Doch auch eine echte Rose lag quer davor.

Wer kümmerte sich wohl darum? War das Aufgabe der Pfarreien, oder oblag das den Anwohnern? Sie konnte sich kaum vorstellen, dass die Leute tatsächlich hierherkamen, um zu beten, mitten auf dem freien Feld.

Noch nie war Religion für Alexa so präsent gewesen wie hier in Oberbayern. Überall sah sie gut instand gehaltene Kirchen, kleine Kapellen und Wegkreuze. Diese Frömmigkeit irritierte sie. Sofort schoss ihr die Beschreibung von Frau Messerer durch den Kopf: dass der junge Moser das Böse in sich trage.

Nachdenklich wandte sie sich ab.

Aber in dem fünfzehn Kilometer langen Tal, in dem verstreut einige Einödhöfe und Weiler lagen, brauchte man vielleicht etwas, woran man glauben konnte. Um die Dunkelheit und Einsamkeit zu ertragen. Um eine gute Ernte zu erbitten. Noch dazu, wenn man der Natur und ihren Wetterwechseln ausgesetzt war.

Am Abend zuvor hatte sie gelesen, dass es neben den großen und stattlichen Höfen wie dem der Mosers, die mit bunten Fresken von bekannten Lüftlmalern verziert waren, hier auch eine Reihe kleinerer Bauernhöfe gegeben hatte, die man Sölden nannte. Diese warfen meist nicht genug Ertrag ab, um davon leben zu können, wodurch die Bauern gezwungen waren, sich zusätzlich als Handwerker oder als Tagelöhner, eben als Söldner, etwas hinzuzuverdienen. Nicht nur ein hartes, sondern auch ein entbehrungsreiches Leben. So, wie das von Annie Hocke.

Nachdenklich setzte Alexa ihren Weg fort.

Der Wind fegte über die Ebene und riss an ihrem Schal. Sie wickelte ihn enger um den Hals, zog den Kopf zwischen die Schultern und hielt weiter auf das Haus zu. Schon seit mehr als eineinhalb Tagen war Juliane Hocke mittlerweile verschwunden, und die Hoffnung, sie habe doch nur die Pläne für ihre Geburtstagsfeier geändert, schwand mit jeder weiteren Stunde.

Alexa versuchte sich vorzustellen, wie Juliane am Freitag hierhergelaufen war. Gegen den Wind, der ihr den Schnee ins Gesicht trieb.

Die winzigen Fenster der Höfe boten vermutlich keine Orientierung. Bei Sturm hätte sie also nicht einmal die Entfernung abschätzen können. Hatte sie sich vielleicht verlaufen?

Sie passierte das erste Gehöft, das völlig verlassen wirkte. Nicht nur, weil die meisten Fensterläden fest verschlossen waren. Sie sah auch keinen Rauch aus dem Schornstein aufsteigen. Eine verwitterte, windschiefe Bank neben dem Eingang war das einzig Wohnliche an dem Haus. Dicke schwarze Spinnweben hingen direkt über dem Türbalken.

Rasch lief sie weiter und hielt auf den Schuppen der Hockes zu. Dort wollte sie sich heute etwas genauer umsehen, bevor sie sich mit Julianes Eltern unterhielt.

Vorsichtig ging sie um die Ecke, vergewisserte sich, dass niemand bemerkte, was sie vorhatte. Holzrauch hing schwer in der Luft und reizte ihre Kehle.

Sie nahm ein Kräuterbonbon aus ihrer Handtasche, um

keinen Hustenanfall zu riskieren. Dann wartete sie noch einen Moment, aber alles blieb still. Nur vereinzelt hörte sie die Rufe von Krähen, und der Wind ließ die Blätter in der knorrigen alten Eiche rauschen, die direkt vor dem Haus stand.

Als sie sicher war, dass niemand sie gesehen hatte, schlüpfte sie durch das halboffene Tor hinein. Der Schuppen war direkt an das Haus angebaut, die hintere Wand, in der ein vergittertes Fenster eingelassen war, bestand ebenfalls aus Beton. Die anderen Seiten waren aus Brettern genagelt, durch deren Lücken karges Licht ins Innere fiel. Die Decke war marode, und irgendwo hörte sie es tropfen.

Alles war vollgestopft mit altem Plunder. Sogar ein verrosteter Fiat mit platten Reifen, dessen Scheiben vor Schmutz starrten, war darin geparkt.

An der Rückwand lehnten Bretter und ein Stück eines alten Zauns, ein angeschlagenes blaues Fass stand daneben, und von der Decke hingen Ketten, Säcke, Harken und zwei Sensen, die der Wind immer wieder in Bewegung versetzte, der auch in diesem Moment heulend durch die Ritzen pfiff. Rasch machte Alexa einen Schritt zur Seite, um nicht von ihnen getroffen zu werden.

Zu ihrer Rechten sah sie eine hölzerne alte Werkbank mit einem Schraubstock darauf. Im Gegensatz zu dem Rest war diese sauber und akkurat aufgeräumt. An ihrer Rückseite befand sich ein Regal mit Farbtöpfen und Metalldosen. Darunter hingen Werkzeuge in verschiedenen Größen: Hammer, Zangen, Sägen, Schraubenzieher, Spachtel und Hobel.

Noch einmal stellte sie sicher, dass niemand ihr Tun entdeckt hatte. Dann schaltete sie die Taschenlampe ihres Smartphones ein und leuchtete auf die Werkzeuge. Alle blitzsauber. Auf dem Holz war kein Stäubchen. Ihr erster Eindruck war richtig gewesen: Mit denen wurde definitiv gearbeitet. Und im Gegensatz zum Rest der Scheune schien dem Besitzer diese Ecke etwas zu bedeuten.

Sie drehte sich um. Nichts. Es war zwar düster, das war aber schon alles. Kein Hinweis auf Juliane. Oder darauf, dass hier irgendetwas passiert war. Dennoch schoss sie ein paar Fotos.

Sie wollte den Schuppen gerade verlassen, als ihr ein Lappen auffiel, der zu ihren Füßen lag.

Sie schob ihn ein Stück zur Seite. Und entdeckte einen dunklen Fleck auf dem Boden. Neugierig geworden, zog sie ihr Handy wieder hervor, bückte sich und sah ihn sich im Licht näher an.

»Was machen Sie da?«

Alexa schnellte herum. Sie hatte weder das Tor gehört noch dass sich jemand genähert hatte. Rasch stand sie auf und löschte das Licht.

»Ich dachte, mir wäre etwas heruntergefallen«, log sie.

Der junge Mann, der im Gegenlicht stand, war sehr groß, hatte braune Haare und eine leicht schiefe Nase. Sein Gesicht war mit Rötungen übersät, und er hatte sich einen spärlichen Bart wachsen lassen, wohl um älter zu wirken.

»Alexa Jahn, Kripo Weilheim. Und Sie sind? Wir kennen uns noch nicht.«

»Ich bin der Manuel. Ich helfe hier am Wochenende manchmal aus.«

Sein Blick wechselte immer wieder zwischen ihrem Gesicht

und dem Boden hin und her. Ein echt schüchterner Typ, der Alexa beinahe ein wenig leidtat. Er fühlte sich absolut nicht wohl in seiner Haut.

»Ist das Ehepaar Hocke zu sprechen?«

Er nickte. »Drinnen. Sie können einfach rein. Die Tür ist immer offen.«

Sie lächelte. Dann drehte sie sich noch einmal um. »Was genau machen Sie denn für die Hockes, wenn ich fragen darf?«

Er kratzte sich am Kinn. Am liebsten hätte Alexa ihm geraten, das nicht zu tun, um die entzündete Haut nicht noch mehr zu reizen.

»Was immer sie wollen. Im Winter spalte ich das Holz und schichte es am Haus auf. Oder ich räume mit der Fräse den Weg frei. Im Sommer Heu und was sonst gerade so anfällt.«

Sie nickte. Also war Frau Hocke doch nicht ganz ohne Hilfe, wie die Verkäuferin im Dorfladen sie hatte glauben lassen. »Kennen Sie auch die Juliane?«

Er legte den Kopf schief, wie ein Vogel. Da es schien, als hätte er sie nicht richtig verstanden, präzisierte sie: »Die Tochter der Hockes.«

Er verneinte. »Die lebt nicht mehr hier, sondern in München, glaub ich.«

»Stimmt. Dann will ich Sie nicht länger aufhalten«, sagte Alexa.

Der junge Mann nickte und drückte sich nahe an ihr vorbei. Er hatte ein Rasierwasser aufgetragen, das ihr in die Nase stach.

»Eine Frage noch.«

Manuel wollte gerade eine Axt aus der Wandhalterung nehmen, ließ aber davon ab und drehte sich zu ihr um.

»Wohnen Sie hier in der Nähe?«

Wieder schaute er sie schief an. Vielleicht hörte er auf dem einen Ohr schlecht. Doch bevor sie ihre Frage lauter wiederholen konnte, nickte er. »In Niggeln. Wieso?«

»Ist Ihnen zufällig jemand begegnet, als Sie hierhergekommen sind? Ein großer Mann in einer rot-schwarz karierten Jacke?«

Doch er schüttelte den Kopf.

Egal. Es war einen Versuch wert gewesen. Sie durfte nichts unversucht lassen.

»Aber Sie finden den Moser sicher daheim auf dem Hof«, sagte er dann. »Wenn Sie wieder zurück auf die Hauptstraße fahren, in Richtung vom Dorf, nach ungefähr zwei Kilometern. Sie können den Hof nicht verfehlen, es ist der größte hier in der Gegend. Ist ausgeschildert, wo Sie abbiegen müssen.«

Er musste Alexa ansehen, dass sie nicht wirklich verstand.

»Na, Sie meinten doch, Sie suchen jemanden mit einer solchen Jacke. Der Johannes Moser trägt immer so eine.«

Plötzlich öffnete sich die Tür.

»Was trödelst du denn noch hier herum?«, brüllte Hocke. Als er Alexa erkannte, wandelte sich sein Ton, wurde beinahe süßlich: »Ach, da schau her. Die Kommissarin.«

»Ich wollte gerade zu Ihnen«, antwortete Alexa und nickte dem jungen Mann dankbar zu.

Der griff rasch nach der Axt und schob sich an Hocke vorbei, dem es dennoch gelang, ihm noch einen gezielten Stoß mit dem Ellenbogen zu verpassen.

33.

Einige Stunden zuvor

Zu Beginn hatte sie alle zwei Minuten auf das Handy geschaut, um festzustellen, ob sich etwas verändert hatte. Immer wieder hatte sie Zahlencodes eingegeben. Ergebnislos. Nur die Batterielaufzeit war kontinuierlich gesunken.

Jetzt lag sie schon unter drei Stunden. Und noch immer war es stockdunkel draußen.

Seit sie die Uhrzeit kannte, schleppte sich die Zeit unendlich langsam voran. Wie lange sie wohl schon hier war? Und vor allem: Wie lange würde sie noch in diesem Keller festsitzen?

Konsequent vermied sie den Gedanken an das Warum. Es nützte nichts, sich zu fragen, wieso die Dinge so kamen, wie sie waren. Man konnte nur lernen, seine Situation zu akzeptieren und damit umzugehen.

Das hatte sie schon früh begriffen. Es ging darum, sich einfach nie geschlagen zu geben. Egal welche Fallstricke das Leben gerade bot. Irgendwann veränderte sich der Blickwinkel. Und es eröffnete sich eine Perspektive.

Wieder drückte sie das Handy an.

Großartig. Dieser Gedankengang hatte nicht einmal eine Minute gedauert. Wütend stampfte sie mit den Füßen auf, legte das Gerät auf den Bierkasten neben sich und versuchte, wieder ein paar Schritte zu laufen.

Sie war so durchgefroren, dass ihre Glieder steif und unbeweglich waren. Ihr linker Knöchel war dick angeschwollen. Sie hatte ihn sich bei ihrem Sturz genauso verletzt wie den rechten Arm. Aber ihr Kreislauf stabilisierte sich. Die Wirkung von dem, was ihr gespritzt worden war, ließ merklich nach. Und ihr Verstand begann wieder normal zu funktionieren. Was auch immer man in dieser Situation als normal bezeichnen konnte.

Erneut tastete sie in der Ecke herum, in der sie zuvor gestürzt war. Da lag eine Holzlatte. Sie hob sie hoch und stieß sie gegen die Wand, um ihre Festigkeit zu prüfen. Doch sie war von der Feuchtigkeit so morsch, dass sie einfach in der Mitte zerbrach. Als Waffe völlig untauglich.

Sie tastete sich in die nächste Ecke. Dort fühlte sich der Boden anders an. Feuchter und weich, als hätte jemand Erde aufgeschüttet. Vielleicht war es das, was so modrig roch.

Sie tastete sich zurück, die Wand entlang, spürte das Holz der Tür. Schob langsam ihre Hände darüber. Suchte erneut nach einem Weg, sie zu öffnen.

Sie fühlte die rostigen Scharniere, die festgeschraubt waren. Sie krallte ihre Nägel darunter, versuchte, daran zu ziehen. Wenn auch dieses Holz von der Feuchtigkeit morsch geworden war, würde es ihr vielleicht gelingen, sie zu lösen.

Mit aller Kraft zog sie, doch immer wieder rutschte sie ab. Aber sie gab nicht auf. Versuchte es an dem unteren Scharnier. Da war der Winkel jedoch noch schlechter. Also wieder oben. Mit beiden Händen. Sie atmete tief ein, dann zerrte sie mit aller Kraft. Ein feiner Schmerz unter ihrem Fingernagel ließ sie abbrechen.

Verdammt! Jetzt hatte sie sich einen Spreißel eingezogen.

Wenn es Rost war, könnte ihr das mit etwas Pech eine Blutvergiftung bescheren.

Sie hatte keine Ahnung, was sie als Nächstes tun könnte.

Vorsichtig setzte sie sich auf die Kiste, nahm das Handy und versuchte, in dem wenigen Licht etwas zu erkennen. Aber was auch immer sie sich unter den Nagel getrieben hatte, es war nicht zu sehen.

Vor lauter Verzweiflung schrie sie laut auf, war kurz davor, das Ding gegen die Wand zu werfen. Mit ihrer unverwundeten Hand tippte sie wie von Sinnen auf die bunten Apps, die sie zu verhöhnen schienen. Da sah sie es wieder. Ein Licht. Am oberen Rand. Ein kleiner Kreis, der einmal rund um einen Punkt in der Mitte lief.

War das eine Kamera? Sie starrte unverwandt dorthin, wo sie kurz das Licht gesehen hatte. Aber jetzt war es weg. Sie drückte auf den Knopf. Doch nun merkte sie, dass sich das Display verändert hatte. Kein Icon. Alles blieb dunkel.

»Hallo?«, sagte sie. »Kann mich jemand hören?«

Stille. Sie ging näher an das Mikrophon des Gerätes, beugte sich darüber und wisperte noch einmal: »Hören Sie mich?«

Warum sprach sie nicht einfach lauter? Seit Stunden war sie allein. Nie hatte sich etwas gerührt, nicht als sie mit einem lauten Krachen gestürzt war, nicht als sie um Hilfe gerufen hatte. Nur dieses tiefe Dröhnen hatte sie immer wieder gehört.

Doch auch jetzt gelang es ihr nicht, lauter zu sprechen. So als würde ihr beschwörender leiser Ton ihrer Nachricht mehr Gewicht verleihen.

»Bitte. Rufen Sie jemanden. Ich sitze hier in einem Keller. Ich weiß nicht, wo.« Sie schluckte die Tränen herunter. »Aber ich brauche dringend Hilfe.«

Etwas in dem Bild veränderte sich. Da war eine Bewegung. Nur schemenhaft, doch sie hatte etwas gesehen. Sie beugte sich noch näher über das Gerät.

Dann verstand sie, was sie dort sah, und zuckte wieder zurück.

Sie hatte die Frage falsch formuliert. Sie hätte sagen müssen: *Sehen* Sie mich?

Das Licht war das Zeichen für die Kamerafunktion. Und das Bild war nicht vollkommen schwarz gewesen. Es hatte sie selbst gezeigt. In diesem dunklen Raum. Sie hatte gesehen, wie ihre Augen in dem schwachen Lichtschimmer geglänzt hatten.

Doch wer war am anderen Ende?

Angeekelt warf sie das Handy weg, kauerte sich auf die Kisten und umschlang ihre eiskalten Beine mit den Armen.

Und vor allem: Was wollte dieser Mensch von ihr?

34.

Das Gespräch mit den Hockes hatte Alexa so kurz wie möglich gehalten. Die Eltern erkannten weder Anabel noch Stephan auf den Bildern – und auch über Julianes Freunde in München wusste ihre Mutter kaum etwas. Sie hatte wohl viele Bekannte, aber kaum engere Freundschaften, meinte sie. Immerhin besaß Alexa jetzt den Zweitschlüssel zu ihrer Wohnung, der ihr im Moment jedoch nicht mehr ganz so wichtig erschien.

Es brannte ihr unter den Nägeln, umgehend zum Moserhof zu fahren, und sie ärgerte sich, dass ihre Abneigung gegen Hocke dafür gesorgt hatte, dass sie den Hinweis auf den Junior nicht ernst genommen hatte. Julianes Vater war ohne Zweifel einer, der andere gerne dominierte. Das hatte er heute wieder unter Beweis gestellt. Aber war er deshalb für das Verschwinden seiner Tochter verantwortlich?

Johannes Moser hingegen war straffällig, hatte schon einmal eine Frau angegriffen. Doch genauso wenig wie Huber hatte sie ihn ernsthaft verdächtigt. Sie hatte sich viel zu sehr von ihren Gefühlen, nicht von den Fakten leiten lassen. Aber die allein waren nie ein verlässlicher Indikator. Und anders als in der vergangenen Woche könnte es dieses Mal genau die falsche Entscheidung gewesen sein.

Sie musterte die weite Talebene. Damit hatten sie demjenigen, dem Juliane im Schneesturm begegnet war, einen enormen zeitlichen Vorsprung gegeben. Ein ganzer Tag war ihnen durch die Finger geronnen. Und vierundzwanzig Stunden waren endlos, falls Juliane einem Verbrechen zum Opfer gefallen war.

Dem Hinweis mit der Jacke musste sie jedoch nachgehen. Plötzlich hatte sie ein völlig neues Szenario vor Augen: Wenn Moser nicht nur Juliane auf dem Weg zu ihren Eltern begegnet war, sondern auch hinter dem nächtlichen Angriff auf den Sohn der Dorfladen-Verkäuferin steckte, dann wäre er mit dem geraubten Schneemobil der Bergwacht trotz des Wetters ohne Probleme in der Lage gewesen, sie überall hinzubringen.

Kilometerweit.

Darüber hinaus hatte Alexa gelesen, dass zu den meisten Höfen auch Almen in den umliegenden Bergen gehörten: auf der Südseite der Benediktenwand, dem Hirschhörnl- und dem Rabenkopf, dem Jochberg und im gesamten Staffel-Gebiet. Ein riesiges Areal, für das sie Monate brauchen würden, um es gründlich zu untersuchen.

Sie legte einen Schritt zu.

Als sie fast bei der Hauptstraße angelangt war, sah sie Frank Steins weißen Einser-BMW. Sie hob die Arme, winkte und trabte zu der Einfahrt. So musste er kein Wendemanöver hinlegen, und sie konnten gleich weiter geradeaus zum Moserhof.

»Ist eigentlich schon eine Fahndung nach Juliane Hocke an die umliegenden Dienststellen rausgegangen?«, fragte sie Stein, der selbst im Sitzen riesengroß war, nachdem sie eingestiegen war.

»Meines Wissens nicht«, antwortete er mit seiner angenehm tiefen Stimme.

Sie hatte es befürchtet. Bei volljährigen Personen passierte es nicht automatisch, dass sie bundesweit gemeldet wurden, so wie man es bei Kindern und Jugendlichen machte. Erwachsenen wurde das Recht eingeräumt, sich völlig aus ihrer bisherigen Existenz zurückzuziehen. Eine Ausnahme davon gab es nur, wenn ein triftiger Grund zu der Annahme bestand, dass Leib und Leben der Person gefährdet waren.

»Dann sollten wir das nachholen. Und jetzt müssen wir zum Moserhof. Ich möchte mich da unbedingt noch umsehen, bevor wir nach München fahren. Es könnte sein, dass der Junior derjenige ist, der bei dem Golf gesehen wurde.«

Stein gab alles über Funk weiter, ohne Fragen zu stellen. Was gut war, denn Alexa hatte nicht die leiseste Ahnung, wie die Verbindung zwischen den Fällen aussah.

Der Moserhof stand mit ein paar anderen Gebäuden ungefähr anderthalb Kilometer vor dem Dorf im Zentrum der Ebene. Das Holz, das den Giebel des Haupthauses überzog, war vom Regen fast schwarz, die Geländer der Balkone im ersten und zweiten Stock hingegen verwittert und grau. Doch in den Blumenkästen waren bereits rote und weiße Geranien gepflanzt, und auch zu beiden Seiten der hölzernen Haustür standen üppig bewachsene Kübel. Im Hintergrund entdeckte Alexa ein Gewächshaus.

Die angrenzenden Stallungen waren in einem sehr guten Zustand, eines der Gebäude wirkte wie neu. Völlig anders als bei den Schattenhöfen. Dabei war der Moserhof, den sie zuvor gegoogelt hatte, einer der größten Höfe im Tal, und das Hauptgebäude datierte sogar auf das 17. Jahrhundert.

An der Außenwand prangte eine reichverzierte Aufschrift

mit dem Namen des Hofes. Die Mosers betrieben nicht nur Viehwirtschaft, sondern boten auch Fremdenzimmer für Feriengäste an, wie viele Familien in der Gegend.

»Hier ist es«, sagte Stein. Und fügte lachend hinzu: »Der Hof hat die Hausnummer 13 1/3. Gleich eine doppelte Dreizehn. Ich vermute, du glaubst nicht an so was, oder?«

Abergläubisch war Alexa nicht, aber nach allem, was sie über den Junior des Hauses gehört hatte, schien es ihr passend.

Alexa hielt auf die historische braune Eingangstür zu, von der sich ihr zwei geschnitzte Löwenköpfe entgegenstreckten.

Sie wechselte einen Blick mit Stein und drückte die Klingel. Am Türrahmen waren noch die Kreidezeichen der Sternsinger zu sehen. Eine katholische Familie. Wie hier in der Gegend üblich.

Schon hörte sie von drinnen eine glockenhelle Frauenstimme rufen: »I kim scho!«

Alexa trat einen Schritt zurück.

Die schwere Tür knarrte, als die Frau sie öffnete. Sie lächelte, strich ihre seitlich gescheitelten, schulterlangen Haare hinter ein Ohr und musterte sie neugierig. Sie trug eine Jeans, einen locker sitzenden schwarzen Kaschmirpullover und eine markante Kette. Die Frau war attraktiv, aber sehr dünn, beinahe schon mager.

»Servus. Womit kann i Eana helfen?«

»Frau Moser?« Als die Frau nickte, stellte sie sich vor: »Ich bin Alexa Jahn, und das ist mein Kollege Frank Stein. Wir sind von der Kripo Weilheim und auf der Suche nach einer vermissten Person hier aus dem Tal. Dürfen wir Ihnen ein paar Fragen stellen?«

»Um wen geht es?« Ihr Lächeln erstarb.

»Dürfen wir vielleicht kurz reinkommen?«

Sie zögerte einen Moment, machte dann aber einen Schritt zur Seite und deutete ans Ende des Flurs.

Sie traten in eine geräumige Stube, deren Zentrum ein großer, mit reichverzierten hellbraunen Keramikkacheln verkleideter Kaminofen bildete. Der Ton harmonierte perfekt mit dem Holz an Decke, Wand und Boden.

Die Frau setzte sich auf die Eckbank an den langen Tisch am Ende des Raumes, der Platz für mindestens zwölf Leute bot und über den eine grün-weiß karierte und frischgestärkte Tischdecke gebreitet war. Eine Vase mit Frühlingsblumen zierte ihn. Verschieden gemusterte Kissen säumten die Lehne der Eckbank. Nicht nur ihre Kleidung, auch die Einrichtung zeugte von gutem Geschmack. Und so dezent alles gehalten war, konnte man doch sofort erkennen, dass die Familie keine Geldnot hatte.

Der ausgestopfte Kopf eines Rehbocks hing hoch über dem Kopfende, darunter ein alter Stich, der vermutlich die Jachenau zeigte.

Die Frau legte die Hände gefaltet auf den Tisch. Aber so entspannt sie sich auch geben mochte, Alexa entging nicht, dass ihr ganzer Körper unter extremer Anspannung stand.

»Wir suchen nach Juliane Hocke«, begann Alexa nun das Gespräch. »Sie ist am Freitagabend mit einem Taxi bis zum Loipenparkplatz beim Dannerer gefahren, und seitdem fehlt jede Spur von ihr.«

Frau Moser hob ihr Kinn ein Stück, sonst blieb ihre Miene ohne sichtbare Reaktion.

»Kennen Sie sie?«, fragte Alexa nach.

Die Frau schüttelte den Kopf, wieder schob sie eine

Strähne hinter das Ohr und fasste an den dezenten Perlenohrring. »Das ist die Tochter, richtig? Sie kenne ich nicht, aber die Eltern. Vielmehr den Vater.«

Alexa wartete ab.

»Wenn das alles ist …« Sie zuckte die Schultern und machte Anstalten aufzustehen.

»Ist sonst noch jemand zu Hause, den wir fragen könnten? Ihr Mann vielleicht? Oder Ihr Sohn?«, hakte Alexa nach.

Bei der Nennung des Juniors rieb Frau Moser kurz ihre Handflächen aneinander. Mit der gespielten Lässigkeit war es vorbei.

»Was will der Hocke denn schon wieder vom Johannes? Das ist doch jetzt schon Jahre her!«, brach es entnervt aus ihr heraus.

Alexa und Stein wechselten einen kurzen Blick.

»Der gibt nie Ruhe wegen der Sache mit dem Zaun«, fuhr sie auch schon fort, bevor Alexa nachhaken konnte. »Dabei ist er selbst schuld. Mein Sohn lässt sich eben nicht gerne der Wilderei bezichtigen. Da sind ihm halt kurz einmal die Sicherungen durchgebrannt … Dabei hat er den Schaden anschließend sogar großzügig beglichen.«

Frau Moser schüttelte den Kopf und richtete ihre Kette.

»Einmal?«, entgegnete Alexa, die ihre Verärgerung nur mit Mühe zurückhalten konnte. »Ich hörte, dass Ihr Sohn mindestens ein weiteres Mal seine Aggressionen nicht im Griff hatte.«

»Also darum geht es hier.« Nun lehnte sich Frau Moser über den Tisch, die Fäuste waren geballt. »Ich habe mir das doch gleich gedacht, als Sie Ihren Ausweis vorgezeigt haben. Ein Mädchen verschwindet, und schon ist unser Johannes der Übeltäter. Das war ja klar.« Sie schnaubte wütend. »Herrschaftszeiten, das werden wir unser Lebtag nicht mehr los.«

»Beruhigen Sie sich bitte, Frau Moser«, beschwichtigte Alexa sie. »Wir unterstellen ihm gar nichts. Wir möchten bloß wissen, ob Sie, Ihr Mann oder Ihr Sohn vielleicht etwas gesehen haben. Sind die beiden denn überhaupt zu Hause?«

Wieder stieß Frau Moser heftig Luft durch die Nase und schüttelte energisch den Kopf. »Für wie dumm halten Sie mich eigentlich? Ich werde einen Teufel tun und Ihnen sagen, ob sie hier sind oder nicht. Das geht Sie nämlich überhaupt nichts an. Mein Johannes hat seine Strafe verbüßt. Er ist nicht so, wie alle hier im Dorf behaupten.«

»Wollen Sie uns wirklich diese Auskunft verweigern, Frau Moser?«, wandte Alexa ein. »Das macht die Sache doch wahrlich nicht besser. Aber es ist natürlich Ihre Entscheidung.«

Frau Moser atmete tief ein. Ihr Blick war nachdenklich auf ihre Hände gerichtet. Dann schaute sie Alexa direkt an, schien zu prüfen, inwieweit sie ihr vertrauen konnte.

»Wenn ich die beiden sehe, werde ich sie nach dem Mädchen fragen. Wir melden uns dann, wenn Sie mir Ihre Karte geben. Aber jetzt bitte ich Sie, unseren Hof zu verlassen. Ich habe noch eine Menge zu tun.«

Stein gab Alexa zu verstehen, dass es besser war zu gehen. Sie folgten der Frau wieder in den Flur, wo Alexa nach der Garderobe suchte. Doch die Jacken hingen wohl in dem Bauernschrank. Egal: Einen Versuch musste sie noch machen.

»Ihr Sohn trägt nicht zufällig eine rot-schwarz karierte Jacke?«, fragte Alexa ohne Umschweife.

Die Frau antwortete nicht. Aber Alexa hatte genau gesehen,

dass ihr Blick kurz in die Ecke gehuscht war, bevor sie ihre Lippen fest zusammenpresste.

Ihre Frage hatte ins Schwarze getroffen: Nun wusste sie wenigstens, wer der bullige Mann war, der am Morgen durchs Tal gerannt war. Fragte sich nur, was er dort zu suchen hatte und wo er sich jetzt aufhielt.

»Sagen Sie Ihrem Sohn doch bitte, er möchte sich mit uns in Verbindung setzen. Umso schneller können wir ihn von unserer Zeugenliste streichen«, fügte Alexa hinzu.

Während sie zum Auto zurückkehrten, blieb Frau Moser mit verschränkten Armen neben dem Haus stehen. Sie machte keine Anstalten, nach drinnen zu gehen, und behielt sie unablässig im Auge, so als wolle sie sich vergewissern, dass Alexa wirklich das Grundstück verließ.

»Stein, wir müssen wissen, welches Fahrzeug auf Johannes Moser zugelassen ist. Und auf den Vater. Die Kollegen von hier sollen die Augen offen halten, ob sie jemanden sehen, der entweder eine solche Jacke trägt oder ein Auto fährt, das den Mosers gehört.«

»Sollen sie den Kerl dann zum Präsidium bestellen?«

Alexa schüttelte den Kopf. »Auf keinen Fall. Ich will vorerst keine schlafenden Hunde wecken. Sie sollen ihm nur unbemerkt folgen. Eine Zivilstreife können wir hier nicht postieren, das wäre zu auffällig, und ich fürchte, dass alle verfügbaren Kräfte bei der Suche nach Juliane, Anabel und Stephan sind.«

»Aber ich könnte das doch machen. Wenn du allein nach München fährst.«

Alexa überlegte einen Moment. Frau Moser kannte seinen Wagen zwar, aber das Risiko mussten sie eingehen. »Gute

Idee. Dann setz mich beim Bahnhof ab und bitte Lotti, mir alles über den Kerl auf das Handy zu schicken, was sie finden kann.«

Sie mussten unbedingt herausfinden, womit sich Moser junior die Zeit vertrieb. Und vor allem, wo.

35.

Dank der schnellen Reaktion der Universitätsverwaltung hatte Elly Schmiedinger bereits die Adresse von Lorena Reinhardt aus den Listen herausgesucht, die das Verschwinden von Karolin mit *Geschieht ihr gerade recht, der Schlampe* kommentiert hatte. Szabo hatte darauf bestanden, dass Krammer mit ihr fuhr, und er hatte keine Ausrede gefunden, ihr diesen Wunsch abzuschlagen. Die junge Studentin wohnte in der Siebererstraße unweit der Messe. Szabo parkte direkt vor dem Haus.

Es war ein mehrstöckiger Bau, vermutlich aus den Achtzigern. Nicht schön, aber praktisch, jede Wohnung mit einem Balkon ausgestattet. Als die Gegensprechanlage betätigt wurde, drang ihnen laute Musik entgegen, doch statt danach zu fragen, wer vor der Tür stand, drückte Lorena Reinhardt schon den Türöffner.

Szabo wechselte einen vielsagenden Blick mit ihm, dann gingen sie die Treppe hinauf und ließen sich dabei von den Bässen leiten, die nun auch in dem großen Flur hörbar waren.

Eine Tür im zweiten Stock stand weit offen.

»Na, uns hat sie sicher nicht erwartet«, meinte Szabo.

Deshalb blieb sie zunächst an der Tür stehen und drückte dort erneut auf den Klingelknopf.

»Spielverderber!«, rief eine hohe Stimme mit theatralischem Tonfall.

Wie recht Szabo mit ihrer Bemerkung hatte, wurde schnell klar. Trotz der frostigen Temperaturen stand Lorena Reinhardt auf nackten Füßen vor ihnen. Sie war mit einer knappen Jeansshorts und einem weißen Shirt bekleidet, durch das man deutlich ihren BH schimmern sah. Darüber trug sie eine grobe Strickjacke in Übergröße, die sie in dem Moment vor der Brust zuzog, in dem sie ihren Irrtum erkannte.

»Oh«, meinte sie nur und machte eine Bewegung, durch die ihr langer blonder Pferdeschwanz, den sie hoch auf dem Kopf gebunden hatte, ihr halbes Gesicht bedeckte.

Die junge Frau war sich ihrer Wirkung sehr bewusst, und Krammer entging nicht, wie sie Szabo mit einem raschen Blick scannte, um dann ihre volle Aufmerksamkeit auf ihn zu richten.

»Was kann ich für Sie tun? Suchen Sie jemanden?«

Die Frage war sicher nicht auf die beiden vermissten Studentinnen bezogen, dennoch fand Krammer interessant, dass es für Lorena sofort klar war, dass sie sich in der Tür geirrt haben mussten.

Szabo stellte sich kurz vor. Lorena Reinhardts Augen verengten sich zu schmalen Schlitzen, doch dann entschied sie sich für ein süßliches Lächeln.

»Dürfen wir reinkommen? Wir haben ein paar Fragen zu einer Ihrer Kommilitoninnen.«

»Wenn es sein muss. Aber nur kurz, ja?«, meinte sie mit einem Blick auf ihre Smartwatch. »Ich erwarte jemanden.«

Verunsichert wirkte Lorena Reinhardt durch ihr Erscheinen kein bisschen. Das schien auch Szabo aufgefallen zu sein, die die Augen verdrehte, während sie der schlanken jungen Frau durch den Flur folgten.

Krammer, der eine Studentenbude erwartet hatte, staunte nicht schlecht, als er in das superschicke Wohnzimmer trat. So unscheinbar und abgewohnt das Haus von außen auch sein mochte, die Einrichtung der Wohnung war brandneu. Eine türkisfarbene Eckcouch, über der in perfekter Harmonie verschieden große Schwarz-Weiß-Fotografien mit Motiven aus den Bergen hingen, seitlich davon ein Marmortisch mit etwas helleren, ebenfalls türkisblauen Lederstühlen, eine Hightech-Küche, in der mehr Geräte als Schränke zu sein schienen. Der Boden aus heller Eiche, die Fensterfront ließ den Blick auf die Alpen zu.

Damit nicht genug. Überall standen Lampen, Ringleuchten, Stative, eine Kamera.

»Was kann ich für Sie tun?«, fragte Lorena Reinhardt, drapierte sich auf einen der Lederstühle, schlug ihre langen Beine grazil übereinander und setzte sie bestmöglich in Szene.

Krammer musste den Reflex unterdrücken, die Schultern seines Jacketts auf Schuppen zu überprüfen. Nichts Unwesentliches stand in dem Zimmer oder in der Küche herum, selbst die Erde der großen Grünpflanze wirkte frisch geharkt.

Die Ausstattung erschien wie aus einem Hochglanzmagazin für Innenarchitektur und Design. Und war alles andere als günstig. Woher hatte man in dem Alter bloß so viel Geld? Er hatte wirklich viel gearbeitet, aber diesen Luxus konnte er sich selbst jetzt, wo er schon fast am Ende seiner Dienstzeit stand, nicht leisten. Allerdings hätte er so auch nicht leben wollen, denn die Wohnung wirkte klinisch, ohne Persönlichkeit, ohne jeden Charme.

»Sie kennen Karolin Nowak?«, kam Szabo, die einfach

mitten im Raum stehen geblieben war, ohne Umschweife zur Sache.

Lorena Reinhardt reckte das Kinn vor und spitzte den Mund. »Kennen ist wohl zu viel gesagt.«

»Na ja …«, begann Szabo und zog die Vokale übertrieben in die Länge. »Jedenfalls gut genug, um über ihr Privatleben zu urteilen.«

Die Studentin zog eine Augenbraue hoch und ließ ihren Blick gelassen auf Szabo ruhen. Dann wechselte sie das überkreuzte Bein und wackelte mit dem Fuß.

»Kommen Sie, Frau Reinhardt. Sie hatten darum gebeten, dass wir uns kurzfassen«, redete ihr Szabo gut zu und versuchte so, Vertrauen zu erzeugen. »Erzählen Sie uns doch einfach ein wenig mehr über Ihr Verhältnis zu Frau Nowak.«

»Verhältnis? Das ist ja lächerlich!« Sie brach in ein künstliches Lachen aus. »Sie glauben doch wohl nicht ernsthaft, dass ich mich auf so eine einlasse.«

Szabo warf Krammer einen langen Blick zu, dann tat sie so, als würde sie sich etwas notieren.

Wieder wechselte Lorena Reinhardt das übergeschlagene Bein. So lässig, wie sie tat, war sie wohl doch nicht. Sie reckte sich nach vorn, konnte aber unmöglich sehen, was Szabo schrieb.

»Was ist sie denn für eine?«, übernahm Krammer jetzt.

»Nicht meine Liga«, meinte Lorena, hob die Hände und deutete um sich. »Ich denke, das spricht für sich, oder?«

Dann legte sie ihre manikürten Hände in den Schoß, machte eine kurze Bewegung, wodurch die Jacke von der Schulter rutschte, und lächelte Krammer an, während sie sie betont langsam wieder hochzog. »Ist sonst noch etwas?«, fragte sie süßlich und schaute erneut auf die Uhr an ihrem Handgelenk.

»Erklären Sie mir doch bitte mal, warum Sie das hier geschrieben haben.« Szabo entfaltete ganz in Ruhe das Blatt, auf dem sie den Chat ausgedruckt hatte.

Bevor Lorena Reinhardt antwortete, huschte ihr Blick zu Krammer.

»Ich mag sie nicht, deshalb. Na und? Nehmen Sie mich jetzt fest?« Sie streckte Szabo kokett ihre Arme entgegen.

»Und wie stehen Sie zu Lela Neshan?«, bohrte Krammer weiter. »Lassen Sie mich raten: Mit Ausländern geben Sie sich auch nicht ab, oder?«

»Was wollen Sie mir eigentlich unterstellen?«, fragte Lorena aufgebracht und eine ganze Oktave tiefer als bisher. Ihre Augen gingen permanent zwischen Szabo und Krammer hin und her, und ihr Fuß wackelte noch schneller.

Sie merkte, dass sie in eine Sackgasse geraten war.

»Hören Sie«, begann sie, als beide weiter schwiegen. »Ich weiß ja nicht, ob Sie studiert haben. Aber da ist es völlig normal, dass man manche Leute mag und manche nicht. Die beiden …« Sie stockte kurz. »Die beiden sind in meinen Kursen. Sie sind fleißig und alles, aber eben nicht das, was ich mir als Gesellschaft vorstelle. Und gestern … na ja, als es hieß, sie würden gesucht, da war ich nicht gerade traurig.« Sie hob die Hände, so als wollte sie dem nächsten Angriff vorbeugen. »Und was Lela anbelangt: Ich halte mich von bestimmten Leuten einfach lieber fern. Das ist alles. Aber ich bin keine Rassistin oder so.«

Nein, dachte Krammer. Das wäre noch zu freundlich. Sie war ein überhebliches, oberflächliches Biest.

Dann stand Lorena Reinhardt auf und schaute wieder auf die Smartwatch. Offenbar war dort gerade eine Nachricht eingegangen.

»Wie ich schon sagte. Ich habe nur kurz Zeit. Ich weiß nicht, wo die beiden sind. Hier jedenfalls nicht, falls es das ist, was Sie wissen wollten. Oder durchsuchen Sie jetzt meine Wohnung?«

Szabo starrte die Studentin an, ihre Lippen zuckten. Aber dann faltete sie das Blatt zusammen und steckte es wieder ein.

»Heute noch nicht«, sagte Szabo nur. »Wir werden uns erst noch bei Ihren Kommilitonen umhören.«

Doch die Provokation perlte an der glatten Fassade der jungen Frau ab. »Tun Sie das!«, flötete Lorena Reinhardt und setzte wieder ein Lächeln auf, als wäre sie bei einem Fotoshooting.

»Eine Frage habe ich noch«, meldete sich Krammer zu Wort. »Haben Sie zufällig bei der Uni mal einen schwarzen BMW gesehen? Eine Limousine?«

Lorena Reinhardt zuckte die Schultern und betrachtete ihre Fingernägel. »Nicht, dass ich wüsste. Sagen Sie mir nicht, die Nowak ist mit einem Sugardaddy durchgebrannt. Wie clever. Das hätte ich der gar nicht zugetraut.«

Krammer verkniff sich einen Kommentar. »Danke, das wäre dann alles, Frau Reinhardt. Aber bitte melden Sie sich bei uns, wenn Ihnen irgendetwas zu Ohren kommt, was Karolin Nowak oder Lela Neshan anbelangt, ja?«

Er hätte das genauso gut zu einem der Einbauschränke sagen können. Niemals würde sie sich bei ihnen melden – außer, sie hätte irgendeinen Vorteil davon.

Mit wippendem Schritt ging Lorena Reinhardt durch den Flur voraus, öffnete ihnen die Tür und lehnte sich dann lasziv an die Wand.

Erst jetzt bemerkte Krammer mehrere Riegel am Rahmen. Lorena Reinhardt legte wohl doch Wert auf Sicherheit, ganz anders, als es bei ihrem Erscheinen den Eindruck gemacht hatte. Auch das Türschloss war von hoher Qualität. Er deutete darauf.

»Na ja, in meinem Business muss man an so was denken. Es gibt immer wieder Verrückte, die einfach nicht verstehen, wo eine Grenze ist. Zwischen Fiktion und Realität. Die kann ich mir damit vom Leib halten.«

»Darf ich fragen, was genau Sie machen?«, hakte Krammer nach. »Ich dachte, Sie sind Studentin.«

Wieder vollführte sie eine Bewegung mit dem Kopf, bei der ihr der Zopf vor das Gesicht fiel. »Ach das, das ist nur für meine Eltern. Die stehen auf Abschlüsse und so was.« Sie schaute zur Decke und dann zu Krammer. »Und es kommt auch gut bei meiner Community an. Natur, Umweltschutz, Tiere und so. Sie wissen schon. Das ist den Leuten wichtig. Ich bin Influencerin. Hauptsächlich auf Instagram. Beauty und Style. Aber ich tanze auch.«

Sie bog keck die Hüfte durch.

»Aha.« Krammer verabschiedete sich, Roza war schon vorausgeeilt. Eine tanzende Umweltschützerin, deren nachhaltig möbliertes Ankleidezimmer sicher nur Klamotten aus recyceltem Material enthielt. Na, danke schön.

Als er Szabo unten wieder einholte, meinte sie bloß: »Maria und Josef! Da bin ich doch wieder mal froh, dass der liebe Herrgott mich nicht mit Kindern gesegnet hat.«

36.

»Soll ich dir den Wagen heute Abend dalassen?«, fragte Stein auf dem Weg zum Lenggrieser Bahnhof. »Huber kann mich mitnehmen. Er fährt quasi an meiner Wohnung vorbei.«

Alexa schüttelte den Kopf. »Lieb, dass du das anbietest, aber ich komme schon klar. Schließlich wissen wir nicht, wann sich der Junior wohin bewegt. Da ist es wichtiger, dass du mobil bist. Ich nehme die Bahn und sichte während der Fahrt alles, was wir über diesen Moser haben. Und zur Pension kann ich laufen. Zur Not würde mir Frau Messerer sicher auch ihr Auto leihen. Die Frau ist ein echter Schatz.«

Sie passierten den Wagen von Stephan Bach. Man hatte mittlerweile einen Sichtschutz errichtet, dennoch stand eine Reihe von Schaulustigen davor.

»Die sollten nicht glotzen, sondern uns besser bei der Suche nach den Vermissten helfen«, murmelte Alexa.

»Denkst du, die Fälle hängen zusammen?«

Das fragte sie sich auch schon die ganze Zeit. Aber dass ein Serientäter in dieser Gegend sein Unwesen trieb, schien ihr doch etwas zu weit gegriffen.

»Keine Ahnung. Bisher scheint es keine Verbindung zwischen den dreien zu geben. Sie sind zwar in einem ähnlichen Alter, machen aber beruflich völlig unterschiedliche Dinge und wohnen an verschiedenen Orten. Die einzige

Parallele ist, dass sich ihre letzte Spur hier verliert. In der Jachenau.«

Während sie weiterfuhren, konnte Alexa immer wieder das hellgrüne Wasser des Flusses zwischen den Tannen erkennen. Ungefähr auf dieser Höhe mündete die Jachen in die Isar.

»Da ist Huber«, meinte Stein plötzlich und riss sie aus ihren Gedanken.

Und tatsächlich: Auf einem Parkplatz sammelten sich gerade die Leute, die sich an der Suche nach Juliane, Anabel und Stephan beteiligen wollten.

»Halt mal kurz an!«, bat Alexa.

Stein setzte den Blinker und fuhr an die Seite eines großen zweistöckigen Gebäudes, das die besten Zeiten schon hinter sich hatte. Über dem Eingang hingen nur noch die Überreste eines Schildes, und im oberen Stock waren einzelne Scheiben eingeworfen.

»Was ist das hier?«, fragte sie und musterte das Gebäude.

»Eine alte Diskothek. Früher hieß sie ›Der Stall‹, aber es kann sein, dass sie den Namen geändert hat.«

Es war ihr schon häufiger aufgefallen, dass Clubs und Bars bei Tageslicht oft nicht sonderlich einladend wirkten. Diese war allerdings besonders schäbig. Aber das ließ meist nicht auf das Innere schließen. Im Halbdunkel bei Laserbeleuchtung konnte alles ganz anders aussehen. Es gab massenhaft Parkplätze hier. Und der Lärm störte in dieser abgeschiedenen Lage niemanden.

Als sie die Autotür öffnete, hörte sie tatsächlich hämmernde Bässe aus dem Gebäude dringen. Eine seltsame Uhrzeit für eine Party. Aber vielleicht feierte jemand seit gestern durch. Nach der Pandemie würde es Alexa nicht wundern. Viel zu lange waren Vergnügungen dieser Art unmöglich gewesen, und viele Leute schienen regelrecht ausgehungert nach Ausgelassenheit und Spaß.

Sie beeilte sich, zu Huber zu kommen, und bat ihn, ein Stück von der Gruppe wegzutreten. Sie war froh, ihm selber sagen zu können, dass es sich bei dem Mann in der schwarzroten Jacke um Johannes Moser handelte – und ihm zu beweisen, dass die Dispute über ihre Teamfähigkeit der Vergangenheit angehörten.

»Aber Beweise haben wir keine«, gab er zu bedenken. »Dass Moser etwas mit Bach und seinem Wagen zu tun hat, ist im Moment ja nur eine Vermutung. Und wenn er derjenige war, der Hocke durch den Zaun gefahren ist …«

Sie nickte. Der alte Streit konnte tatsächlich der Grund für Hockes Bemerkung sein. »Deshalb habe ich auch keinen Druck gemacht – was mir ausgesprochen schwergefallen ist. Dennoch versuche ich, später alles über ihn zu sichten. Und vielleicht finde ich ja in Julianes Wohnung etwas, das uns weiterbringt. Fotos, einen Kalender, irgendwas. Den Schlüssel habe ich jedenfalls.«

»Gut. Dann bleibt das erst einmal unter uns. Der Kumpel von Stephan konnte uns auch nicht weiterhelfen.« Er deutete zu einer Gruppe, bei der ein junger Mann Oskar an der Leine hielt. »Aber er unterstützt uns bei der Suche.«

Sie überlegte gerade noch, ob sie Huber von der Szene mit Hocke erzählen sollte. Doch bevor sie etwas sagen konnte, hatte er sich schon zu den anderen umgedreht.

»Hört mal alle her!«, rief er.

Alexa, die ihm dieses Mal das Feld überlassen und sich ganz bewusst nicht in die Gruppeneinteilung einmischen wollte, trat einen Schritt zurück und gesellte sich zu Tobi Gerg, dem Chef der Bergwacht Lenggries, der ebenfalls einen Teil des Suchtrupps anführte.

Er gab ihr zur Begrüßung die Hand. »Gut eingelebt in Weilheim?«

Alexa nickte. »Schon. Aber ich bin gerade auf der Suche nach einer Wohnung und habe mich für Lenggries entschieden. In einer Pension zu wohnen, ist auf Dauer nichts für mich. Wenn du mal was hörst …«

Zweifelnd wiegte er den Kopf. »Hier? Das wird schwer. Ich kenne welche, die suchen schon jahrelang eine bezahlbare Bleibe. Und seit man jetzt auch Homeoffice machen kann, ist die Situation nicht besser geworden. Weißt du, die Leute, die herkommen, die bleiben meist für immer. Ist halt einfach schön hier.«

Wieder drangen dröhnend laute Bässe aus dem Gebäude. Alexa wandte neugierig den Kopf in die Richtung.

»Ach, das ist nur der Vollmer Manuel«, sagte Tobi Gerg, der ihren Blick bemerkte. »Der übt hier, solange der Komplex noch steht. Versucht sich als DJ.« Er zuckte die Schultern. »Der Besitzer von dem Club hat während der Coronazeit Pleite gemacht. Jetzt wird das Gelände für einen Handwerkerhof freigegeben. Nächste Woche kommt das Abrisskommando.«

»Ich bin nicht traurig drum«, murmelte einer der Polizisten. »Hat immer wieder Unfälle gegeben, wenn die Jugend von hier weg ist. Alkohol, Drogen. Hatte nicht den besten Ruf, der Stall. Gut, wenn der weg ist.«

»Aber irgendwo müssen die jungen Leute ja hin«, sagte Gerg. »Jetzt fahren sie noch weiter raus, um sich zu amüsieren. Bis Tölz oder München, und sicherer wird es dadurch für sie auch nicht.«

Der Polizist zuckte die Schultern, schnaubte kurz und ging ein paar Schritte weiter zu seinen Kollegen.

Alexa mochte Gerg. Er war bodenständig und engagiert, hatte aber offenbar auch Verständnis für die Belange der Jugend. Sie beobachtete, wie er eine Nummer wählte. Alexa hörte dröhnend laute Musik aus seinem Smartphone schallen, deren Beats genau zu denen im Gebäude passten.

»Kommst raus, wir fangen an.«

Dann verstaute er sein Handy in der Innenseite seiner Jacke und meinte: »Schon schwer im Moment, für die jungen Leute. Der Manuel sucht seit einem Jahr nach einer Stelle. Keine Chance. Sein Ausbildungsbetrieb, eine Firma für Graphikdesign, hat Konkurs angemeldet. Jetzt schlägt er sich mit Gelegenheitsjobs herum. Das geht vielen so, die hier wohnen. Es ist keine leichte Zeit, was?«

Alexa nickte. Sie selbst war froh, dass sie in einem neuerdings als systemrelevant geltenden Beruf beschäftigt war. Es musste frustrierend sein, wenn man den lieben langen Tag nichts zu tun hatte, und in der Gegend waren Stellen sicher rar.

»Ist das der Manuel, der auch bei den Hockes aushilft?«, fragte Alexa, als die Musik verstummte.

Gerg zuckte die Achseln. »Keine Ahnung, wo der momentan überall beschäftigt ist. Seine Eltern leben schon ewig hier und haben sicher alle Bekannten gebeten, ihm Arbeit zu geben. Bei uns hilft er auch aus, kümmert sich um unsere Facebook-Seite. Das macht er echt prima, der Manuel.«

Es kam Bewegung in die Gruppe, deshalb verabschiedete

sich Alexa von Gerg und suchte Stein, der schon wartend im Auto saß.

Sie hob den Daumen in Hubers Richtung, deutete auf die Uhr und machte ein Zeichen für eine sechs. Dann stieg sie wieder in den BMW.

Jetzt musste sie sich beeilen, damit sie die Bahn nach München nicht verpasste.

37.

Einige Stunden zuvor

Sie hatte schon einmal mit diesem Mann gesprochen. Er hatte ihr leidgetan, wie er da an der Ecke stand, mit hängenden Schultern. Er wirkte total verloren, als er sich in der Nähe des Eingangs vom Studentenwohnheim herumdrückte. Wie ein Vogel, der aus dem Nest gefallen war und Schutz suchte.

Er hatte sie ausgefragt, wie es in dem Wohnheim zuging, wie viele Studenten dort wohnten, wie die Ausstattung der Lernräume sei. Er sei noch nie von zu Hause weg gewesen, hatte er ihr erzählt. Seine Kumpels könne er das alles nicht fragen, die würden ihn sonst für ein Weichei halten. Wie sie es mit dem Kochen machten, ob man viel gemeinsam unternahm oder ob jeder für sich blieb. Auch wo man sich bewerben musste, wollte er wissen. Ob nachts zugeschlossen wurde.

Da war sie stutzig geworden, aber er hatte gemeint, bei seinen Eltern sei kürzlich eingebrochen worden und er sei seither ein wenig paranoid. Das konnte sie verstehen.

Erst als er ihr sagte, dass er Kontakt suche, und sie zu einem Kaffee einladen wollte, hatte sie abgelehnt, ihm Glück gewünscht und war rasch hineingegangen.

Zwei Wochen war das jetzt her. Aber sie wusste, dass sie es

war, die ihm die entscheidenden Informationen gegeben hatte.

Sie war schuld daran, dass Karolin …

Er hatte von Beginn an nicht wie ein Student gewirkt. Es gab zwar kein konkretes Bild, wie ein potenzieller Besucher einer Universität auszusehen hatte, aber schon damals hatte sie sich über seine seltsame Ausdrucksweise gewundert.

Ihr warf man immer vor, sie würde nicht gut genug Deutsch sprechen. Danach hatte sie sich für ihre Vorurteile gescholten. Vermutlich war er einfach nervös gewesen, ein schüchterner Typ, hatte sie überlegt.

Karolin hatte sie nichts davon erzählt. Vielleicht wäre dann alles anders gekommen. Vor allem, weil Karo nie mehr ihr Zimmer abschloss. Sie wollte, dass Lela sie besuchen konnte, wann immer sie den Wunsch verspürte. Und genau das hatte er für seine Zwecke ausgenutzt.

»Sie können alles mit mir machen«, brach es aus Lela hervor. »Was immer Sie wollen, ich werde es tun. Aber bitte, lassen Sie sie in Ruhe.«

Jetzt drehte der Mann sich zu ihr um. Der wütende Ausdruck war aus seinen Zügen gewichen. Doch er sah völlig anders aus als bei ihrer ersten Begegnung. Nichts war von der Schüchternheit zu spüren. Seine dunklen Haare, die ihm damals wirr vom Kopf abstanden, waren streng aus der Stirn gekämmt. Er wirkte auch muskulöser. Asketisch. Seine linke Augenbraue war hochgezogen, er schien zu lächeln.

Lela wusste nicht, was es mit diesem Stimmungswechsel auf sich hatte, deshalb schlug sie rasch den Blick nieder.

»Du möchtest, dass ich ihr nichts tue?« Er deutete in die Ecke und fragte es mit amüsierter Stimme, die leicht kiekste.

Lela nickte schnell. Dann besann sie sich. »Ich bitte darum.«

»Du bittest.« Er lachte jetzt laut. »Habt ihr das gehört? Habt ihr?« Seine Stimme kippte, und er starrte nach oben an die Decke, breitete die Arme aus.

Lela verstand nicht, was das sollte. Mit wem sprach er? Sie drehte den Kopf, so gut es ging, aber sie konnte nichts erkennen, wurde immer wieder von einem der Laser geblendet, die dort oben in der Ecke angebracht waren. Rasch schloss sie das noch intakte Auge, hoffte, dass die Lichtblitze, die sie hinter ihren geschlossenen Lidern weiterhin sah, bald nachließen.

Sie musste auf der Hut bleiben.

Die Musik schwoll an, die Beats wurden ohrenbetäubend laut. Doch dann war plötzlich alles ruhig. Völlige Stille. Er war hinter das Mischpult getreten, machte sich an etwas zu schaffen.

In ihren Ohren dröhnte es laut, und erst jetzt spürte sie, wie sehr die dauerhafte Beschallung sie angestrengt hatte. Endlich standen auch die Laser still, die wohl an den Beat der Musik gekoppelt waren.

Dann sprang er hinter dem Pult hervor und stellte sich breitbeinig direkt vor ihr auf. Sie neigte den Kopf aus Angst, er würde wieder mit seinen dicken Springerstiefeln zutreten. Sie zitterte am ganzen Körper.

»Ich weiß nicht, ob ich das vorhin richtig verstanden habe«, sagte er, lachte und ging dann mit großen Schritten von ihr weg – direkt auf Karolin zu.

Lela starrte gebannt auf Karolins Körper, aber sie zeigte auch jetzt keine Regung. Der Mann bückte sich, packte Karolins Arm und schleifte sie achtlos aus der Ecke heraus, so als wäre sie ein lebloser Gegenstand.

Lela hielt den Atem an, als sie bemerkte, dass Karolins Lider leicht flatterten. Sie lebte! Ihr Mund stand offen, etwas Spucke rann daraus hervor.

Ungefähr zwei Meter von ihr entfernt hielt er inne, ließ ihren Arm los, der mit einem lauten Geräusch zu Boden fiel.

Tränen rannen Lela übers Gesicht. Sie konnte den Blick nicht von Karolin abwenden, auf deren Wange sich blutige Striemen und ein dickes Hämatom abzeichneten.

»Es tut mir leid!«, murmelte sie und hoffte, ihre Freundin würde sie hören.

»Was sagst du da?«, schrie er Lela an. »Wir können dich nicht verstehen, wenn du so leise sprichst.«

Jetzt kniete er sich hinter Karolin und starrte Lela an. Er hatte eine GoPro-Actioncam vor die Brust geschnallt. Das grüne Licht zeigte, dass sie eingeschaltet war. In einem Ohr trug er einen Earpod.

Lela schlug den Blick nieder und schüttelte den Kopf. Der Kerl war verrückt geworden. Wo waren sie nur hineingeraten? Und wieso konnte sie nicht einfach still sein? Sie hatte schon genug angerichtet.

»Ich dachte, ich hätte was gehört. Aber das war dann wohl doch die hier.« Er stupste Karolin mit dem Fuß in den Rücken und schüttelte den Kopf. »Hallo? Willst du was sagen?« Er stieß sie noch einmal mit dem Fuß an. »Mit der können wir wohl nicht viel machen, scheint mir.«

Er schob die Unterlippe vor. »Oh, vielleicht war die letzte Dosis doch etwas zu viel für sie. Aber wenigstens weiß die hier, wann sie ihre Schnauze zu halten hat. Das musst du erst lernen.« Er lachte teuflisch. »Und ich weiß auch schon, wie. Du magst die Kleine hier, oder?«

Lela hielt den Kopf noch tiefer, traute sich nicht zu reagieren.

»Ich mochte sie auch. Aber sie mich nicht. Wollte mich ganz schnell wieder loswerden. Tja, ihr Fehler. Ein verdammt großer sogar.«

Dann ging er ein paar Schritte zurück, nahm Anlauf und trat Karolin brutal in den Rücken. Ihr Körper bog sich unter der Wucht durch. Lela hörte, wie ihre Freundin stöhnte.

»Bitte«, flehte Lela. »Bitte tun Sie das nicht.«

»Was sagst du? Ich kann dich nicht verstehen!«, schrie er.

»Ich bitte Sie, hören Sie auf«, sagte Lela lauter.

Aber er lachte nur. »Wieso sollte ich? Wir fangen doch gerade erst an!«

Er trat erneut zu. Noch einmal. Und noch einmal.

Sie konnte nicht länger hinschauen.

»Ja!«, schrie er ekstatisch. »Habt ihr das gesehen? Habt ihr das alle mitbekommen? Ich habe euch gesagt, dass ich es kann!«

Immer wieder hörte sie das dumpfe Geräusch seiner Tritte, und sein Jubelgeheul echote durch den Saal.

Er würde nicht aufhören. Egal was sie tat. Ihr Magen hob sich, so sehr entsetzte sie, was sie gesehen hatte. Der blanke Hass in seinen Augen.

Schon bereute sie die Erleichterung darüber, dass Karolin noch lebte. Sicher war das hier die Bestrafung für das, was sie beide miteinander getan hatten. Und vielleicht wäre es besser gewesen, er hätte sie auf der Stelle umgebracht. Denn jetzt wusste sie mit Gewissheit, dass sie den Teufel in ihr Leben geholt hatte.

Wir werden dich feiern.
Alle deine Taten.
Du tust das nicht nur für dich.
Du bist es, der unsere Mission mit Leben erfüllt.

38.

Gespannt ging Alexa die Treppe hinauf zur Wohnung von Juliane Hocke. Sie inspizierte die Tür, aber die schien völlig intakt. Bevor sie aufschloss, entnahm sie ihrer Tasche frische Handschuhe.

Als sie eintrat, fand sie einen Zettel, der unter der Tür durchgeschoben worden war.

Juliane!
Versuche dich seit Samstag zu erreichen. Bitte melde dich, sobald du zurück bist. Habe eine Überraschung …
Tausend Küsse,
David

Das musste der junge Mann sein, von dem der ältere Herr im Erdgeschoss berichtet hatte.

Die Wohnung war nicht groß: Im Flur befand sich eine schmale Kochnische, geradeaus waren Bad und WC, seitlich kam man in einen Raum, der ein kombiniertes Schlaf-, Wohn- und Arbeitszimmer war.

Die lindgrüne Bettwäsche war zerwühlt, ein T-Shirt mit Snoopy darauf hing über der Stuhllehne. Die Tür zum Kleiderschrank stand ein Stück offen, auf dem Tisch sah Alexa zwei Gläser Sekt, eines davon noch halb voll.

Juliane hatte also doch schon ein wenig reingefeiert. Und

dem Zettel nach zu urteilen, hatten sich die beiden auch später am Bahnhof nicht im Streit getrennt.

Interessiert ging sie zum Schreibtisch, auf dem Julianes Laptop stand. Ein Collegeblock, auf dem sie sich Notizen gemacht hatte, lag dort, medizinische Lehrbücher lehnten an der Wand und reihten sich in einem Regal.

Das einzig Auffällige war, dass es in dem Raum keinerlei Fotos gab. Kein Bild der Eltern, keines von Freunden, nicht einmal von Juliane selbst. Nichts, was auch nur entfernt nach Erinnerungen aussah. Eher schien es, als hätte die junge Frau einen kompletten Neuanfang gemacht. Alexa kam etwas in den Sinn, das Line neulich abends gesagt hatte: Dass sie wieder frei atmen konnte, nachdem sie ihr Zuhause verlassen hatte. Vielleicht war es Juliane ebenso gegangen. Gewundert hätte es Alexa keineswegs.

Ansonsten deutete alles auf einen eiligen Aufbruch hin. Aber es wirkte nicht so, als hätte Juliane vorgehabt, sich für immer zu verabschieden.

Alexa setzte sich auf den Schreibtischstuhl und versuchte ihr Glück. Tatsächlich war der Computer nicht passwortgeschützt. Ein Manga-Hintergrundbild erschien, davor verschiedene Ordner mit Fachtermini, säuberlich an der Seite aufgereiht. Rasch hatte Alexa sich zum Mailpostfach durchgeklickt und war dankbar für die systematische Ordnung, die Juliane dort hielt. Auch hier waren die Mails nach Themen geordnet. Private gab es allerdings kaum, das meiste waren Abrechnungen. Das war das Ärgerliche an WhatsApp: Nachrichten wurden fast ausschließlich dort ausgetauscht.

Dennoch überprüfte Alexa alles, vom Browserverlauf bis zu den Fotos. Als sie gerade den Twitteraccount aufrufen wollte, der als einzige Social-Media-App zu sehen war, klingelte es an der Tür.

Überrascht drehte sie sich um. Es war kurz nach 14 Uhr. Na, wenn das kein günstiger Zufall war. Vielleicht konnte ihr dieser Besucher etwas Interessantes über Juliane erzählen.

Sie ging zum Türöffner und drückte auf das Schlüsselsymbol, ohne die Gegensprechanlage zu betätigen. Dann beobachtete sie gespannt, wer die Treppe heraufkam.

Ein junger Mann. Groß, schlank, dunkelhaarig. Bomberjacke, Sweater, Jeans. Mit einem bunten Strauß Tulpen in der Hand.

»Sie müssen David sein«, begrüßte ihn Alexa mit einem freundlichen Lächeln.

Verwirrt schaute er sie an und errötete. »Ich wollte eigentlich zu Juliane«, sagte er. Sein Blick huschte zum Klingelschild, so als müsse er sich vergewissern, an der richtigen Tür zu stehen.

»Kommen Sie doch herein«, bat ihn Alexa. »Ich habe Ihren Brief gefunden. Wir sind auch auf der Suche nach ihr.« Sie stellte sich kurz vor.

»David Gross«, entgegnete er, nun noch verunsicherter als zuvor. Trotz seiner gesunden Hautfarbe schien er etwas blasser zu werden.

»Darf ich?« Sie nahm ihm die Blumen ab und ging in die Kochnische, um eine Vase zu suchen und sie mit Wasser zu versorgen. Das verschaffte dem jungen Mann etwas Zeit, sich an die seltsame Situation zu gewöhnen.

Dann stellte sie die Blumen auf den runden Tisch. Er schaute zu dem zerwühlten Bett und machte Anstalten, es aufzuschütteln. Juliane konnte sich glücklich schätzen. Ein netter Kerl, dem seine Eltern offenbar gute Manieren beigebracht hatten.

Aber Alexa hielt ihn zurück. »Bitte verändern Sie nichts, ich muss mich hier noch umschauen.«

»Wieso sind Sie hier«, sagte er fast tonlos und starrte auf ihre behandschuhten Finger. Dann räusperte er sich. »Ist Juliane etwas passiert?«

Alexa überlegte einen Moment, was sie ihm darauf antworten sollte. Sie wollte ihn nicht zu sehr beunruhigen, denn bisher gab es keinen Anhaltspunkt dafür, dass Juliane einem Verbrechen zum Opfer gefallen war. Aber in Sicherheit wiegen konnte sie ihn auch nicht, deshalb entschied sie sich für die Wahrheit: »Wir wissen es nicht, Herr Gross. Bisher ist nur gesichert, dass Juliane am Freitag mit der Bahn nach Lenggries gefahren ist und dann ein Taxi in die Jachenau genommen hat. Dort hat ein Taxifahrer sie an einem Café aussteigen lassen. Das war ungefähr um 18 Uhr. Danach fehlt leider jede Spur von ihr. Ich wollte mich gerade hier umschauen, ob ich einen Hinweis darauf finde, was passiert sein könnte.«

Nachdenklich rieb er sein Kinn. »Aber was wollte sie denn in dem Café? Mir hatte sie erzählt, sie müsse nach Hause, zu ihren Eltern.«

»Die Wetterbedingungen waren schlecht, und der Fahrer hatte Angst vor einem Unfall auf der rutschigen Fahrbahn. Deshalb hat er die Fahrt dort abgebrochen.«

»Bitte, was?«, fragte David Gross, starrte Alexa ungläubig an und ballte die Fäuste, so dass die Sehnen deutlich hervortraten. »Der hat sie doch nicht wirklich bei dem Wetter einfach irgendwo stehen lassen? Was hat er sich dabei gedacht?«

Alexa konnte den jungen Mann verstehen. Aber der Taxifahrer hatte nicht ahnen können, was danach geschehen würde. Er war davon ausgegangen, dass sie beim Dannerer geschützt war.

»Glauben Sie mir, der Mann macht sich große Vorwürfe«, versuchte sie David Gross zu beruhigen. »Erzählen Sie mir doch erst einmal ein wenig von sich. Seit wann kennen Sie Juliane? Hat es in der letzten Zeit irgendetwas gegeben, was sie beunruhigt hat?«

Er schüttelte den Kopf. »Dazu kann ich nicht viel sagen. Wir … Wir kennen uns erst seit ein paar Tagen. Ich bin Dachdecker. Wir haben im Haus gegenüber Ziegel erneuert und Gauben errichtet. Da ist sie mir aufgefallen. Sie ist Hundesitterin und geht mittags immer mit ein paar Hunden aus der Nachbarschaft.« Er seufzte. »Zum Glück hatte sie die dabei. Sonst hätte ich sie nie angesprochen. Aber ich kann gut mit Hunden.«

Offenbar nicht nur mit Tieren. Alexas Blick ging zu den Blumen.

Als er das bemerkte, rieb er sich den Nacken. »Ich weiß, wie das klingen muss, aber ihr Lächeln … Ich konnte mich gar nicht daran sattsehen. Und sie ist anders als die anderen Frauen hier in München. Nicht so von oben herab.«

Er erzählte, dass er sie gefragt habe, ob er ihr einen Hund abnehmen dürfe. Nachdem er sie bei dem Spaziergang begleitet hatte, lud er sie für den nächsten Tag zu einem Kaffee ein. Zum Glück hatte er bei der Witterung immer recht früh Feierabend, bevor es auf den Dächern zu rutschig wurde.

»Danach haben wir uns jeden Tag getroffen. Und Freitag hatte ich dann ganz frei. Der Schnee war ja vorhergesagt.

Und da ich wusste, dass es ihr Geburtstag war, habe ich frische Croissants gekauft und Sekt.«

Er brach ab und senkte seinen Blick. »Sie wollte eigentlich schon viel früher los. Nur wegen mir ist sie länger geblieben.« Wieder schüttelte er den Kopf.

»Wenn Sie sich gerade erst kennengelernt haben, was hat sie Ihnen denn von sich erzählt? Gab es zum Beispiel einen Ex-Freund? Jemanden im Studium, mit dem sie Ärger hatte?«

»Sie war mal mit jemandem in dem Dorf zusammen, in dem die Eltern wohnen. Aber hier hat es sich nicht ergeben. Sie …« Er zögerte.

»Fahren Sie doch bitte fort. Es muss Ihnen nichts peinlich sein. Egal was Ihnen komisch erscheint, vielleicht hilft es uns herauszufinden, was an diesem Freitagabend passiert sein könnte.«

»Sie war sehr unglücklich«, begann er schließlich.

Das Thema bereitete ihm sichtlich Probleme. Alexa ließ ihm Raum, die richtigen Worte zu finden. Vielleicht war das die Information, auf die es ankam. Denn bisher war ihnen Juliane nur als freundliche, nette Person beschrieben worden.

»Sie war nicht zufrieden mit ihrer Figur. Sie ist wohl häufig gehänselt worden.«

Nicht ungewöhnlich, fand Alexa. Sie kannte viele Frauen, die insgeheim mit ihrem Aussehen haderten. Trotz vieler Kampagnen über Body-Positivity war es etwas völlig anderes, wirklich zu glauben, dass man stolz auf sein Äußeres sein konnte. Auch Alexa hatte lange gebraucht, um das anzunehmen, obwohl ihre Mutter ihr immer wieder begeistert erklärt hatte, welches Wunderwerk der weibliche Körper darstellte.

»Ich konnte das nicht verstehen. Für mich ist sie perfekt

und einfach nur umwerfend. Das habe ich ihr auch gesagt«, meinte David. »Aber sie erzählte, dass ihr Vater sie von klein auf als einen Trampel bezeichnet hatte. Und ihr ständig vorhielt, sie würde keinen Kerl abbekommen, wenn sie weiter so viel fressen würde.«

Alexa musste die Wut, die in ihr aufstieg, mühsam bezwingen. Dass gerade Hocke sich über das Aussehen seiner Tochter mokiert hatte, machte sie fassungslos. Ausgerechnet ein Widerling wie er. Wie armselig, sich selbst über andere Menschen zu erhöhen, indem er sie heruntermachte und verletzte.

Ein Grund, einfach zu verschwinden, schien es ihr jedoch nicht zu sein. Im Gegenteil: Juliane war frisch verliebt, und wenn sie die Zeichen richtig deutete, war sie David an dem besagten Freitag auch sonst nähergekommen. Das war eher ein Grund zu bleiben. Nicht, um zu gehen. Allerdings zeigte es, dass es mit Hockes Liebe zu seiner einzigen Tochter nicht weit her war. So, wie Alexa es bereits am ersten Tag vermutet hatte.

»Hat sie sonst noch etwas erwähnt, was Ihnen bedeutsam vorkam?«

Doch er zuckte bloß die Schultern.

»Was wird jetzt passieren?«, fragte er schließlich. »Kann ich irgendetwas tun?«

»Leider nicht«, sagte Alexa bedauernd, stand auf und reichte ihm ihre Karte. »Falls Ihnen noch irgendetwas einfällt, dann melden Sie sich doch bitte bei uns.«

David Gross erhob sich ebenfalls und ließ seinen Blick noch einmal durch den Raum schweifen. Alexa konnte ihm ansehen, wie schwer es ihm fiel zu gehen. Er war jemand, der zupackte, und Tatenlosigkeit war sicher nicht seine Stärke.

Sie ließ ihm Zeit und schaute aus dem Fenster auf die Häuserzeile auf der anderen Straßenseite. »Sie sagten, Sie arbeiteten im Haus gegenüber? Von dort oben haben Sie doch einen guten Blick. Gab es vielleicht irgendetwas, das Ihnen in der Straße aufgefallen ist?«

»Wie meinen Sie das?«, fragte er.

Sie zuckte die Schultern. »Etwa jemanden, der hier häufiger herumstand? Ein Auto, das in der Nähe des Hauses parkte? Irgendetwas?«

Doch wieder schüttelte er den Kopf. »Aber ich kann meine Kollegen fragen. Vielleicht haben die was gesehen. Wir machen auch manchmal Fotos von oben, um unsere Arbeitsfortschritte zu dokumentieren.«

Alexa lächelte. »Das wäre großartig. Lassen Sie mir die auf jeden Fall per Mail zukommen, ja?«

Dann begleitete sie David Gross zur Tür und sah zu, wie er langsam die Treppe hinunterging, schon das Handy in der Hand, vermutlich, um seine Kollegen anzuschreiben.

Mit Macht drang plötzlich ein anderer Name in ihre Gedanken: Jan. Ihr früherer Kollege und ihre einzige große Liebe. Genauso hatte es sich mit ihm angefühlt. Als ob es Schicksal war, dass sie sich begegnet waren. Alexa seufzte. Nur hatte er ihre Gefühle nie erwidert.

Dann schloss sie resolut die Tür und machte sich wieder an die Arbeit. Zwar hatte sie noch nichts über Juliane erfahren, was sie bei den Ermittlungen weiterbrachte, aber es spornte sie dennoch an, die junge Frau unversehrt zu finden. Denn mit diesem David hatte sie vielleicht das ganz große Los gezogen.

39.

Den ganzen Tag hatten Krammer und Szabo versucht, mehr über den Verlauf des Freitags herauszufinden. Am Abend waren sie auch noch einmal im Wohnheim vorbeigefahren. Aber es gab einfach keine greifbare Spur.

Während sie einiges über Karolin Nowak in Erfahrung bringen konnten, war Lela Neshan noch immer wie eine leere Leinwand. Niemand konnte viel über sie sagen. Außer, dass sie hervorragend Deutsch sprach, fleißig lernte und sehr gut kochte. Sie blieb jedoch immer auf Abstand, zog sich meist in ihr Zimmer zurück. Nicht unfreundlich, aber auch nicht sonderlich gesellig. Nahm weder an sportlichen Events teil noch an den Spieleabenden, die wohl häufiger im Heim stattfanden.

Szabo hielt deshalb an der Idee fest, dass es sich um ein Hassverbrechen handelte: Entweder war Lela Neshan wegen ihrer Religion zum Opfer geworden, oder sie war vielleicht von Islamisten instrumentalisiert worden, und Karolin Nowak hatte davon etwas mitbekommen und musste deshalb aus dem Weg geräumt werden.

Erneut hatten sie Lelas gesamtes Zimmer genauestens unter die Lupe genommen. Ohne einen Hinweis zu finden.

Obwohl Szabos Ideen wesentlich stichhaltiger waren als seine eigenen und durchaus Sinn ergaben, hielt Krammer weiter an seiner Version der Dinge fest: dass beide Studentinnen einem Serientäter zum Opfer gefallen waren.

Im Wagen waren winzige Hautpartikel gefunden worden. Aus der DNA-Analyse konnten die Kollegen allerdings nur zwei Dinge mit Gewissheit feststellen: Der Mann, der den Wagen gestohlen hatte, war zu 90 Prozent dunkelhaarig. Und zu 54 Prozent hatte er braune Augen. Wenn das Auto überhaupt mit dem Fall in Verbindung stand, untermauerte das eine Variante in Szabos These genauso wie seine eigene.

Doch Szabo erinnerte ihn immer wieder daran, dass Perski ein Einzeltäter war. Dem konnte Krammer nichts entgegensetzen. Außerdem war Perski unbekannt verzogen. Wie vom Erdboden verschluckt. Aber das reichte nicht, um Krammer zu beruhigen. Im Gegenteil. Einer wie Perski verschwand nicht ohne Grund. Er hatte seine gesamten Geschäftsaktivitäten aufgelöst. Es war fast, als hätte es ihn nie gegeben.

Nun saßen sie noch einmal Nasrin Bahno gegenüber, Lelas Kommilitonin und Nachhilfeschülerin, die sich mittlerweile von dem Schock erholt hatte.

»Hat Lela Ihnen gegenüber mal etwas erwähnt, das nicht zum Unterricht gehörte?«, fragte Krammer. »Wie stand sie zum Beispiel zu den politischen Entwicklungen in Syrien?«

»Wir haben nur einmal über unsere Heimat geredet. Wissen Sie, wir vermissen unser Land. Lela sicher noch mehr als ich. Ihre Eltern leben ja noch dort, in Hama. Außer ihrer Schwester hat sie seit Jahren keinen aus ihrer Familie gesehen. Meine Eltern sind mit mir gegangen. Das ist was völlig anderes. Deshalb habe ich das nicht angesprochen. Ich wäre mir schlecht dabei vorgekommen. Es gibt bei uns ein Sprichwort: ›Die Angehörigen sind das Salz im Teig – und Salz kann man nicht entbehren.‹ Verstehen Sie?«

Krammer nickte und dachte noch einen Moment über ihre Worte nach. Was sie für ihn bedeuteten.

»Und über Religion? Haben Sie darüber gesprochen?«, führte Szabo die Befragung fort.

»Nein. Tut mir leid«, sagte Nasrin.

»Aber in der Hinsicht unterscheiden Sie sich doch von Lela: Sie tragen keinen Hidschab. War das nie ein Thema?«

Nun nickte sie. »Doch, das schon. Als meine Eltern mit mir herkamen, wollten sie, dass ich mich hier gut eingewöhne. Ich sollte so sein wie alle anderen. Deshalb trage ich keinen Schleier. Lelas Eltern sind islamisch-konservativ. Ich denke mir, dass es für sie schwerer ist. Sie steht ja ein wenig zwischen allem. Vielleicht würden ihre Eltern das genauso gutheißen, wenn sie hier wären. Aber da sie weit weg sind und ihren Segen dazu nicht geben können …«

»Hat Lela hier in Innsbruck denn noch andere Syrer getroffen? Wissen Sie das?«

»Mich. Aber wen sie sonst kannte, das weiß ich nicht. Sie ist ja auch schon ein paar Semester weiter. Tut mir leid … Ich bin Mitglied im Islamischen Forum hier in Innsbruck, aber Lela nicht. Deshalb …«

Krammer merkte ihr an, dass sie ihnen wirklich weiterhelfen wollte. Ganz anders als diese gefakte Lorena Reinhardt. Aber sie waren bei ihr an der falschen Adresse. Sie wusste tatsächlich nichts.

»Wir haben erfahren, dass Lela und eine Kommilitonin einen Preis gewonnen haben. Haben Sie davon gehört?«

Ein Strahlen ging über Nasrins Gesicht. »Ja. Das war großartig. Nicht nur, weil sie die beste Arbeit in ihrem Semester geschrieben haben. Sie sind damit auch in die Verlosung für ein Stipendium gekommen. Stellen Sie sich das vor – sie würde Geld erhalten. Nur dafür, dass sie gut lernt. Was für eine Ehre!«

Szabo warf Krammer einen kurzen Blick zu. Interessant. Das hatte Lorena Reinhardt nicht erwähnt. Aber würde die junge Frau den Kommilitoninnen etwas antun, um an ein Stipendium zu gelangen? Unwahrscheinlich.

Doch auch das Motiv der Radikalisierung verlor an Kraft. Lela war wirklich strebsam. Offensichtlich mit Erfolg. Würde sie nicht mehr Ehre für die Familie erbringen, wenn sie erfolgreich einen Abschluss machte?

»Das, was da in dem Zimmer neben Lela passiert ist … War sie darin verwickelt?«, fragte Nasrin Bahno jetzt zögernd.

Szabo steckte sich ihre Brille ins Haar und sah das Mädchen mit ernster Miene an. »Das können wir Ihnen leider nicht sagen. Wir müssen davon ausgehen, dass sie verletzt worden ist. Aber seien Sie sicher, dass wir alles tun, um sie zu finden.«

»Das müssen Sie auch«, sagte Nasrin. »Lela ist ein guter Mensch. Das wird Ihnen jeder bestätigen, der sie kennt. Sie würde keiner Fliege etwas zuleide tun.«

Einem Impuls folgend hielt Krammer ihr die Bilderserie hin, die er in Karolins Zimmer gefunden hatte.

»Schauen Sie doch bitte noch einmal. Kennen Sie vielleicht doch dieses Mädchen?«

Nasrin Bahno errötete und schob das Foto von sich weg. Lag es daran, dass sie so ergriffen war, Lela Neshan darauf zu sehen? Oder ging es um Karolin Nowak?

Gespannt wartete Krammer darauf, was sie antworten würde.

»Keine Fliege gelangt in den Mund, der zu schweigen weiß«, murmelte sie, schlug die Augen nieder und errötete.

Wieder so ein Spruch.

Während er sich noch fragte, was er bedeuten sollte, erkannte Krammer etwas. Auf dem dritten Bild. Die beiden Studentinnen hatten einander die Gesichter zugedreht und grinsten breit. Dabei konnte man einen winzigen Ausschnitt hinter den Köpfen sehen. Vorher hatte er es nicht bemerkt oder dem einfach keine Bedeutung beigemessen. Aber nach Nasrins Reaktion war das anders: Karolin hatte ihren Arm um Lelas Schulter gelegt.

Szabo hatte offensichtlich denselben Gedanken.

War seine Kollegin vielleicht die ganze Zeit auf der richtigen Spur gewesen? Das würde auch erklären, warum beide Frauen verschwunden waren. Hatte er die Ermittlungen am Ende mit seiner fixen Idee auf einen völlig falschen Weg gebracht?

In jedem Fall war es ein denkbares Motiv. Homosexualität war in arabischen Ländern eine Sünde. Und Nasrin hatte gerade ausdrücklich erwähnt, dass Lelas Eltern sehr konservativ waren. Und immer noch drohte den Betroffenen in islamisch geprägten Staaten die Todesstrafe.

40.

Wie verabredet trafen sich Alexa und Huber in der Pension von Frau Messerer. Frank Stein und Klaus Ott waren auch dazugestoßen. Die Vermieterin hatte ihnen Getränke, eine Grießnockerlsuppe und eine Brotzeit mit verschiedenen Wurst- und Käsesorten bereitgestellt. Der Duft des frischgebackenen Brotes erfüllte das ganze Haus. Sie hatte es selbst aus Sauerteig gemacht, und es war noch lauwarm.

»Wir haben das gesamte Gebiet vom Beginn der Jachenau bis zum Hof von Julianes Eltern unterhalb der Hauptstraße geschafft«, berichtete Huber. »Nicht die winzigste Spur der Vermissten. Aber auch kein Kleidungsstück, kein Handy, nichts.«

Er strich Butter auf sein Brot, nahm vom Schinken und legte noch ein paar Gurkenscheiben darauf. Stephan Bachs Hund Oskar streckte den Kopf unter dem Tisch hervor und leckte sich die Schnauze.

»Ein Schlüsselbund«, fuhr Huber fort, »ein paar zerrissene Tüten, die der Sturm durch das Tal getrieben hat, und ein Baumwolltuch. Weiß mit grauen Streifen am Rand und rosa Herzchen. Sicher weder der Stil von Anabel noch von Juliane, aber die Kollegen untersuchen die Sachen trotzdem genau. Mehr nicht. Dennoch: Morgen geht es dann auf der anderen Seite der Hauptstraße weiter. Aber es ist wieder so, als suchten wir die sprichwörtliche Nadel im Heuhaufen.«

»Die Bilder der Drohne, die den Bergkamm abgeflogen ist, werten die Kollegen noch aus. Aber bisher ist auch dabei nichts herausgekommen. Ich frage mich langsam, ob die nicht längst über alle Berge sind«, warf der rothaarige Ott ein und wischte sich mit einer Serviette etwas Senf aus seinem Kinnbart.

»Stephans Freund erzählte vorhin, dass die Trennung von Anabel ausgegangen ist. Über die Gründe hat Bach sich wohl ausgeschwiegen, aber er war ziemlich down wegen der Sache«, berichtete Huber. »Wenn das mit dem Auto nicht wäre …«

Also hatte sich bezüglich des Paares alles genau so erwiesen, wie Alexa es sich gleich zu Anfang gedacht hatte. Dennoch schienen ihr die Zusammenhänge nicht schlüssig. Und wie passte Juliane da hinein?

Stein pflichtete Ott bei: »Ich hoffe ja auch noch immer auf den erlösenden Anruf, dass die Anabel und ihr Gspusi ein paar heiße Stunden in irgendeiner Pension verbracht haben. So, wie die Vermisste in der vergangenen Woche, erinnert ihr euch? Auf dem Moserhof gab es übrigens nichts von Bedeutung. Der Alte war öfter im Stall, vom Sohn bisher keine Spur.«

Alexa starrte auf ihre Brotscheibe. Sie hatte nur Butter darauf gestrichen und streute noch Salz darüber. So gemütlich es hier in der Stube auch war, sie fühlte sich unwohl. Die drei Personen, um die es ging, waren jetzt schon seit 48 Stunden verschwunden. Und anders als bei ihren Kollegen, schwand ihre Hoffnung immer mehr, sie noch lebend zu finden.

»Ich kann auch nichts Neues berichten«, sagte Alexa und schob ihre Bedenken zur Seite. »Ich habe zwar den Freund von Juliane getroffen, David Gross. Aber ich glaube, den können wir ausschließen.«

»Warte«, warf Ott ein. »Da muss ich kurz reingrätschen. Ist das dieser David?«

Er hielt Alexa ein Bild hin. Aber den Mann darauf hatte sie noch nie gesehen.

»Das haben wir von den Aufnahmen aus der BOB. Juliane sitzt während der gesamten Fahrt auf einem Zweiersitz und chattet. Aber drei Reihen hinter ihr, auf der anderen Seite des Ganges, sitzt ein einzelner Mann. Er blickt permanent zu ihr. Es könnte natürlich sein, dass er nur aus dem Fenster sieht und die vorbeiziehende Landschaft anschaut. Aus dem Winkel lässt sich das nicht genau erkennen. Er steigt ebenfalls in Lenggries aus, nimmt aber den anderen Ausgang.«

»Dem Mädchen aus der Bäckerei ist niemand sonst am Gleis aufgefallen«, meinte Huber. »Aber vielleicht sollten wir ihr das Bild noch einmal zeigen. Immerhin könnte er in ein Auto umgestiegen und dem Taxi gefolgt sein.«

Alexa nickte. Ein guter Gedanke.

»Das kann ich übernehmen«, meinte Stein. »Morgen früh, wenn ich wieder herfahre.«

»Wir lassen das Bild auch gerade über die Gesichtserkennung prüfen, aber bisher gibt es keinen Treffer«, sagte Ott und packte seine Sachen wieder in seine Mappe.

»Was hat denn die Kriminaltechnik zu Stephan Bachs Wagen gesagt?«, wollte Alexa wissen.

»Noch nichts, die Auswertungen bekommen wir morgen im Laufe des Tages«, erwiderte Huber.

»Ich weiß, es ist weit hergeholt, aber was ist mit Lorenz

Kolb, dem das Schneemobil gestohlen wurde?«, fragte Alexa. »Hat den schon jemand befragt?«

Ott nickte. »Der Biberger war dort. Aber da kommen wir auch nicht weiter. Der Kolb erinnert sich an so gut wie nichts. Er stand auch noch unter dem Einfluss von Schmerzmitteln. Er meinte, es sei ein Mann gewesen, der ihn niedergeschlagen hat. Sehr groß, sagt er. Der Notruf, zu dem er gefahren ist, kam von einem Prepaidhandy. Aber die Karte war anonym, und es konnte kein Halter ermittelt werden.«

»Dann ist es jedenfalls nicht Stephan Bach gewesen. Denn mit seinen 1,74 Metern würde den niemand als groß bezeichnen«, resümierte Huber.

»Das mit dem Handy ist allerdings schon verdächtig. Es ist ja offensichtlich, dass da jemand versucht hat, die Rückverfolgung zu erschweren«, wandte Ott ein.

Alexa pflichtete ihm bei. »Wir haben so wenig, ich meine auch, wir sollten ihn noch einmal befragen, wenn er fitter ist. Er war ja lange der Kälte ausgesetzt, und seine Mutter sagte was von einer Gehirnerschütterung. Wer weiß, vielleicht erinnert er sich später doch noch an irgendein Detail.«

Sie schaute in die Runde, und sofort meldete sich Stein. »Wenn es sonst nichts mehr gibt … Morgen wird wieder ein langer Tag.«

Alexa nickte ihm zu, und auch Ott verabschiedete sich. Nur Huber blieb sitzen.

Alexa schmierte sich noch eine Scheibe Brot und gönnte sich eine Tasse heißen Tee. Er duftete köstlich nach Erdbeeren. Sie rührte einen Löffel Zucker hinein und sah zu, wie sich die braunen Kristalle langsam in der warmen Flüssigkeit auflösten.

»Was hast du denn morgen vor?«, fragte Huber.

»Ich werde noch einmal auf dem Moserhof vorbeifahren. Der Junior hat sich bis jetzt noch nicht gemeldet.« Sie klopfte den Löffel ab und legte ihn dann neben die Tasse. Wieder dachte sie an Hockes latente Aggression und fragte sich einmal mehr, wozu er sonst in der Lage war und ob er nicht doch etwas mit Julianes Verschwinden zu tun hatte. »Und du? Glaubst du, ihr findet morgen etwas?«

»Ich hoffe es natürlich. Aber wirklich glauben tu ich es leider nicht«, gab er zu und schnitt sich ebenfalls ein weiteres Stück Brot ab, das er reichhaltig belegte. »Wenigstens kenne ich in der Gegend jetzt jeden Strauch. Wenn das so weitergeht, dann sollten wir besser unsere ganze Einheit hierherverlegen.«

Alexa schaute kurz auf, überlegte, von ihren Umzugsplänen zu erzählen. Doch Gergs Einschätzung zur Wohnungssituation hatte ihren Optimismus einigermaßen getrübt. Stattdessen nahm sie sich ein Herz und fragte: »Wie ist es denn eigentlich bei dir zu Hause?« Gespannt wartete sie, ob er heute etwas über sein Privatleben herauslassen würde.

»Frag nicht.« Er winkte ab. »Das ist eine zu lange und nicht gerade erfreuliche Geschichte.«

Klar. Er mauerte. Wie nicht anders zu erwarten.

»Vielleicht ganz gut, dass ich am Wochenende beschäftigt bin«, fuhr er dann doch fort. »Ich mache mir sonst zu viele Gedanken. Ich weiß ehrlich gesagt nicht, wie das mit mir und meiner Frau weitergehen soll.«

Er schob das Brot auf dem Teller herum. Dann nahm er einen Bissen.

»Aber wenigstens sind die Kinder bei meinen Eltern und

gut versorgt. Also keine Sorge: Ich bin morgen da. Falls das der Grund ist, warum du nachgefragt hast.«

Sie schüttelte den Kopf. »Nein, deshalb frage ich nicht. Es hat mich einfach interessiert. Wegen unseres Gesprächs neulich.«

Alexa brach ab und trank einen Schluck von ihrem Tee. Sie fühlte sich plötzlich nicht wohl in ihrer Haut. Huber hatte sich geöffnet. Wenigstens ein Stück. Aber sie selbst hielt mit viel mehr hinter dem Berg.

»Also gut. Wo wir gerade bei Beziehungen sind«, lenkte sie das Thema auf den Fall zurück. »Reden wir doch noch einmal über Stephan Bach. Was denkst du? Wo jetzt klar ist, dass er nicht die treibende Kraft bei der Trennung war: Könnte das ein Verbrechen aus Leidenschaft gewesen sein? Möglicherweise hatte er einen Komplizen angeheuert. Vielleicht sogar Moser. Die Sache mit seiner Ex ging damals sicher durch die lokale Presse. Oder glaubst du eher, dass er auch ein Opfer ist?«

Lange hatte sie mit Huber in der Stube zusammengesessen und überlegt. Sie waren alle Fakten noch einmal gründlich durchgegangen, die das Team bisher über Juliane, Anabel und Stephan zusammengestellt hatte. Weitergebracht hatte sie das allerdings nicht. Es gab viele Möglichkeiten, aber wenige Indizien, die eine ihrer Theorien gefestigt hätte.

Dann hatte Alexa eine Runde mit dem Hund gedreht und dabei den Abend Revue passieren lassen. Zum ersten Mal hatte sie das Gefühl, dass aus Huber und ihr doch irgendwann ein richtig gutes Team werden könnte. Vielleicht lag es an der ungezwungenen Atmosphäre im Haus von Frau Messerer. Zwar war Huber ihr gegenüber weiter vorsichtig, aber er hatte endlich sein eisiges Schweigen aufgegeben. Seine Ansichten zu dem Fall waren schlüssig, und er versuchte, die Dinge von verschiedenen Seiten zu beleuchten, was Alexa ausgesprochen gut gefiel. Ihre Herangehensweisen waren zwar ziemlich unterschiedlich, aber sie ergänzten sich.

Offenbar war ihre Taktik, sich mehr zurückzunehmen, ihm Zeit zu geben, aufgegangen.

Sie fragte sich bloß, ob er in sein altes, etwas machohaftes Muster zurückfallen würde, sobald Brandl wieder dauerhaft im Büro wäre. In zwei Wochen war es endlich so weit.

Während sie aus ihren Schuhen schlüpfte, schaute sie aus dem Fenster nach draußen. Seltsam. Huber war noch immer unten. Er lehnte an seinem Wagen und rauchte eine E-Zigarette. Erstaunt beobachtete sie, wie er den Dampf in die Luft blies und der Wolke nachschaute. Den durchtrainierten, gesunden Huber hätte sie nie für einen Raucher gehalten. Aber jeder hatte seine Art, den Stress abzubauen. Und immer noch besser, als wenn er sich betrinken würde.

Sie zog die Vorhänge zu. Vielleicht war Huber ja noch für ganz andere Überraschungen gut.

Oskar hatte sich schon neben ihrem Bett zusammengerollt. Plötzlich hob er den Kopf, als der Vibrationsalarm ihres Handys losging, dessen Akku komplett leer gewesen war und das sie beim Eintreten zum Aufladen an die Steckdose angeschlossen hatte.

Wieder und wieder surrte es. Meine Mutter, schoss es ihr durch den Kopf. Für einen Moment überlegte sie, gar nicht darauf zu schauen. Aber natürlich konnte es auch etwas Wichtiges in einem der Fälle geben.

Doch zu ihrer Erleichterung war es nicht Susanna, die sie zu erreichen versucht hatte, sondern Konstantin. Er hatte mehrfach angerufen. Ihr Gespräch am Abend zuvor war zwar wirklich schön gewesen und es hatte ihr gutgetan, zu lachen und über andere Dinge zu reden. Aber es war schon spät, und sie wollte unbedingt für den nächsten Tag fit sein, deshalb schrieb sie bloß eine kurze Nachricht, dass sie noch ziemlich lange mit einem Kollegen zusammengesessen hätte und sich morgen melden würde.

Sofort erschienen die drei tanzenden Punkte, die anzeigten, dass er bereits antwortete.

»Nanu. Da hat aber jemand Langeweile«, sagte sie laut zu sich selbst und musste lächeln. Sie spürte ein Kribbeln in ihrem Bauch und war gespannt, was er schreiben würde.

Um die Zeit? An einem Sonntagabend?

»Warum nicht?«, entgegnete sie lachend. Er schrieb noch mehr. Gespannt wartete Alexa, was als Nächstes auf ihrem Display stehen würde.

Muss ich mir Gedanken machen?

»Das überlasse ich dir«, sagte sie munter. Es gefiel ihr, dass er eifersüchtig reagierte. Auch wenn der Gedanke, es könne zwischen ihr und Huber etwas sein, ziemlich absurd war. Aber er sollte sich besser gleich daran gewöhnen, wie das mit ihrer Arbeit lief.

Deshalb kommentierte sie seine Frage nicht, sondern schrieb nur: *Bis morgen.*

41.

Bereits um sieben Uhr in der Frühe, eine knappe halbe Stunde nach Sonnenaufgang, hatte Gerg angerufen. Eine der gesuchten Frauen war gefunden worden.

Alexa hatte sich eiskaltes Wasser ins Gesicht gespritzt, um wach zu werden, war in die Klamotten gesprungen, hatte sich einen der knackig grünen Äpfel geschnappt und Frau Messerer gebeten, sich um Oskar zu kümmern. Nun wartete sie angespannt vor dem Haus darauf, dass Huber kam.

Feuchte Luft stieg von den Wiesen auf, und das Brauneck war wieder fast komplett von tiefhängenden grauen Wolken verdeckt. In der Ferne hörte Alexa das helle Bimmeln von Glöckchen. Vermutlich war das die Herde brauner Bergschafe mit ihren Lämmern, die sie dort bei ihrem letzten Rundgang gesehen hatte.

Als sie die Straße hinunterschaute, entdeckte sie einen Fuchs am Straßenrand. Er stand völlig ruhig da, hielt sie aufmerksam im Blick. Dann lief er ein Stück weiter, drehte sich noch einmal um und verschwand tief geduckt hinter einem Busch in einem der Gärten.

Direkt hinter dieser Häuserzeile begannen die Wiesen, die sich bis zum Waldsaum zogen. Sie fragte sich, ob Füchse auch ein Lamm angreifen würden. Doch bevor sie sich darüber weiter Gedanken machen konnte, kam Huber schon angebraust.

»Hat Gerg dir gegenüber irgendwas rausgelassen? Wieso ist der Trupp überhaupt schon los? Wir wollten uns eigentlich erst um acht Uhr bei dem Parkplatz treffen«, brummte Huber, der verärgert wirkte.

»Sofern ich es richtig verstanden habe, war es eine Gruppe von Freiwilligen. Überleg mal: Wenn zwei junge Frauen aus der Gegend verschwinden – das spricht sich herum. Sicher waren es besorgte Väter, deren Kinder Juliane oder Anabel gekannt haben.«

Er schnaubte unwirsch. Ihr Versuch einer Erklärung machte es offenbar nicht besser. Also ließ sie sich in die Polster sinken und wappnete sich für das, womit sie gleich konfrontiert würden. Gerg hatte gesagt, sie sollten sich beeilen. Aber da er sie nicht zu einem Krankenhaus beordert hatte, konnte Alexa ziemlich sicher sein, dass die Gefundene bereits tot war.

Direkt neben der Hauptstraße stand ein Mann mit einer gelben Warnweste.

»Hier muss es sein«, murmelte Huber, bremste ab und bog im Schritttempo in den Feldweg ein. Sie befanden sich in einem Tal, das parallel zur Jachenau verlief. Nachdem der Mann von der Bergwacht sichergestellt hatte, dass sie Kriminalbeamte waren, nahm er das Warnschild weg, mit dem er die Zufahrt versperrt hatte. Gleich nachdem sie ihn passiert hatten, postierte er sich wieder vor der Einfahrt.

Das verhieß nichts Gutes. Sofort stiegen die Bilder des letzten Opfers wieder aus ihrer Erinnerung herauf. Die Frau, die in zwei Hälften zerteilt worden war.

Huber fuhr schweigend den schmalen Pfad entlang, der voller Schlaglöcher und Pfützen war, bis sie im Schatten der hohen Tannen direkt neben Gergs Land Rover Defender zum Stehen kamen. Gerg hatte dort schon auf sie gewartet.

»Ich hab die anderen gleich weggeschickt«, teilte er ihnen mit. »Damit wir unsere Ruhe haben, aber vor allem, damit keiner hier herumtrampelt.«

Ernst schaute er erst Huber, dann Alexa an. »Ich habe ihnen eingetrichtert, dass sie kein Wort darüber verlieren sollen, was sie gesehen haben. Kommt.«

Es ging noch ein Stück tiefer in den Forst hinein. Waldarbeiter hatten an den Seiten Geäst und totes Holz aufgehäuft. Sie folgten ihm schweigend. Nichts war zu hören, so als würde auch der Wald für einen Moment den Atem anhalten.

Dann wurde die dicht mit Bäumen bestandene Fläche etwas lichter. Gerg blieb stehen und deutete in das Gehölz hinein.

Durch das frische sattgrüne Gestrüpp verlief ein schmaler Trampelpfad, der Alexa vermutlich kaum aufgefallen wäre.

Gerg führte sie ungefähr fünfzehn weitere Meter zwischen den Bäumen hindurch. Feuchte Nebelschwaden stiegen vom Boden auf. Erst kurz bevor sie ihn erreichten, fiel Alexas Blick auf einen ehemals weißen, verrosteten Campingstuhl, der schräg hinter einem Laubbaum verborgen war. Darauf saß ein totes Mädchen, in einen schwarzen Rollkragenpulli und eine Jeans gekleidet. Sie trug dicke schwarze Boots. Ihre Arme waren mit blauen Seilen an die hinteren Streben der Lehne gebunden, die Unterschenkel an die Beine des Stuhls.

Es gab keinen Zweifel daran, wie sie zu Tode gekommen war. Jemand hatte sie regelrecht hingerichtet.

Ihr Kopf hing leblos herunter, und in ihrem Schädel steckte

eine Doppelaxt. Der helle Holzstiel wirkte in dieser Haltung wie die bizarre Form eines Horns.

»Maria und Josef«, entfuhr es Huber, der die Hand vor den Mund schlug, seinen Blick aber nicht von der Toten abwenden konnte.

Auch Alexa schnappte nach Luft. Sie konnte nur mit Mühe die Tränen unterdrücken. Darauf war sie nicht vorbereitet gewesen.

»Das ist Anabel«, brachte sie hervor.

Gerg stand mit dem Rücken zu der Leiche und schüttelte nur immer wieder den Kopf. »Wir sind nicht näher zu ihr hin. Ich hoffe bloß, ihr findet irgendetwas, das den Kerl überführt, der dem Mädchen das angetan hat.«

Alexa bewegte sich zuerst und bahnte sich einen Weg durch das Unterholz. Ungeduldig wischte sie einen Dornenzweig weg, der sich in ihrem Hosenbein verhakt hatte.

Sie hörte Huber mit Brandl telefonieren, der die komplette Kavallerie anfordern würde, inklusive eines Rechtsmediziners, der den Todeszeitpunkt bestimmen sollte.

Alexa stand nun direkt vor der jungen Frau, die ihr ganzes Leben noch vor sich gehabt hatte. Auf dem Bild, mit dem sie nach Anabel Eisert gesucht hatten, lächelte sie, die braunen Augen waren auf den Fotografen gerichtet, die blonde Mähne leicht zerzaust, und sie strahlte eine unbändige Lebensfreude aus.

Jetzt war ihr Gesicht, ebenso wie die Haare, dunkel gefärbt von dem geronnenen Blut. Von einem Auge war nur noch die leere Höhle übrig. Kopf und Schultern waren von feinen Tautropfen überzogen.

Alexa zitterte am ganzen Körper. Eine ermordete Person

zu begutachten, ging ihr immer noch extrem nahe. Aber sie hoffte, dass das auch in Zukunft so bleiben würde. Denn die Empathie mit den Opfern schützte sie davor, abzustumpfen. Es machte ihr einerseits klar, wie wichtig es war, jeden einzelnen Tag im Leben wertzuschätzen, und war andererseits ihr Motor, die teils ermüdenden Schritte einer Ermittlung so zügig und gründlich wie möglich durchzuführen. Nie nachzulassen, egal wie schwierig oder langwierig die Arbeit auch sein mochte. Diese Menschen und ihre Angehörigen hatten verdient, dass sie alles gab. Damit die Betroffenen irgendwann einen Schlusspunkt hinter das Verbrechen setzen und ihren Frieden mit alldem machen konnten.

Sie atmete einmal tief ein, hielt die Luft an, zählte bis acht, dann stieß sie die Luft wieder aus, zählte wieder bis acht. Als sie sich etwas beruhigt hatte, zog sie ihr Handy hervor, kniete sich hin und begann, Fotos von allen Details zu machen. Die Axt hatte zwei Klingen. Die Seite, die aus dem Kopf ragte, war genauso sauber wie der Schaft.

An der Kleidung der Toten hafteten welke Blätter. Die konnten hängen geblieben sein, als der Täter sie vom Weg hierhergezogen hatte, oder sie waren einfach von oben auf sie gefallen. Schwer festzustellen, doch die Forensiker würden ihr das beantworten können.

Sicher war aber, dass der Mord nicht hier passiert war. Es gab kein Blut rund um den Stuhl. An den Seiten von Anabels Boots klebte getrockneter Dreck. Eines ihrer Knie wirkte dicker als das andere, der Pullover war an der Schulter zerrissen. All das konnte beim Transport hierher passiert sein. Es war viel schwerer, als man meinte, einen leblosen Körper zu tragen. Und obwohl Anabel nicht groß und sehr schlank war, musste der Mörder enorme Kraft aufgewendet haben.

Ein Knacken im Geäst erinnerte Alexa daran, dass sie nicht allein hier war. Huber näherte sich.

»Weißt du, wie schwer so ein Ding ist?«, fragte Alexa und deutete auf die Axt.

»Keine Ahnung. Aber ein, zwei Kilo wird es schon wiegen.«

Die eine Seite der Klinge war fast komplett in Anabels Schädel verschwunden. Derjenige, der sie ihr in den Kopf getrieben hatte, musste es mit Wucht getan haben. Vielleicht aus extremer Wut.

Alexa steckte ihr Handy weg und sah Huber lange an.

»Was meinst du? Ich denke, wir sollten jetzt eine Fahndung nach Stephan herausgeben.«

Huber nickte. »Sobald wir ihre Eltern informiert haben. Kannst du das übernehmen? Ich würde gerne gleich die weitere Suche mit den Jungs koordinieren. Vielleicht finden wir ja doch heraus, wo das Ganze passiert ist. Der Wagen war Luftlinie gerade mal einen Kilometer von hier entfernt.«

Alexa nickte. »Klar. Das mache ich.«

»Viel Glück«, meinte Huber und gab ihr die Wagenschlüssel.

Dann straffte er die Schultern, eilte zu Gerg, der schon die Karte auf der Motorhaube ausgebreitet hatte, und begann, die Gruppen einzuteilen.

Alexa drehte sich ein letztes Mal zu der Leiche um und musterte Anabels Hände.

Es schien, als hätte sie sich nicht einmal gewehrt.

42.

Auf dem Weg nach Gaißach, einem Dorf, das zwischen Bad Tölz und Lenggries lag, hatte Alexa versucht, Line zu erreichen. Doch deren Sekretärin sagte, sie sei bereits im ersten Termin. Ein Notfall, und ihr Kalender sei extrem voll. Alexa bat dennoch um Rückruf, sobald Line etwas Zeit erübrigen konnte.

Das Haus der Eiserts lag in einer ruhigen Seitenstraße. Alexa parkte den Wagen direkt davor, betrachtete sich noch einmal im Spiegel und strich sich die Haare aus dem Gesicht. Sie hatte keine Ahnung, wie sie den Eltern gleich entgegentreten sollte. Die grauenhaften Details dieses Mordes waren selbst für sie nur schwer zu verkraften. Natürlich würde auch hier ein ehrenamtlicher Mitarbeiter des Roten Kreuzes kommen, um die Hinterbliebenen psychologisch zu unterstützen, vermutlich schon im Laufe der nächsten Stunde. Doch Alexa hatte gehofft, Line könnte ihr noch ein paar Tipps geben, wie sie sich am besten verhalten sollte. Aber nun musste sie das wohl oder übel allein bewältigen.

Laut Protokoll hätte sie warten müssen, bis jemand eintraf, doch wegen der Augenzeugen aus der Suchmannschaft war ihre Sorge zu groß, dass irgendein besorgter Mensch das Ehepaar anrief oder sie nichts ahnend bei der Arbeit davon erfuhren. Hier würden sie für sich sein, in einer sicheren Umgebung, in der sie sich gegenseitig Halt geben konnten.

Dennoch würde das, was sie dem Ehepaar sagen musste, ihre Welt brutal aus den Angeln heben. Doch solange der Fall noch keine dicke Schlagzeile in der Presse war – was er definitiv werden würde –, hätten sie Zeit und Raum, den Tod ihrer Tochter zu betrauern. Abgeschottet. Wenigstens das.

Früh genug würde der Rest der Welt über sie herfallen.

Und vielleicht erfuhr sie gleich von Anabels Eltern noch etwas, das bei der Ermittlung des Täters helfen konnte, damit sie sich wenigstens nicht noch über Tage hinweg fragen mussten, wer ihrer Tochter das angetan hatte. Oder warum.

Sie nahm ihr Handy, schaltete es lautlos und stieg aus. Am Horizont sah sie die Anmutung der Berge, die immer noch von den Nebelschwaden verborgen waren. Es wirkte, als hätte die Natur einen Schleier zwischen den grauenhaften Fundort und Anabels Zuhause geschoben.

Ein Geräusch ließ Alexa aufmerken. Erst jetzt bemerkte sie den Mann, der in der geöffneten Tür erschienen war. Das musste Anabels Vater sein.

Ihre Blicke begegneten sich, und während Alexa auf ihn zuging, konnte sie sehen, wie die Hoffnung, die er noch vor ein paar Minuten in sich getragen hatte, aus seinen Zügen verschwand. Er wusste längst, warum sie da war.

Sein Körper sackte ein Stück in sich zusammen, seine Miene erstarrte. Er zog seine Lippen nach innen und versuchte mit aller Kraft, die Fassung zu bewahren.

»Alexa Jahn, Kripo Weilheim«, stellte sie sich vor und hielt abwartend unterhalb der zwei Treppenstufen inne, die zur Haustür führten. Daneben stand ein Blumentopf mit einem »Willkommen«-Schild. »Sie sind Herr Eisert?«

Er nickte.

»Darf ich reinkommen?«, fragte sie.

Er trat zur Seite und wies Alexa den Weg in die Küche. Mit belegter Stimme sagte er: »Ich hole meine Frau.«

Sie ging in die Wohnküche, in der die aufgeschlagene Zeitung neben einer großen Tasse Kaffee auf dem Tisch lag. Natürlich. Er hatte längst die Schlagzeilen nach einer Meldung durchsucht. Der Platz gegenüber war liebevoll mit einer Serviette gedeckt, aber noch unberührt. Ein drittes Gedeck stand am Kopfende des Tisches, und dieser Anblick schnürte Alexa die Kehle zu.

»Irina«, rief Herr Eisert. »Die Polizei!«

»Haben Sie sie gefunden?« Schon eilte die Frau die Treppe herunter. »Was …«, hörte Alexa sie sagen. Dann kippte ihre Stimme, als sie verstand: »Nein, oh bitte, nein!«

Noch im Flur brach die Frau in Tränen aus. Ihre Schluchzer gingen Alexa durch Mark und Bein. Vermutlich hielt ihr Mann sie, denn immer wieder vernahm sie sein beruhigendes »Schschsch«.

Geduldig wartete Alexa, betrachtete die Küchenkräuter auf der Fensterbank, die rustikale Küchenzeile, in der Irina Eisert für ihre Tochter Geburtstagskuchen und Plätzchen gebacken hatte. Den Tisch, an dem die Familie Schulabschlüsse gefeiert, gegessen, geredet und gelacht hatte.

Eine vergilbte Kinderzeichnung hing gerahmt neben dem Familienkalender. Noch einmal war die junge Frau nach Hause zurückgekehrt, hatte hier ein Zuhause, Schutz und Geborgenheit gefunden, als ihre erste große Liebe in Scherben zerbrach.

Und nun war sie für immer gegangen.

Alexa blinzelte die aufsteigenden Tränen weg, sog einmal

tief die Luft ein. Ihre eigene Geschichte wurde in diesen Räumen für sie greifbar, und sie erkannte, dass sie unbedingt über ihren Schatten springen musste. Sie durfte ihre Mutter nicht länger von sich wegstoßen. Die Zeit war viel zu kostbar.

Endlich trat das Ehepaar zu ihr in den Raum. Herr Eisert, der ein gutes Stück größer als seine Frau war, hielt sie an den Schultern. Irina Eisert wirkte viel jünger und glich ihrer Tochter aufs Haar, hätte Anabels ältere Schwester sein können. Ihre Unterlippe zitterte.

»Wollen Sie sich vielleicht setzen?«, fragte Alexa.

Die Frau nahm Platz und hielt ihre Hände im Schoß gefaltet, so als würde sie beten. Ihr Mann blieb hinter ihr stehen, seine Hände auf ihre Schulter gelegt, wie ein Bollwerk. Er war der Starke in der Familie. Was nicht hieß, dass er nicht ebenfalls zusammenbrechen konnte, wenn er erfuhr, was passiert war.

»Wir haben vor einer Stunde die Leiche Ihrer Tochter in einem Waldstück gefunden. Sie ist ermordet worden. Wir konnten leider nichts mehr für sie tun. Mein herzliches Beileid.«

Die Frau schnappte nach Luft. Dann griff ihre Hand nach der ihres Mannes. Eine Geste, um sich zu versichern, dass er noch da war. Um Halt zu suchen.

Beide schwiegen, starrten Alexa bloß an.

Sie ließ ihnen Zeit. Alexa wusste, dass sie einen Moment brauchten, um die Nachricht zu verstehen.

»Wir haben schon jemanden gerufen, der Ihnen gleich zur Seite stehen wird. Bis die Kollegen vom Kriseninterventionsteam da sind, werde ich bei Ihnen bleiben. Kann ich in der

Zwischenzeit etwas für Sie tun? Soll ich vielleicht Freunde oder Verwandte anrufen?«

»Wo ist sie jetzt?«, fragte die Frau mit leiser Stimme.

»Noch dort, wo wir sie gefunden haben. In der Nähe eines Waldweges kurz vor der Jachenau. Die Kollegen sichern gerade den Tatort. Danach wird Ihre Tochter in das Institut für Rechtsmedizin in München überführt.«

Irina Eisert nickte. Tränen liefen über ihre Wangen.

»Und es gibt keinen Zweifel?«, fragte ihr Mann.

»Nein. Wir sind uns sicher, dass es sich um Ihre Tochter Anabel handelt.«

Er atmete in Schüben ein, so als sei sein Brustkorb zu eng.

»Hat sie leiden müssen?«, fragte Frau Eisert.

Alexa zögerte. Derzeit waren die Details noch nicht gesichert. Aber Anabel war vollständig bekleidet gewesen, und es hatte keine Abwehrspuren an ihren Händen gegeben, soweit sie es hatte sehen können.

»Nein«, sagte sie deshalb mit fester Stimme. »Ich denke, Ihre Tochter hat nicht viel gespürt.«

»Wie ist es passiert?«

Am liebsten hätte Alexa die Frage ignoriert. Was brachte es, die Eltern jetzt auch noch mit den grausigen Details zu quälen, bei denen selbst sie aus der Fassung geraten war?

»Ich kann Ihnen nur so viel sagen, dass ein Verrückter diese Tat begangen hat. Alles Weitere möchte ich Ihnen ersparen, denn es ändert nichts daran, dass Ihre Tochter nicht mehr am Leben ist.«

»Kann ich sie noch einmal sehen?«, fragte Frau Eisert.

Alexa nickte. »Natürlich. Heute sicher noch nicht, aber wir

werden dafür sorgen, dass Sie informiert werden, sobald alle Untersuchungen abgeschlossen sind.«

»Wo genau haben Sie sie gefunden?«, wollte jetzt ihr Mann wissen. »Also, ich meine …« Er brach ab.

»Im Schwarzenbachtal. Nach der alten Diskothek die zweite Abzweigung rechts. In der Nähe eines Wanderwegs.«

Nun kam Bewegung in Frau Eisert. »Da ist sie immer so gerne zum Tanzen hingefahren. In den Stall«, sagte sie und lächelte kurz. Dann schlug sie die Hand vors Gesicht und schluchzte laut auf.

Alexa blickte Anabels Vater an und fragte leise, ob sie nicht doch jemanden rufen sollte. Einen Arzt. Oder Freunde.

Doch wieder schüttelte Herr Eisert den Kopf.

»Und Stephan?«, fragte er dann.

»Wir suchen noch nach ihm«, erklärte Alexa. Gerade wollte sie fragen, was sich eigentlich zwischen dem Paar abgespielt und zur Trennung geführt hatte, als Frau Eisert sich zu ihrem Mann umwandte.

»Niemals, Georg. Er hätte ihr bestimmt nichts angetan. Nicht der Stephan. Das weißt du doch. Der Junge hat sie geliebt.«

43.

Einige Stunden zuvor

Erst hatte sie stundenlang still in der Ecke gesessen. Wieder und wieder hatte sie darüber nachgedacht, was sie in den letzten Wochen getan hatte. Mit wem sie in Kontakt stand, wer es auf sie abgesehen haben könnte. Denn eines war nun völlig klar: Es war kein Zufall, dass sie in diesem Keller saß.

Sie war unter Drogen gesetzt worden. Das Handy war speziell präpariert worden. Für jemanden, der sich auskannte, war es sicher nicht schwer, es so zu programmieren, dass sie keinerlei Nachricht nach draußen senden konnte. Nicht einmal einen Notruf, der sonst fast immer funktionierte.

Nur kannte sie absolut niemanden, der solche Fähigkeiten besaß. Ihre Bekannten waren Mediziner. Der eine oder andere zockte in seiner Freizeit. Aber sie waren Anwender, keine Computercracks. David fiel ihr noch ein. Doch der war Handwerker.

Aber vor allem: Wer wusste davon, dass sie zu ihren Eltern gewollt hatte? Auch wenn die Begegnung im Schnee vielleicht eine ungünstige Fügung sein konnte, dieses ganze Szenario hier, die Tür ohne Klinke, das Zeug, das man ihr gespritzt hatte: All das sprach für penible Vorbereitung – und nicht für einen Zufall. Er hatte ihr alles abgenommen. Ihr

Handy hatte er bestimmt ausgestellt oder zerstört. Niemand würde hier nach ihr suchen. Sie musste selbst einen Ausweg finden. Aus eigener Kraft.

Sie leckte ihre rauen Lippen, die erste Risse hatten. Der Durst war unerträglich. Und Hunger hatte sie auch. Zu dumm, dass sie nichts mehr gegessen hatte, bevor sie in den Zug gestiegen war. Gestern? Vorgestern? Sie konnte es nicht sagen. Nur, dass das bohrende Gefühl im Bauch immer unerträglicher wurde.

Ablenken. Du musst dich ablenken, ermahnte sie sich.

Mechanisch knetete sie ihre Zehen und Füße weiter. Es war das Einzige, was sie gegen diese Kälte tun konnte. Den Blutfluss anregen.

Noch einmal von vorne. Sie war überzeugt, dass die Kamera des Handys lief. Zu ihrer Überwachung. Um zu hören, was sie tat. Noch war es relativ dunkel. Aber sie schätzte, dass in wenigen Stunden die Sonne aufgehen würde. Der Sturm draußen hatte sich gelegt.

Worauf wartete er? Dass sie ausflippte? Um Hilfe schrie? Wollte er herausfinden, ob sie mittlerweile schwach genug war, wehrlos, damit er ein leichtes Spiel hatte? Was ging in einem Menschen vor, dem es gefiel, andere zu quälen? Für einen Moment blieb ihr die Luft weg.

Das passierte immer, wenn sie sich an damals erinnerte. Sie hatte im Türrahmen gestanden. Niemand hatte sie bemerkt. Statt zurück in ihr Zimmer zu gehen, war sie stehen geblieben, konnte ihre Augen nicht von dem abwenden, was in der Küche geschah.

Sie konnte die Situation nicht erfassen. Es waren ihre Eltern. Aber auch wiederum nicht. Denn sie erkannte weder den Vater, der mit wutverzerrtem Gesicht einen Schuh ihrer Mutter an der Spitze hielt und den Absatz wieder und wieder auf deren Rücken niedersausen ließ.

Auch nicht ihre Mutter, die auf dem Boden kauerte, den Kopf zwischen die Beine geklemmt, die Arme schützend über den Nacken gelegt. Wie ein gesichtsloser Körper. Sie bewegte sich nicht. Sie weinte nicht. War ganz still. Obwohl die Hände schon bluteten von seinen Schlägen.

»Ich werd dir Manieren beibringen«, hatte ihr Vater gebrüllt. »Damit du weißt, wie man sich benimmt. Es gibt dahoam keine Widerworte. Hörst du. Nie wieder! Oder du kannst gehen.«

Ohne einen Mucks zu machen, war sie zurück in ihr Zimmer geschlichen, hatte die Tür leise geschlossen, die Decke bis zur Nasenspitze hochgezogen und regungslos gewartet.

Nach einer Weile war er endlich zu Bett gegangen, stöhnend die Treppe hinaufgepoltert. Dann war es lange völlig still im Haus gewesen. Sie hatte nicht gewagt zu atmen. Irgendwann hörte sie zu ihrer Erleichterung auch die Mutter. Ganz leise. Sie schloss sich im Bad ein.

Schließlich war Juliane in einen traumlosen Schlaf gefallen.

Am nächsten Morgen saßen sie beim Frühstück, wie immer. Der Vater hinter der Zeitung, die Mutter hielt ihre Tasse Kaffee in den wunden Händen. Niemand sagte ein Wort. Und so hatte auch sie beschlossen, die Bilder in eine Ecke ihres Kopfes zu schieben, zu der sie keinen Zugang mehr hatte.

Und mit der Zeit wusste sie immer weniger, ob es real war, was sie gesehen hatte, oder nur ein böser Traum – wie es noch viele geben sollte, im Laufe der Jahre.

Dabei hatte sie immer gewusst, was ihr Vater mit ihrer Mutter tat. Dass er sie schikanierte, sie schlug, auf jede erdenkliche Art misshandelte. Und wahrscheinlich auch vergewaltigte. Sie hatte es nicht gewagt, das Schweigen zu brechen. Statt etwas zu unternehmen, war sie gegangen.

Sie verbiss sich das Weinen. Hob den Kopf in den Nacken und starrte an die Decke.

Es wurde merklich heller draußen. Der nächste Morgen kam.

Mit einem lauten Schrei sprang sie auf, rannte in die Ecke, in die sie das Handy geworfen hatte. Auf allen vieren kroch sie herum, bis sie es gefunden hatte.

Er würde sie nicht beobachten. Er würde nicht zuhören, wie sie langsam durchdrehte. Noch hatte sie Kraft. Diese Genugtuung würde sie dem Schwein nicht geben.

Sie legte das Gerät auf den Boden, das Display zeigte nach oben. Sie widerstand dem Drang, sich noch ein letztes Mal die Uhrzeit anzeigen zu lassen. Stattdessen packte sie eines der Metallfässer, wuchtete es mit aller Kraft hoch, so weit sie nur konnte. Dann ließ sie es auf das Handy krachen.

Und noch einmal.

Sie dachte an das Gesicht ihres Vaters. An seine Kraft. An seine Wut. Mit einem lauten Schrei ließ sie das Fass ein drittes Mal auf das Gerät fallen, stand keuchend mitten im Raum. Schweiß lief von ihrer Stirn herunter. Sie wischte ihn mit der Handfläche weg und brach in ein triumphierendes Geheul aus.

Er hatte sich getäuscht. Diese miese Type hatte die Falsche erwischt. Sie würde nie so werden wie ihre Mutter. Sie war keine, die sich duckte. Sie würde sich wehren.

Dann stieg sie auf die Fässer. Dieses Mal behielt sie das Gleichgewicht. Sie zerrte an der Steigleitung. Das würde sie in Bewegung halten. Und wenn sie es schaffte, ein Stück davon rauszureißen, dann hätte sie etwas, was sie als Waffe benutzen konnte.

Plötzlich hörte sie ein metallisches Geräusch. Sie hatte nicht bemerkt, dass sich draußen jemand genähert hatte.

Schon flog die Tür auf. Verzweifelt riss sie noch heftiger an der schmalen Metallleitung. Aber sie hatte keine Chance. Blitzschnell war der Mann hinter ihr, trat mit Wucht das Fass unter ihr weg.

Sie versuchte noch, sich festzuhalten, doch ihre eiskalten Hände glitten ab und sie fiel. Hing wie eine Marionette zwischen den Fässern, ein brutaler Schmerz jagte durch ihren Körper, als sie sich einen Arm auskugelte.

Stöhnend wollte sie sich umdrehen, doch es war zu spät. Schon fühlte sie einen Stich im Nacken.

»Mistkerl!«, entfuhr es ihr. Dann verschwamm das Bild vor ihren Augen. Bis die Schwärze alles überdeckte.

Die Schmerzen, die Wut, selbst ihre Angst.

Sie haben dich leiden lassen.
Dich ignoriert.
Jetzt bist du es, der ihre Qual genießen darf.
Stunde um Stunde.

44.

Als endlich die Kollegen vom KIT angekommen waren, hatte Alexa sich im Zimmer von Anabel umgesehen. Doch deren früheres Kinderzimmer wirkte wie aus der Zeit gefallen, und sie vermutete, dass der Großteil von Anabels Sachen noch immer bei Stephan im Haus war. Möglicherweise hatte sie erst eine neue Bleibe suchen wollen – oder sie hatte im Stillen darauf gehofft, dass das, was das Paar auseinandergebracht hatte, sich wieder kitten ließ.

Huber, der nun mit allen verfügbaren Kräften das Tal weiter absuchte, hatte sie gebeten, dem Hochseilgarten im Isarwinkel einen Besuch abzustatten. Einer aus dem Suchtrupp hatte von einer Anlage erzählt, in der man Axtwerfen konnte. Sie sollte sicherstellen, dass die Mordwaffe nicht dort entwendet worden war.

Alexa stellte Hubers Audi auf dem riesigen Parkplatz am Fuße des Braunecks neben einem roten Opel Corsa ab. Sie bewunderte einen blitzblanken dunkelblauen Dodge RAM, der ebenfalls dort stand, ging dann an dem Bikepark entlang und folgte weiter den Hinweisschildern. Sie war froh, ein paar Schritte laufen zu können. Nach dem Gespräch mit Anabels Eltern fühlte sie sich ausgelaugt, und die frische Luft machte ihren Kopf wieder frei. Zum Glück hielt das Wetter, auch wenn es weiter trüb war.

Oben angekommen, ging sie zum Kassenhäuschen, wies

sich aus und ließ sich von der jungen Frau den Weg zur Axtwurfanlage weisen.

»Der Chef ist so früh noch net auf dem Gelände, aber der Rudi Obermeyer ist draußen. Heuer ist nicht viel los, da werden Sie außer ihm nicht vielen Leuten begegnen. Der Rudi ist groß und hat einen Vollbart. Nicht zu übersehen.«

Alexa bedankte sich, ging an dem futuristisch wirkenden Gerüst des Hochseilgartens vorbei und konnte schon in einiger Entfernung die zwei Gestelle aus mächtigen Holzbalken erkennen, an denen eine dicke Zielscheibe befestigt war. Darunter lehnten Strohballen. Quer davor lag ein weiterer langer Holzstamm, vermutlich, damit die Werfer genug Abstand zur Scheibe wahrten.

An dem Begrenzungszaun der Anlage lehnte ein Mann auf dem Stiel einer Harke und schaute auf sein Handy.

»Manuel!«, rief Alexa, die den Jungen gleich wiedererkannte, und hob zum Gruß die Hand. »Helfen Sie hier auch aus?«

Der Junge nickte, steckte sein Handy weg und griff eilig zu der Harke. Offenbar war sein Job, die Grünflächen zu säubern, denn nun bemerkte sie auch den Sack, den er bei sich trug.

Bei Tageslicht stellte sie fest, dass Manuel nicht ganz so jung war, wie sie zuvor geschätzt hatte. Er war wohl doch eher Mitte zwanzig, die gebeugte Haltung und die Art, wie er sich bewegte, ließen ihn aber unsicher und dadurch wesentlich jünger wirken.

Alexa erkundigte sich, ob er wüsste, wo sie den Betreuer der Anlage finden könnte.

»Der Rudi ist dahinten«, erklärte Manuel eifrig. »In dem Schuppen. Er kontrolliert gerade, ob alle Geräte da sind.«

Alexa nickte. Vermutlich hatte Huber ihn schon gebeten, die Bestände zu überprüfen.

»Danke«, sagte Alexa und marschierte in die Richtung, die Manuel ihr gewiesen hatte.

Sie klopfte an die Tür. »Hallo? Ist hier jemand?«

Ein großer Kerl mit Vollbart und einer warmen Wolljacke trat ihr entgegen. Sein Haar war seitlich gescheitelt, und er strich sich eine pomadige Strähne aus dem Gesicht. In einem Ohrläppchen trug er einen Fleshtunnel. Alexa hätte wetten können, dass ihm der auffällige Wagen mit dem V8-Motor gehörte.

»Sie müssen die Kommissarin sein, richtig?« Er hielt ihr die Hand hin und schüttelte sie kräftig.

An seinem Unterarm erkannte Alexa den Rand einer bunten Tätowierung. »Genau. Alexa Jahn ist mein Name.«

»Ich habe gerade nachgeschaut. Unsere Äxte sind alle da.«

Logisch. Es wäre auch zu einfach gewesen, wenn sie hier gleich fündig geworden wären.

»Können Sie mir denn sagen, wo man so eine kaufen kann?«

»Eine Wurfaxt? Die bekommen Sie im Internet. Entweder bei eBay oder über Spezialshops, die alle möglichen Waffen versenden: Messer, Schwerter, Macheten.«

»Auch eine mit Doppelklinge?«

Rudi nickte. »Klar. Die hat ja schon eine lange Tradition. Seit dem Mittelalter kennt man solche Streitäxte.«

»Haben Sie die denn auch hier im Angebot?«

Er nickte, verschwand in dem Schuppen und brachte ihr zwei Exemplare mit. »Wir haben beides: Unseren *Ochsenkopf* hier, den muss man mit beiden Armen werfen. Der wiegt schon ein bisserl was. Mit der Einzelklinge haben wir die *Franziska,* die nur mit einer Hand geworfen wird. Wichtig ist, dass man die Axt wirklich fest am Griff anfasst, dann hinter beziehungsweise neben den Kopf führt, das Ziel anvisiert und erst loslässt, wenn der Ellenbogen gerade ist.«

»Und wer macht so was?«, fragte Alexa neugierig.

»Jeder, der den Eintritt zum Hochseilgarten bezahlt, kann hier bei uns werfen. Wir haben ja eine Menge von Attraktionen auf dem Gelände: Slackline, Klettern, Bouldern, die Riesenschaukel für zwei Personen und dann noch den Flying Fox, bei dem man an einem Drahtseil über die Köpfe der Wanderer saust. Das Axtwerfen ist aber auch sehr beliebt.«

Der Mann lächelte, und sein Schnurrbart schob sich dabei seitlich etwas in die Höhe.

»Wissen Sie, die Touristen sind dankbar für das Angebot. Dann gibt es Firmenevents, es kommen Schulklassen, und natürlich haben wir hier Junggesellenabschiede. Aber auch die Leute aus dem Ort schauen vorbei und probieren das mal aus.« Er hielt ihr die *Franziska* hin. »Möchten Sie? Es ist wirklich ungefährlich.«

Erst wollte Alexa verneinen, aber dann gab sie sich einen Ruck. Vielleicht half es ihr, sich in denjenigen hineinzuversetzen, der dieses Ding in Anabels Schädel gerammt hatte.

»Ursprünglich kommt der Sport aus Kanada und Skandinavien«, erklärte der Mann, der einen ganzen Kopf größer war als sie. »Ist aber in den letzten Jahren auch bei uns immer beliebter geworden. Man muss sich sehr konzentrieren und kann dabei gut Stress und Aggressionen abbauen.«

Obermeyer stellte sich dicht hinter sie, führte ihren Arm und erklärte noch einmal genau, wie sie die Waffe halten musste. Sie konnte seinen Atem in ihren Haaren spüren. Seine Nähe war ihr unangenehm. Doch bevor sie etwas dazu sagen konnte, trat er bereits einen Schritt zurück und nickte ihr zu.

Alexa nahm das Zentrum der Holzscheibe in den Blick, verjagte alle anderen Gedanken, hob die Axt direkt neben ihren Kopf und griff noch einmal nach, bevor sie ihren Arm nach vorne schnellen ließ. Die Waffe löste sich beinahe wie von selbst aus ihrer Hand, drehte sich im Flug um die eigene Achse und blieb dann mit einem kurzen Knacken im Holz stecken. Sie war erstaunt, wie wenig Kraft sie gebraucht hatte.

»Genau in die Mitte! Sie sind ein Naturtalent. Wollen Sie auch noch die Doppelaxt ausprobieren?«

Doch sie winkte ab. Ihr Bedarf war fürs Erste gedeckt. Sie wusste jetzt mehr als genug über das Axtwerfen. Deshalb zog sie rasch ihr Handy hervor und zeigte dem Mann die Fotos von Stephan Bach, vom Moser junior und zur Sicherheit auch von David Gross.

»Hat einer von denen schon hier geworfen?

Rudi Obermeyer zuckte die Schultern. »Ich bin ja nicht immer hier. Aber der war schon da.« Dann tippte er auf das Bild vom Moser. »Mit seinem Vater. Die sind gegeneinander angetreten, und der Alte hat am Ende gewonnen. Der Junge war ziemlich sauer. Daran erinnere ich mich.«

Alexa versuchte, sich nicht anmerken zu lassen, wie sehr sie diese Antwort interessierte. »Wissen Sie zufällig noch, wann das war?«

»Das ist gar nicht lange her. Vor einer guten Woche vielleicht? Aber beschwören kann ich das nicht.«

Leider gab es keine Möglichkeit, das Datum zu überprüfen, denn die Leute zahlten in der Regel bar. Aber er versprach, Alexa sämtliche Listen von Gruppen zu schicken, die sich in den letzten Monaten angemeldet hatten. Und er riet ihr, gleich noch die Frau an der Kasse darauf anzusprechen.

»Die merkt sich die Leute sicher besser als ich.«

Alexa bedankte sich und steckte ihr Handy wieder ein. Sie hatte es jetzt eilig.

»Darf ich noch fragen, warum die Kriminalpolizei sich so für das Axtwerfen interessiert?«

»Das dürfen Sie«, sagte sie lächelnd. »Aber ich kann Ihnen nichts über die näheren Hintergründe verraten. Und fürs Erste wäre ich Ihnen sehr verbunden, wenn Sie Stillschweigen bewahren würden, dass wir nach so einem Gerät suchen.«

»Okay … Verstanden«, antwortete er, zog eine Augenbraue hoch und musterte sie aufmerksam.

Dennoch hatte Alexa das Gefühl, dass bald der halbe Ort von diesem Teil der Ermittlung erfahren würde. Aber vielleicht lockte das den Täter aus seiner Deckung – und würde ihn dazu bringen, einen Fehler zu machen.

45.

Als Alexa die Berichte der Rechtsmedizin durchging, die gerade aus der Münchner Nussbaumstraße gekommen waren, trat Huber in die Pension ein.

»Nichts. Wir haben alles abgesucht, jeden Stein umgedreht zwischen dem Bereich, in dem wir Anabel gefunden haben, und dem Fundort des Wagens. Die von der Bergwacht sind auch den Hügel hoch, so gut es ging. Selbst der Hubschrauber war heute im Einsatz, überfliegt immer noch die Berghänge, obwohl die Sicht nicht besonders gut ist. Jede Schutzhütte, jede Scheune haben wir untersucht. Auf dem Waldweg konnte die Kriminaltechnik lediglich einen Reifenabdruck sicherstellen. Und eine Zigarettenkippe lag dort. Die Ergebnisse bekommen wir morgen. Das war alles.«

»Dafür habe ich ein paar Sachen«, begann Alexa ihren Bericht. »Bei der Obduktion wurde klar festgestellt, dass Anabel an der Hiebwunde von der Axt gestorben ist. Ihr Schädel war gespalten, und die Hirnverletzung führte in wenigen Sekunden zum Tod. Aufgrund des Einschlagwinkels und der Tiefe der Wunde geht der Rechtsmediziner davon aus, dass die Axt geworfen wurde. Anabels Leiche weist aber auch ein paar blaue Flecke an den Armen auf, sie ist also vermutlich ziemlich brutal angefasst worden, bevor sie starb. Außerdem hat sie eine üble Knieprellung erlitten. Wegen der fehlenden Abwehrverletzungen und den starken Hautrötungen an den Handgelenken war sie wohl gefesselt, als die Axt sie traf. Darauf deuten auch vereinzelte Hämatome an den Armaußenseiten hin. Todeszeitpunkt ist der frühe Abend des Sonntags. Weiter war ich noch nicht, die Sachen sind gerade erst gekommen.«

»Also hat sie doch versucht abzuhauen und ist gestürzt.«

Alexa überflog die restlichen Zeilen. »Möglich. Aber warte ab, hier steht noch was: In ihrem Blut wurde Ketamin gefunden.«

Huber beugte sich zu ihr herüber. »Betäubungsmittel? Na, großartig. Noch was?«

»Es ist intramuskulär injiziert worden. Das ist alles.« Alexa schob den Bericht von sich weg.

Huber fuhr sich mit den Händen durch die Haare und stieß einen missmutigen Laut aus. »Ich kann heute nicht einfach Schluss machen. Wir müssen doch irgendeine Spur finden. Stephan und Juliane können sich ja wohl kaum in Luft aufgelöst haben!«

Es herrschte einen Moment Schweigen.

»Die Fahndung nach Stephan Bach läuft«, sagte Alexa dann. »Ich bin alles durchgegangen, was die Kollegen geschickt haben, doch bisher gab es nichts, was uns weiterbringen würde. Sie haben noch einmal bei seiner Arbeitsstelle nachgefragt, aber alle dort loben ihn nur in den höchsten Tönen. Ein warmherziger Typ, ehrlich, fleißig. Die Frauen standen ziemlich auf ihn, er schien das aber gar nicht zu merken, hatte nur Augen für Anabel. Natürlich könnte das für eine Fixierung sprechen, aber Anabels Mutter legt ihre Hand für ihn ins Feuer. Sie ist sicher, dass Stephan ihrer Tochter nie ein Haar gekrümmt hätte.«

»Wie war es überhaupt bei den Eltern?«, erkundigte sich Huber. »Wie haben sie es aufgenommen?«

»Sie standen beide unter Schock. Ein Kollege vom KIT ist jetzt bei ihnen. Ich glaube, es ist noch gar nicht richtig bei ihnen angekommen, dass ihre Tochter getötet wurde. Wir haben zusätzlich einen Streifenwagen vor dem Haus postiert, der die Presse fernhält, falls etwas über den Fall durchsickert.«

Huber nickte anerkennend.

»Morgen dürfen sie ihre Tochter in der Rechtsmedizin noch einmal sehen, hat der Psychologe mich wissenlassen. Er wird sie dabei begleiten. Ansonsten habe ich mir noch Anabels Zimmer angeschaut, aber da gab es nichts, was uns weitergebracht hätte. Offenbar hat sie nur das Nötigste aus dem gemeinsamen Haus mitgenommen.«

Huber schaute sie nachdenklich an. »Er wäre nicht der Erste, dessen Glühdrähte durchbrennen, wenn die Ex einen Neuen hat.«

Alexa pflichtete ihm bei. Aber sie hatte überdies einen anderen Verdacht. Sie sah auf die Uhr. Es war noch früh. Und es gab eine Sache, die sie einfach nicht ruhen ließ.

»Dann war ich noch bei dem Hochseilgarten. Von dort stammt die Axt nicht, aber man kann sie leicht über das Internet kaufen. Ich habe das gerade gecheckt: Für 250 bis 300 Euro kannst du das Fabrikat aus Schweden bestellen, das unser Täter benutzt hat. Aber es gibt die Dinger schon ab 50 Euro.«

Huber nickte. »Diese Axt wird auch Amazonenaxt genannt. In Wiki steht, dass es etwas mit der Frauenbefreiung zu tun hat. Von wegen.«

»Im Hochseilgarten nennen sie diesen Axttyp *Ochsenkopf*«,

sagte Alexa. »Aber darauf will ich nicht hinaus. Rate mal, wer dort noch vor kurzem geworfen hat.«

Huber zuckte die Schultern.

»Die Mosers. Der Senior und der Junior. Erst vergangene Woche. Rudi Obermeyer, der den Bereich betreut, war sich ganz sicher.«

Huber zögerte und schien nachzudenken.

»Ich weiß, Hocke ist nicht gerade einer, dem ich trauen würde, und die persönlichen Differenzen können natürlich den Ausschlag gegeben haben, dass er uns auf den Moser gebracht hat«, sagte Alexa. »Andererseits war der Junior schon einmal gewalttätig gegen eine Frau, und alle reden von seiner Brutalität. Vielleicht haben wir ihn doch zu schnell von unserer Liste gestrichen.«

»Hattest du nicht am Samstag noch Hocke selber im Visier? Und wir haben auch immer noch keinen Hinweis darauf, dass beide Fälle zusammenhängen, oder?«

Sie stieß einen missmutigen Laut aus. Er hatte natürlich recht mit seiner Bemerkung. »Aber wenn Moser junior schon einmal so eine Axt geworfen hat, dann wusste er zumindest, wie das geht. Und vergiss nicht, dass er in der Nähe von Bachs Wagen war.«

Huber lachte laut auf. »Alexa, hier wird so viel Holz gespaltet, dass fast jeder so ein Ding besitzt. Und üben kann man den Umgang mit einer Wurfaxt viel unauffälliger auf einem Hof oder draußen im Wald als ausgerechnet in dem Hochseilgarten.«

Sie ließ sich gegen die Lehne fallen und presste die Hände gegen ihre Schläfen.

»Was hältst du von folgender Idee«, fuhr Huber fort. »Wir

fahren erst bei der Pizzeria vorbei, in der Anabel gearbeitet hat. Dort können wir auch schnell zu Mittag essen, wenn du magst. Mich interessiert immer noch, wieso sie ihre Schicht getauscht hat. Die Techniker konnten ihr Handy nicht wieder in Gang setzen, es lag wohl zu lange im Wasser, aber vielleicht erinnert sich einer ihrer Kollegen genauer. Ich will denen noch einmal auf den Zahn fühlen, denn die wissen vermutlich mehr als Anabels Eltern. Und wenn wir damit fertig sind, schauen wir beim Moserhof vorbei.«

»Einverstanden!«, meinte Alexa und schob Huber schon seine Autoschlüssel über den Tisch.

Doch er winkte ab. »Heute fährst du.«

Ein Lächeln huschte über ihr Gesicht. »Dann mal los.«

Eine Viertelstunde später saßen Alexa und Huber mit dem Team der Pizzeria La Famiglia an einem langen Tisch in einer seitlichen Nische. Es waren keine Gäste vor Ort, nur telefonische Bestellungen kamen tröpfchenweise herein. Betroffen hörten Anabels Kollegen zu, als ihnen eröffnet wurde, dass die junge Frau ermordet worden war.

Der Koch ließ immer wieder ein »Mamma mia« verlauten. Eine Bedienung weinte, sie war diejenige, mit der Anabel den Dienst getauscht hatte.

»Wäre ich doch nur nicht darauf eingegangen«, jammerte sie. »Dann wäre sie vielleicht noch am Leben.«

»Dio mio!«, fiel ihr der Koch ins Wort. »Oder du wärst tot. Wenn ein Verrückter hier herumläuft …«

»Was hat Anabel denn genau gesagt?«, fragte Alexa. »Sie hatten die Vermutung geäußert, sie wäre verabredet?«

Die junge Frau wischte die Tränen weg. »Na ja. Weil sie so

aufgekratzt war. Sie kam hier rein, fragte, ob ich länger machen könnte, sie würde dann meine Schicht am folgenden Abend übernehmen.«

»Also am Samstag.«

Sie nickte. »Sie schminkt sich ja für die Arbeit nur dezent, die Anabel. Aber da hatte sie Lidschatten und knallroten Lippenstift drauf. Und sie roch so gut.«

Sofort hakte Alexa ein: »Haben Sie denn gesehen, ob jemand draußen auf sie gewartet hat?«

Bedauernd verneinte die junge Frau. »Ich musste ja arbeiten. Ich konnte ja nicht wissen …«

Sie brach ab, und wieder saßen alle betroffen schweigend da.

»Kannten Sie Stephan Bach?«, fragte Alexa in die Runde.

Die Mitarbeiter nickten. »Natürlich. Er hat oft hier gewartet, bis Anabel mit ihrer Schicht fertig war. Hat sie immer abends abgeholt. Bis sie dann wieder zu ihren Eltern ist.«

»Was war eigentlich der Grund für die Trennung?«, wollte Huber wissen.

Alle zuckten die Schultern, doch sie nahmen an, dass Anabel irgendwie unzufrieden war. »Immerhin ist sie ausgezogen. Aber sie hat nie ein böses Wort über den Stephan gesagt.«

Huber notierte sich, diese Frage noch einmal an Anabels Mutter zu richten. Alexa schaute gedankenverloren auf seine Notizen. Niemand vermittelte den Eindruck, dass das Paar in Hass und Streit auseinandergegangen war.

Dann zeigte sie dem Team ein Bild von Juliane. Die Hoffnung starb bekanntermaßen zuletzt. Aber niemand konnte sich an sie erinnern. Schließlich ging die Belegschaft wieder an die Arbeit, und bald darauf erhielten Alexa und Huber die Pizzen, die sie geordert hatten.

Der Besitzer hatte außerdem zugesagt, alle Telefonnummern von Kunden herauszusuchen, die in der Zeit kurz bevor und nachdem Anabel das Haus verlassen hatte, etwas zum Abholen bestellt hatten. Vielleicht half ihnen das weiter.

Alexa und Huber saßen schweigend über ihrem Essen, besonderen Appetit hatten sie beide nicht. Da klingelte Hubers Telefon.

»Stein«, ließ er Alexa wissen und ging ran. Er hörte intensiv zu. »Und das Kennzeichen?« Er legte die Gabel hin. »Nein, nein. Wir kümmern uns darum. Danke, und bis gleich.«

»Was ist passiert?«

»Wir haben einen Hinweis. Vage, aber schon einigermaßen seltsam.«

Wieder verfiel Huber in sein altbekanntes Schweigen.

»Nun sag schon«, meinte Alexa ungeduldig.

»Jemand hat auf unsere Fahndung hin einen Wagen gemeldet, den er in Geretsried bemerkt hat. In der Nähe von Stephan Bachs Wohnung. Eine schwarze Limousine. Ein BMW. Der stand in der Nacht dort, in der es so geschneit hat. Am nächsten Morgen war das Auto weg.«

Aber sicher, ohne dass das Kennzeichen notiert worden wäre, dachte Alexa. Außerdem sahen viele Leute auffällige Fahrzeuge, sobald eine Fahndung herausgegeben wurde. Oder Menschen, die sich seltsam verhielten. Zumeist führten solche Spuren ins Leere.

»Das Ehepaar, das den BMW gesehen hat, erinnerte sich sogar noch an den Anfang des Kennzeichens«, sagte Huber, »nur nicht an die Zahlen. Stein hat das ins System eingegeben. Ein Wagen desselben Typs mit dieser Buchstabenkombi ist Donnerstagnacht in Wolfratshausen gestohlen worden.«

Nun wurde auch Alexa aufmerksam.

»Aber jetzt kommt das Merkwürdige«, fuhr Huber fort. »Dieser Wagen wurde Samstagvormittag sichergestellt. Nur nicht hier. In Österreich. Genauer gesagt in Innsbruck.«

»Bitte, was?«, fragte Alexa irritiert und musterte Huber mit großen Augen. Aber er scherzte nicht.

»Das dachte ich auch. Dein Freund Krammer hat diesbezüglich eine Anfrage geschickt, sagte Stein. Aber wir müssen jetzt los, Stein meinte auch, wir sollten umgehend nach Weilheim kommen. Ott hat etwas herausgefunden und alle zusammengetrommelt. Scheint was Wichtiges zu sein.«

46.

Mit ausladenden Schritten lief Krammer durch den Hofgarten. Er hatte keinen Blick für die Menschen, die ihm begegneten. Den gesamten Tag hatten sie die Studierenden befragt. Hatten sich nach Gewohnheiten erkundigt, nach Freunden der beiden jungen Frauen, nach ihrer politischen Gesinnung. Ohne einen Hinweis auf eine rechte Gruppierung, die es auf Lela Neshan abgesehen haben konnte. Oder die belegen würde, dass sie sich auf dubiose Gesellschaft eingelassen hatte. Oder auf Verwandte, die ebenfalls nach Österreich geflüchtet waren.

Mittlerweile war ein kleines Team dabei, sämtliche Websites und Chats im Internet zu durchforsten. Jede kritische Meinung zu Ausländern, die auf den Seiten der Universität geäußert wurde, genauso wie die Accounts derer, die mit Lela Neshan in der ersten Flüchtlingsunterkunft gelebt hatten. Und parallel suchten sie weiterhin nach Informationen über die letzten Tage von Karolin.

Bis auf unerlaubten Drogenbesitz bei einem der Geflüchteten, ein paar Verstöße gegen die Straßenverkehrsordnung und den schon bekannten Hasskommentar von Lorena Reinhardt hatten sie aber nichts gefunden, was sie auch nur einen Schritt weitergebracht hätte.

Szabo wollte ihn noch einmal im Wohnheim treffen, um dort die Wochenendrückkehrer gemeinsam zu befragen, aber er hatte sich ausgebeten, erst eine Runde zu drehen, um den Kopf frei zu kriegen. Und um seinen Unmut in den Griff zu bekommen, der immer wieder in ihm hochstieg.

Die jungen Menschen, die ihm heute gegenübergesessen hatten, waren von einer derartigen Unlust gewesen, dass er nur schwer an sich halten konnte. Die Frauen, die in einer seltsam affektierten Tonlage sprachen wie Kleinkinder, denen die Mama ihren Lolli weggenommen hatte, hatten ihn rasend gemacht.

Dabei waren es die Töchter derjenigen Mütter, die noch vor wenigen Jahren gegen Atomkraft demonstriert hatten, die für Gleichberechtigung und faire Bezahlung kämpften. Doch ihm schien es, als würden sie sich nur für Follower, Maniküren und laktosefreien Chai Latte interessieren.

Die Männer waren nicht besser, mit ihren sauber rasierten Bärten und ihrem Fitnesskult. Alles drehte sich bloß um möglichst perfekte Äußerlichkeiten.

Natürlich wusste Krammer, dass früher nicht alles besser gewesen war. Dennoch fragte er sich, wo die intellektuelle Auseinandersetzung stattfand, die Diskussionskultur, die er zu seiner Zeit bei den Studenten erlebt hatte.

Aber am schlimmsten wog, dass sie ihm den Eindruck vermittelt hatten, ihnen sei es völlig egal, dass jemand aus ihrer Mitte fehlte. Ohne jegliches soziale Gewissen. Völlig abgestumpft und desinteressiert am Schicksal anderer.

Krammer marschierte weiter, bog dann aber ab, um ein Stück am Inn entlangzulaufen. Der Pegelstand war recht hoch, das Wasser grau von dem Gesteinsabrieb und dem getrockneten Laub, das die Wassermassen in den letzten Tagen aus den Bergen in den Fluss gespült hatten.

Er sah auf die Uhr. Langsam musste er sich sputen, Szabo wartete bereits seit einer Ewigkeit im Wohnheim auf ihn. Wie auf Kommando klingelte sein Handy. Manchmal hatte er das Gefühl, dass seine Kollegin eine telepathische Verbindung zu ihm hatte.

»Schon unterwegs!«, rief er in das Mikrophon und beschleunigte noch einmal sein Tempo.

»Wohin?«, fragte eine glockenhelle Stimme, die definitiv nicht zu Szabo gehörte.

Er blieb stehen, strich sich die Haare aus dem Gesicht, versuchte, sich zu sammeln. »Alexa«, mehr brachte er nicht über die Lippen. »Tut mir leid, ich hatte eigentlich mit meiner Kollegin gerechnet.«

Seine Gedanken rasten. Der Anruf traf ihn völlig unvorbereitet. Er starrte in den rauschenden Fluss. Sein Atem ging stoßweise. Auch am anderen Ende blieb es ruhig. Wie sollte er reagieren? Sollte er ihr sagen, dass er Bescheid wusste?

»Huber und ich arbeiten da an einem neuen Fall«, erklärte sie. Ihre Stimme klang dienstbeflissen wie immer.

»Ist Huber gerade bei dir?«, fragte Krammer sofort und hätte sich gleich für diese Frage ohrfeigen können.

Sie bejahte und fuhr fort, ohne sich aus dem Konzept bringen zu lassen: »Bei unseren Ermittlungen sind wir auf die Daten eines Fahrzeugs gestoßen, nach dem du dich am Samstag erkundigt hast.«

Er nickte und hielt auf eine Bank zu. Vielleicht war es besser, sich zu setzen, denn er bemerkte irritiert, dass er am ganzen Leib zitterte.

»Wo habt ihr den Wagen gefunden? Und vor allem: Warum interessierst du dich dafür?«, wollte Alexa wissen.

Er atmete tief ein. Sie ließ sich nichts anmerken. Es gab nicht die winzigste Änderung in ihrem Verhalten ihm gegenüber. Das hatte er nun davon, dass er so feige war und sich nicht gleich nach Susannas Anruf aufgerafft hatte, sich bei ihr zu melden. Obendrein hatte er die Anfrage wegen des gestohlenen BMWs an Brandl gerichtet. Kein Wunder, dass Alexa kurz angebunden war. Wenn er jetzt nicht den Mund aufbekam, irgendetwas von Belang zu ihr sagte, dann war der Moment vorbei. Endgültig.

Er starrte auf das Wasser, den reißenden Strom vor ihm.

»Krammer«, fragte sie. »Bist du noch dran?«

»Wir haben den Wagen ganz in der Nähe eines Wohnheims für Studenten gefunden, aus dem am Freitag zwei Mädchen entführt wurden«, erklärte er schließlich mit belegter Stimme.

»Okay«, sagte sie und stockte einen kurzen Moment.

Wieder keimte Hoffnung in ihm auf. Gespannt wartete er, was sie als Nächstes sagen würde.

»Wir suchen seit Freitag auch nach mehreren Personen: zwei Frauen und ein Mann«, erwiderte sie knapp.

Dann schilderte sie präzise die Ermittlungen, wie sie die tote Frau gefunden hatten, berichtete von dem Verdacht gegen zwei Personen, von der anderen Vermissten und von einem Straftäter aus der näheren Umgebung. Er hörte ihre detaillierten Ausführungen, ohne jeden Schnörkel. Genau so, wie er sie beim letzten Fall kennengelernt hatte.

Es gab kein Zögern. Kein persönliches Wort. Man merkte Alexa nicht die allerkleinste Veränderung an.

Krammer seufzte. Das musste er akzeptieren. Die dienstlichen Abläufe würden ihm Sicherheit geben. Und ihr ging es offenbar ebenso – auch wenn er sich insgeheim etwas völlig anderes gewünscht hätte. Aber sich Alexa aufzudrängen, kam nicht in Frage.

»Kannst du uns alle Untersuchungsergebnisse zuschicken, die ihr bezüglich des Wagens habt? Das würde uns die Arbeit sehr erleichtern«, schloss sie.

Am liebsten wäre er gleich losgefahren, um sie ihr zu bringen und ihr noch einmal gegenüberzustehen. Stattdessen antwortete er nur: »Natürlich.«

Bevor er noch etwas hinzufügen konnte, beendete sie das Telefonat bereits mit einem kurzen Gruß.

Krammer saß da, starrte auf sein Handy. Spürte ihrer Stimme nach. Minutenlang. Dann sah er zum Himmel. Aber dort würde ihm auch niemand helfen. Eine Träne löste sich aus seinem Augenwinkel. Es wäre das Beste gewesen, er hätte nie von ihrer Existenz erfahren.

Die Kirchenglocken des Domes holten Krammer aus seinen Gedanken. Er musste sich sputen. Resolut wischte er die Träne weg.

Dann eilte er in Richtung Wohnheim.

Szabo brauchte ihn jetzt.

47.

Sämtliche mit den Vermisstenfällen betrauten Personen waren im Besprechungsraum der Inspektion Weilheim versammelt. Man hätte eine Stecknadel fallen hören können, denn es war klar, dass Klaus Ott, der IT-Experte des Teams, irgendetwas entdeckt hatte. Ein Beamer war in der Mitte aufgestellt und zeigte gerade das Bild von Stephan Bachs Wagen, so wie sie ihn am Tag zuvor gefunden hatten.

»Bei der näheren Untersuchung des Fahrzeugs kam etwas zutage, das unseren Leuten zunächst Rätsel aufgegeben hat«, begann er. »Auf der Beifahrerseite war etwas in den Lack geritzt: *AWALT.*«

Das nächste Bild erschien. Es war kaum wahrnehmbar: ein paar Buchstaben, schief in den Lack gekratzt. Direkt unterhalb des Fensters.

»Wir hielten das erst für Quatsch. Aber zur Sicherheit habe ich es überprüft und fand heraus, dass es sich um eine Abkürzung handelt. Es steht für *All women are like that.*«

»Und was soll das bedeuten?«, fragte Huber nach.

»Damit sind Frauen gemeint, die Monkey Branching betreiben, also sozusagen von Mann zu Mann an die Spitze der Gesellschaft klettern, getrieben von drei Dingen: Geld, Macht und Status«, erklärte ihnen Ott.

»Bezieht sich das auf Anabel?«, fragte Alexa. »Hat sie sich doch einen Neuen gesucht?«

»Möglich«, erklärte Ott. »Wir vermuten aber eher etwas anderes dahinter. Stephan Bach scheint Anhänger eines Online-Kults zu sein. Ein sogenannter Incel. Im Internet ist dieser Begriff schon geläufig, aber ich hole lieber etwas aus. Ich habe ein paar Infos vorbereitet, damit klarwird, mit wem wir es bei diesen Leuten zu tun haben.«

Ott erklärte, dass *Incel* als Abkürzung für »Involuntary Celibate« stehe, was unfreiwilliges Zölibat bedeutet. In der Gruppierung, die sich im Internet unter diesem Namen in verschiedenen Online-Foren tummelte, versammelten sich heterosexuelle Männer, die gegen ihren Willen zu einem enthaltsamen Leben gezwungen waren. Sie bezeichneten sich selbst als Personen dritter Klasse, hielten sich für unattraktiv, verkrampft, langweilig – teilweise sogar für peinlich. Nur wegen bestimmter äußerlicher Attribute: weil ihr Bartwuchs spärlich war, sie zu Glatzen neigten, schiefe Nasen oder zu weibliche Hände hatten. Diese Merkmale waren in den Augen der Incels dafür verantwortlich, dass die Frauen sie als minderwertig ansahen, sie verschmähten und sie deshalb ihr naturgegebenes Recht auf Sex bislang nicht ausüben konnten – und sich dies auch künftig nicht ändern würde. Viele der Mitglieder litten deshalb unter schweren Depressionen oder Angststörungen und waren häufig stark suizidgefährdet.

Ott machte eine kurze Pause und musterte die Gesichter der Kollegen im Raum. »Seit ungefähr zehn Jahren ist die Gruppe in den USA bekannt, mittlerweile gibt es sie auf der ganzen Welt, und sie wächst auch in Deutschland kontinuierlich. In den Chats der einschlägigen Foren schüren ihre Anhänger den Glauben, dass Männer in unseren modernen Demokratien schon seit Jahren Opfer einer gesellschaftlichen

Ungerechtigkeit sind, weil ihnen die Frauen nicht fair zugeteilt werden.«

»Du willst mich verarschen, oder?«, fragte Stein und schob sich mit seinem Stuhl zurück.

»Ich wünschte, es wäre so«, erwiderte Ott. »Es geht in den Chats aber tatsächlich vor allem um narzisstische Kränkungen, weil sie keine Partnerin finden. Die Männer reagieren darauf ganz unterschiedlich: Einige versuchen, durch Bodybuilding und Schönheitsoperationen ›Looksmaxxing‹ zu betreiben. Andere sehen keinen anderen Weg aus ihrer Misere als den Suizid.«

Ott ließ verschiedene Chats durchlaufen, bei denen die Betroffenen angestachelt wurden, es doch endlich durchzuziehen und nicht länger herumzuheulen.

Alexa schüttelte den Kopf. Sie hatte bisher noch nie von diesen Leuten gehört.

»Bei anderen«, fuhr Ott dann fort, »mündet der allgemeine Frust jedoch in einen radikalen Hass auf das weibliche Geschlecht, der auch vor dem Aufruf zu Gewalttaten gegen Frauen nicht haltmacht. Das scheint mir der Punkt, der für unsere Ermittlungen interessant ist. Dieser Teil der Incel-Gruppierung sympathisiert offen mit dem rechten Spektrum und mit Ländern, in denen Frauen eine untergeordnete Rolle in der Gesellschaft spielen, zum Beispiel islamisch geprägten Staaten. Einige Mitglieder überlegen sogar, in Ländern mit hoher Armut eine Frau zu suchen, da deren missliche Lage sie über körperliche Defizite hinwegsehen ließe und sie dann womöglich eher zum Sex bereit sei.«

»Das ist noch nicht alles, oder?«, vermutete Alexa mit Blick auf die Projektion an der Wand. »Erzähl weiter.«

Ott berichtete, dass in den Augen der Incels vor allem Feministinnen und die hohe Zahl alleinerziehender Frauen ihre männlichen Nachkommen ganz bewusst zu faden Waschlappen erzögen und es darauf anlegten, die natürliche Dominanz der Männer systematisch zu untergraben.

»Und genau da liegt dann das Problem: Frauen wählen in den Augen der Incels nie den *Nice Guy*, wenn sie Sex wollen, sondern binden sich immer an den besten Mann, den sie finden können, und pflanzen sich mit diesem fort. Sie suchen deshalb jemanden mit perfekten Genen und einem möglichst hohen sozialen Status, der ihnen eine gute Absicherung für die Zukunft verspricht. Hypergamie ist der Fachbegriff für dieses Verhalten.«

»Also keine Emotionen, sondern reines Kalkül«, murmelte Huber.

»Korrekt. Der Hass der Incels richtet sich deshalb auch nicht allein gegen Frauen, sondern genauso gegen attraktive Männer oder solche, die eine Frau abbekommen haben.«

Alexa kaute auf ihrer Unterlippe herum. Das alles klang für sie völlig antiquiert. Allerdings passte die Axt, mit der Anabel getötet worden war, perfekt in dieses obskure Bild hinein.

»Kommen wir zur Analyse der Mitgliederstruktur. Soweit wir bisher beurteilen können, sind die Incels meist zwischen fünfzehn und fünfundzwanzig Jahren alt«, fuhr Ott fort, »stammen aus sämtlichen gesellschaftlichen Schichten und haben zunächst vielleicht gar kein gewalttätiges Potenzial. Aber dann werden die Mitglieder in den Foren ermuntert, durch konkrete Taten zu beweisen, dass sie echte Kerle sind.«

»Das bedeutet?«, fragte Huber, der genauso wie Alexa völlig ungläubig die Bilder anschaute, die aus verschiedenen

Chats stammten. Die abwertenden Sätze, die Ott darin markiert hatte, waren erschreckend. Gerade las Alexa: *Vergewaltige sie doch einfach, dann musst du nicht zahlen.*

Ott antwortete: »In den einschlägigen Foren werden auch Fotos und Videos ausgetauscht, in denen Frauen gefoltert, vergewaltigt oder sogar ermordet werden. Die Community feiert also alles, bei dem das weibliche Geschlecht unterdrückt wird. Denn es bedeutet, dass ein Nein keine stillschweigende Duldung mehr erfährt, sondern die Frauen endlich für ihr Verhalten zur Rechenschaft gezogen werden.«

»Krass«, sagte Alexa, der die Worte fehlten.

»Im Grunde sprechen wir also von Femiziden«, resümierte Huber und sah zu der Wand, an der die Fotos der toten Anabel aufgehängt waren.

»Auch. Aber es geht noch weiter.« Ott rief das nächste Bild auf. »Der erste bekannte Incel, Elliot Rodger, beging 2014 in Isla Vista in Kalifornien einen Amoklauf und stellte vorher ein Video ins Netz, um seine Botschaft mit der Welt zu teilen. In seinen Kreisen wird er immer noch wie ein Held gefeiert. Rassismus, vor allem aber die Betonung der Minderwertigkeit nicht weißer Menschen, spielt in dieser Ideologie ebenfalls eine wichtige Rolle. Auch die Amokläufe in Toronto und Halle gehen auf die Incel-Szene zurück. Es gilt als heroisch, *den ER zu machen,* also wie Elliot Rodger Attentate zu verüben, bei denen eine möglichst hohe Anzahl von Frauen und sexuell aktiven Menschen vernichtet wird.«

»Das ist doch völlig verrückt!«, brach es aus Alexa heraus.

»Ja. Aber die Gefahr aus dieser Richtung wird immer größer. Diese Leute sind hochgradig aggressiv, und sie können sich über das Internet weltweit organisieren. Genau wie alle anderen Gruppierungen mit irgendwelchen kruden Ideen. Aber man sollte sie nicht unterschätzen: Ihr Frauenhass kombiniert mit den eigenen Minderwertigkeitsgefühlen und ihrer immensen Wut auf die Gesellschaft ergibt eine gefährliche Mischung. Und wenn wir jetzt an die Hinrichtung von Anabel denken, würde dieser Mord für mich genau in dieses Schema passen.«

Alexa musste erst einmal ihre Gedanken sortieren. War das die Verbindung, nach der sie die ganze Zeit gesucht hatten? Doch eines ergab für sie noch keinen Sinn. »Du hast eingangs gesagt, dass die Männer sich für unattraktiv halten. Bach ist jedoch ein gutaussehender Typ, und uns wurde gesagt, dass die Frauen auf ihn standen. Dann müsste er doch eher ein Opfer als ein Täter sein.«

»Korrekt. Die Frage haben wir uns auch gestellt. Aber er war immerhin Mitglied in einem Bodybuilding-Center in Geretsried. Vielleicht war er in der sogenannten Metamorphose, wie die Incels es nennen. Wir müssten uns anschauen, wie er früher als Jugendlicher aussah, um ganz sicher zu sein.«

»Außerdem stellt sich die Frage, wie das Idealbild der Incels aussieht«, gab Huber zu bedenken. »Bach hatte definitiv etwas Südländisches in den Genen. Falls seine Leute eher den arischen Mann als Prototyp sehen, passt das natürlich nicht so recht … Und besonders groß ist Bach auch nicht.«

»Wir gehen gerade die Chats in den einschlägigen Foren durch«, berichtete Ott, »um herauszufinden, ob Bach in Verbindung zu dem Netzwerk stand. Das ist allerdings nicht ganz so leicht. Die User nutzen in der Regel Codenamen und nicht ihr eigenes Foto. Besonders beliebt sind Bilder von Elliot Rodger, dem Joker aus den Marvelfilmen oder von führenden Köpfen des Naziregimes.«

Alexa betrachtete ungläubig die Auszüge aus Chatforen, die Ott weiter durchlaufen ließ. Unweigerlich schoss ihr etwas durch den Kopf: Mosers Angriff auf seine Ex. Und Hockes Psyche passte ebenfalls perfekt in dieses Schema.

Dann dachte sie wieder an die Axt in Anabels Schädel. Ott hatte recht: Es war fast schon ein archaisches Bild. So absurd es klang, es würde zu allem passen, was Ott gerade gesagt hatte. Das Axt-Symbol stand für den Krieger, die dominanteste männliche Rolle. Auch Huber hatte es vorhin so beschrieben.

Und noch etwas wurde ihr bewusst, was sie sich aber nicht laut auszusprechen traute: In ländlichen Gegenden hielt man viel eher an althergebrachten Strukturen fest, an gewohnten Traditionen und Gebräuchen. Gerade in den letzten Tagen war ihr das immer wieder aufgefallen. Und damit auch an dem klassischen Modell, dass der Mann in der Familie die Hosen anhatte.

Vielleicht war der Schritt zu sexistischen Ideologien in einem derartigen Umfeld kleiner, als sie es sich vorstellen konnte. Denn in ihr Weltbild passte nichts von dem, was sie eben gehört hatte. Otts Bericht rief in ihr vielmehr die Erinnerung an Margaret Atwoods Dystopie *Der Report der Magd* wach. Für sie war diese Geschichte immer völlig surreal gewesen. Doch gerade wurde sie mit der Existenz von Männern konfrontiert, die sich hierzulande hinter ihren Bildschirmen verkrochen und davon träumten, alle Frauen nach Quoten unter sich aufzuteilen und sie im

Grunde zu versklaven. Das war weit mehr als eine infantile Phantasie.

Sie schaute die Männer in der Runde an, in der sie heute die einzige Frau war. Und eine Gänsehaut breitete sich auf ihrem Körper aus.

48.

Einige Stunden zuvor

Von einem lauten Krachen wurde Lela geweckt. Stundenlang war es still gewesen in dem riesigen Raum. Irgendwann musste sie eingeschlafen sein. Wie konnte sie nur?

Voller Sorge sah sie zu Karolin, die noch immer auf der Seite lag. Der Mund ihrer Freundin stand ein Stück offen, eine Haarsträhne verdeckte den Rest des Gesichts. Sie konnte nicht erkennen, ob sie längst tot oder noch immer bewusstlos war.

Dann hob sie ihren Kopf und lugte vorsichtig zu allen Seiten. Schob sich mit den Fußspitzen ein wenig herum. Aber er schien nicht da zu sein.

Wieder hörte sie ein dumpfes Krachen. Es kam von unten.

Ihre Gedanken rasten. Was tat er? Was hatte er als Nächstes vor? Sie musste ihre Fesseln lösen. Hilfe holen. Wenn sie doch nur wüsste, wie viel Uhr es war und wie lange sie schon hier lagen. Ihre Lippen fühlten sich an wie raues Papier, und ihr Kopf dröhnte.

Plötzlich wurde die Tür aufgestoßen.

Lela ließ den Kopf rasch zu Boden sinken, tat so, als wäre sie nicht bei Bewusstsein. Ihr Herz raste, und die Müdigkeit, die sie vorhin noch gelähmt hatte, war wie weggeblasen.

Sie hörte ein quietschendes Geräusch wie von Gummi.

Seine Schritte waren schwer. Er stöhnte. Dann hörte sie ihn kichern.

Vorsichtig hob sie den Kopf, schielte unter ihrem Tuch hervor. Das Geräusch kam von einem Reifen. Der gehörte zu einem Schubkarren, über dessen Rand nackte Beine baumelten. Er hielt auf die hintere Wand zu. Kurz davor stoppte er, kippte die Wanne, und mit einem dumpfen Klatschen glitt der Körper einer Frau zu Boden.

Sie hatte dunkle Haare und trug nichts als ihre Unterwäsche, die an verschiedenen Stellen verdreckt war. An ihren Armen und Beinen entdeckte Lela blaue Flecken und Schürfwunden.

Ihre Lider flatterten, die Augen waren verdreht. Ein lallendes Geräusch kam aus ihrem Mund. Lela kannte sich nicht mit Drogen aus, aber ihr war klar, dass der Kerl ihr irgendetwas verabreicht haben musste.

Was er sonst mit ihr getan hatte, wollte sie sich gar nicht vorstellen. Aber sie musste. Sie konnte nur auf der Hut bleiben, wenn sie wusste, wozu er noch imstande war. Also zwang sie sich hinzusehen.

Er richtete die Karre wieder auf und lehnte sie gegen die Wand. Dann kam er zurück, drehte den Körper der Frau auf den Rücken und brachte sie in eine sitzende Position. Ihr Kopf hob sich kurz, sie bewegte den Mund, so als würde sie kauen. Vielleicht wollte sie auch etwas sagen. Doch schon schlossen sich ihre Lider wieder, und ihr Kopf fiel nach vorne.

Der Mann nahm ihre Hände, legte sie aneinander und fixierte sie mit Kabelbinder. Dann erhob er sich, starrte auf sie herab, betrachtete ihren Körper, beugte sich noch einmal zu ihr hinunter und strich ihr die strähnigen Haare aus dem Gesicht.

Einen Moment lang stand er einfach nur da. Er zog seine Hose am Bund höher und kratzte sich am Bauch.

Was ging ihm wohl durch den Sinn?

Er holte sein Handy aus der Hosentasche und schoss ein Foto. Dann drehte er sich um. Auf der Stelle senkte Lela den Kopf, tat so, als wäre auch sie in einen Dämmerschlaf gefallen. Gerade rechtzeitig.

Er trat auf sie zu, stieß sie mit dem Fuß an. Lela atmete ganz flach, öffnete leicht ihren Mund, versuchte, ihre Glieder schlaff wirken zu lassen.

Dabei schlug ihr Herz bis zum Hals. Die abgetragenen Spitzen seiner Stiefel standen direkt vor ihrem Gesicht. Sie hatte das Gefühl, gleich zu ersticken. Noch einen Moment länger und sie musste würgen, und er würde ihren Schwindel bemerken.

Dann tat er einen Schritt zur Seite. Sie ahnte, was als Nächstes passieren würde, hatte bei Karolin gesehen, wie der angestaute Zorn aus ihm hervorgebrochen war.

Ein Schrei stieg in ihr auf, doch bevor er sich aus ihr lösen konnte, machte der Kerl einen Satz über Karolins Körper und entfernte sich wieder. Er ging zu der Soundanlage, öffnete eine Pappschachtel, schluckte etwas. Lelas Augen schienen aus den Höhlen zu treten. Ihre Lunge brauchte Sauerstoff.

Endlich drangen die Bässe wieder durch den Saal, bunte Laser zogen ihre Kreise. Keuchend schnappte Lela nach Luft.

Er krächzte das Lied mit, schlenderte ziellos durch den Raum, hielt dann auf die hintere Tür zu und ging wieder nach draußen.

Erleichtert schloss sie die Augen. Tränen rannen ihr über die Wangen, und langsam beruhigte sich ihr Puls. Sie fühlte den Boden unter sich vibrieren, ließ sich von dem Takt einlullen. Ihre Lider wurden schwer, und die Müdigkeit wollte sie wieder in eine traumlose Schwärze ziehen. Weg von dem Grauen. Von der Gefahr.

Stimmen mischten sich in ihre schwindende Wahrnehmung.

Sie wurden lauter. Der wütende Protest einer Frau drang an ihr Ohr. Aber Lela wollte nur noch schlafen, sich weit von hier wegzoomen. Sie war einfach zu erschöpft.

Erst als ein gellender Schrei wie ein Warnsignal durch den Raum hallte, wurden ihre Überlebensinstinkte aufs Neue geweckt. Lela zwang sich, die Augen zu öffnen.

Eine blonde Frau stolperte in den Raum. Sie trug derbe Boots, schien auf dem Boden zu rutschen und konnte mit den auf den Rücken gebundenen Händen nur knapp verhindern, dass sie fiel.

Hinter ihr war ein dunkelhaariger Mann, ebenfalls gefesselt. Der Irre hielt ihm ein Messer an den Hals. Der Dunkle kniff die Augen zusammen, versuchte, im Widerschein des Lichts etwas zu erkennen. Als er sie und Karolin entdeckte, weiteten sich seine Augen.

»Setz dich!«, kommandierte der Irre die Blonde. »Na wird's bald. Oder soll ich deinem Typen hier die Kehle aufschneiden? Los jetzt. Neben die Dicke. An die Wand.«

»Einen Scheiß werde ich!«, fauchte sie.

»Tu, was er sagt«, bat der Dunkle.

»Und du hältst verdammt noch mal auch endlich die Schnauze! Ich sage hier, was Sache ist«, schrie der Irre, zog das Messer quer über die Kehle des Dunklen, der einen Zischlaut von sich gab und entsetzt die Augen aufriss. Er war nicht darauf gefasst, dass der Irre ihm nun einen brutalen Tritt in den Rücken versetzte. Der Oberkörper des Dunklen bog sich nach vorne, er versuchte, stolpernd ins Gleichgewicht zu kommen, aber wegen seiner verbundenen Hände gelang es ihm nicht, und er stieß hart mit dem Gesicht gegen die Betonwand. Stöhnend sackte er dort zusammen. Aus der Wunde am Hals rann ein schmales Rinnsal Blut.

Die Blonde schrie wie am Spieß, immer neue Flüche prasselten auf den Irren ein. Der hob nur eine Augenbraue und musterte sie, wie man ein lästiges Insekt beäugte.

Der Dunkle versuchte, sie zu beruhigen, doch das schien sie noch mehr anzustacheln.

»Du mieser Arsch, was fällt dir ein!«, brüllte sie und stampfte wütend mit dem Fuß auf.

Im Saal herrschte eine atemlose Spannung. Lela spürte genau, dass es gleich wieder zu einer Explosion kommen würde.

»Setz dich endlich und sei still. Los!«, schrie jetzt der Dunkle beschwörend. Seine Stimme war schrill, er spürte es auch.

Der Irre hob den Kopf, hielt einmal kurz den Earpod fest und drückte auf die Starttaste der Kamera vor seiner Brust. Das grüne Licht flammte auf. Dann sprang er mit zwei langen Sätzen in Richtung der Blonden, schlitterte über den glatten Boden, hielt dabei das rechte Bein ausgestreckt wie ein Fußballer bei einer Grätsche und krachte mit voller Wucht gegen ihr Knie.

Die Blonde brach zusammen. Ihr Heulen drang Lela durch

Mark und Bein. Sie krümmte sich auf dem Boden, ihr Gesicht schmerzverzerrt.

Der Irre rappelte sich hoch, schüttelte sich einmal kurz, wischte den Staub von seiner Hose und murmelte bloß: »Warum nicht gleich so, Anabel?«

Du hast immer davon geträumt, es ihnen heimzuzahlen.
Wenn du ihren Hass spürst,
dann antworte in der einzigen Sprache,
die sie zur Vernunft bringt: mit Gewalt.

49.

Die Dunkelheit brach gerade über dem Tal herein. Ein einsamer Baum stand auf der Ebene, eine Krähe saß darin, erhob sich mit Leichtigkeit und verschwand dann in den Wipfeln des Waldes. Sonst bewegte sich nichts. Alles war wie ausgestorben. Nicht einmal ein Auto war zu sehen.

Alexa und Huber hatten sich auf dem Seitenstreifen einer Querstraße postiert und beobachteten den imposanten Moserhof. Im unteren Stockwerk, dort, wo sich die Küche befand, war alles erleuchtet. Vermutlich würden sie hier nur ihre Zeit vertun. Aber nach Otts Bericht war ihr nicht danach gewesen, allein in ihrem Zimmer zu sitzen und weiter zu grübeln. Huber hatte ebenfalls ohne Zögern zugestimmt.

»Hast du vorher schon einmal von diesen Incels gehört?«, fragte Alexa.

»Nein, nie. Du?«

»Ich auch nicht«, meinte sie und hielt ihre Augen auf den Hof gerichtet. »Ich verstehe auch immer noch nicht, wie man so auf einen anderen Menschen herabsehen kann.«

»Hass ist ein starker Antrieb. Allein wäre jeder Einzelne von denen wahrscheinlich völlig harmlos. Aber innerhalb der Gruppe fühlen sie sich dann plötzlich stark. Wenn andere deine Denkrichtung unterstützen, sie durch immer neue Argumente weiter befeuern, dann wird das zu einer unumstößlichen Wahrheit. Ein toxischer Cocktail, egal ob du zu den rechten oder den linken Extremisten, zu religiösen Fanatikern oder eben zu diesen Incels schaust. Der Frust in der Bevölkerung wächst schon seit Jahren immer mehr. Und es ist verdammt praktisch, wenn man dann endlich einen Schuldigen findet, den man für die eigene Misere verantwortlich machen kann.«

Alexa musterte Huber aus dem Augenwinkel. Er schien sich über das Thema eingehend Gedanken gemacht zu haben. Wieder reizte es sie, nach seiner Ehe zu fragen, doch er hätte die Frage in diesem Moment durchaus falsch verstehen können.

»Aber passt das für dich zu dem, was wir bislang über Stephan Bach gehört haben?«, erkundigte sie sich stattdessen.

Er zuckte die Schultern. »Kollegen, Freunde und Familie sehen immer nur einen winzigen Ausschnitt der Persönlichkeit. Den, den man ihnen zeigen will.«

»Schon. Aber nach dem, was Ott beschrieben hat, geht es in der Gruppe doch vor allem um Männer, die verdammt lange keinen Sex mehr hatten oder vielleicht noch nie, wenn ich das richtig verstanden habe. Aber bei diesem Stephan … Ich weiß nicht.«

»Na ja, aber denk daran, dass es auch hierzulande Leute gibt, die sich dem IS angeschlossen haben. Da habe ich mich genauso gefragt, was einen Menschen aus Deutschland eigentlich zu dieser Gruppierung hintreibt.« Er stützte seine Hände auf das Lenkrad. »Wir haben außerdem keine Ahnung, wie es um Bachs Liebesleben bestellt war. Das werden wir vermutlich auch nie verlässlich herausfinden können. Und vielleicht schürte die Trennung von Anabel erst seine aggressive Haltung gegen Frauen. Aus einer narzisstischen Kränkung heraus, wie Ott gesagt hat.«

»Du meinst, dass er sie dafür bestrafen wollte, dass sie ihn verlassen hat?«

Huber antwortete nicht. Für einen Moment hingen sie beide ihren Gedanken nach. Klar. Es konnte natürlich sein, dass Anabel mit dem gemeinsamen Sex unzufrieden war. Doch wäre sie dann nur mit einem Koffer gegangen? Das sprach doch eher für einen kleineren Grund. Einen Streit oder eine Unachtsamkeit, die vielleicht beide längst bereuten.

»Aber wo kann er jetzt sein? Ohne Auto. Und er braucht doch Geld unterwegs«, fragte sie in die Stille hinein.

»Das kann er sich geliehen haben. Er könnte aber auch derjenige sein, der Kolb niedergeschlagen und das Schneemobil geraubt hat. Oder er legte ganz bewusst falsche Fährten aus. Denk an unseren letzten Fall.«

Damit hatte Huber selbstverständlich ins Schwarze getroffen.

»Und was, wenn doch beide Fälle zusammenhängen? Immerhin verlieren sich alle Spuren hier in diesem Tal. Möglicherweise sind sie alle Opfer.«

Huber grunzte. »Du glaubst eher daran, dass ein Irrer zufällig bei einem Schneesturm drei Leuten begegnet und sie einen nach dem anderen umbringt, als an die Theorie von Ott?«

Sie zuckte die Schultern. Sie wusste selbst, dass auch das weit hergeholt war.

»Ich bekomme es im Kopf nur einfach nicht richtig zusammen.« Sie deutete in Richtung des Hofes. »Nach dem, was wir bislang über Johannes Moser gehört haben, würde der für mich viel eher in das Schema passen.«

Sie zog ihr Handy heraus und schrieb eine Nachricht an Line. Vielleicht konnte sie ihr helfen, ein Profil des Täters zu erstellen.

Dann googelte sie den Namen des Incels, den Ott ihnen am Abend genannt hatte. Das Video, das er vor seinem Amoklauf online gestellt hatte, war noch immer nicht gesperrt.

Ein gutaussehender junger Mann mit vollen Lippen sprach davon, Frauen zu vernichten, wenn er sie nicht haben könne. Er wirkte selbstbewusst und passte kein bisschen in das Schema, das Ott beschrieben hatte. Dennoch tötete er anschließend sechs Menschen und verletzte dreizehn weitere Personen in einem Wohnheim, bevor er sich selbst umbrachte. In einem Bericht wurde der Wagen gezeigt, in dem er sich erschossen hatte: ein schwarzer BMW.

Sie ließ das Handy in ihren Schoß sinken. Wie der Wagen, den man in Stephan Bachs Nachbarschaft gesehen hatte. Vielleicht hatte Huber mit allem recht. Womöglich setzte sie dieses Mal auf den falschen Mann. Und hatte Krammer nicht etwas von einem Studentenwohnheim gesagt?

»Lass uns abbrechen«, schlug Alexa vor. »Wir müssen morgen fit sein, und du brauchst noch eine ganze Weile bis nach Hause. Vielleicht sehen wir morgen klarer. Wir holen uns diesen Moser dann einfach ins Revier. Immerhin hat jemand einen Mann in seiner Jacke gesehen. Das reicht für eine Zeugenbefragung.«

»In Ordnung.« Huber startete den Wagen und wendete ihn, zunächst, ohne das Licht einzuschalten.

Alexa ließ ihren Blick über die Ebene wandern.

Für einen Moment blitzte in der Ferne etwas Helles auf. Alexa rückte näher an die Scheibe, verengte die Augen und hielt den Blick unverwandt auf die Schattenhöfe gerichtet. Der Lichtschein schien sich zu bewegen. Eine Taschenlampe?

Im Schritttempo fuhr Huber den Feldweg entlang und bog auf die Hauptstraße ein. Alexa starrte weiter angestrengt ins Dunkel.

»Hast du gerade dahinten das Licht gesehen? Beim Hof der Hockes?«, fragte sie.

»Nein. Wo meinst du?« Sofort hielt Huber an.

Sie deutete dahin, wo sie etwas gesehen hatte. Doch jetzt war da nichts mehr, außer der dunklen Silhouette der Berge vor dem Nachthimmel.

Huber fuhr weiter, setzte dann aber den Blinker und lenkte den Audi in Richtung der Schattenhöfe. Sie passierten erst den verlassenen Hof, der in der Dämmerung noch schäbiger wirkte als bei Tag. Dann erreichten sie das Wohnhaus der Hockes. Ganz langsam rollte er daran vorbei. Ein Stück entfernt stoppte er und löschte die Scheinwerfer.

Der Wind zerrte an dem Busch neben dem Fahrzeug. Aber sonst lag alles ruhig da. Kein Licht. Keine Bewegung.

»Vermutlich war es bloß eine Täuschung«, meinte Alexa.

Noch einmal schauten sie sich zu beiden Seiten um, dann wendete Huber wieder. Im Vorbeifahren warf Alexa einen allerletzten Blick auf die windschiefe Scheune. Dachte an die sauber aufgereihten Werkzeuge dort. An die Axt in Anabels Kopf.

Sie biss sich auf die Lippen.

Etwas lauerte hier. Irgendwo in der Dunkelheit. Sie konnte es ganz genau spüren.

50.

Er lehnte schon seit einer Stunde an der Wand, verborgen hinter dem Vorhang, und beobachtete die Straße vor seinem Wohnhaus. Jedes langsam fahrende Fahrzeug, jeder Spaziergänger ließ ihn die Luft anhalten. Seine Manie sei fast schon pathologisch, würde Szabo sagen.

Aber sein Verdacht gegen Perski war am Abend erneut befeuert worden. Einer der Studenten hatte zwei Personen gesehen, die am Freitag die Treppe hinaufgegangen waren. Er beschrieb sie als Vater und Sohn. Der Ältere, dunkelhaarig und mit hoher Stirn, hatte einen Strauß Blumen in der Hand gehalten und trug einen dunklen Wollmantel. An den Jüngeren konnte er sich nicht mehr erinnern, weil er hinter dem anderen lief. Die Ähnlichkeit mit der Beschreibung des Anwohners, was die Insassen des schwarzen BMWs anbelangte, war dennoch frappierend.

Es hatte sich herausgestellt, dass dieser Blumenstrauß später im Hof des Wohnheims gelegen hatte. Aber die Polizistin, die ihn im Schnee gefunden hatte, maß dem keine Bedeutung bei. Sie hatte den Fund dem Sturm zugeschrieben, dachte, er sei einfach irgendwo vom Balkon gefallen.

Es handelte sich um einen bunten Frühlingsstrauß. Er hätte sich ohne den Hinweis des Mitbewohners vermutlich auch keine Gedanken darum gemacht.

Ein Phantombild wurde gerade nach den Angaben des

Studenten erstellt, und Krammer hoffte, morgen mit eigenen Augen sehen zu können, wer der Mann war, der in dem Wohnheim unterwegs gewesen war. Und er erwartete, dass sie auf diese Weise endlich eine brauchbare Spur erhielten.

Denn obwohl Szabos Motiv valide war und es sich bei den Männern genauso gut um Menschenhändler oder Rechtsextreme handeln konnte, hielt er weiter an der fixen Idee fest, dass Perski ganz in seiner Nähe war.

Wieder ließ er den Blick über die parkenden Autos wandern, an denen gerade ein Fahrzeug langsam vorbeifuhr. Aber er konnte in keinem einzigen eine beschlagene Frontscheibe, einen Schatten auf einem Fahrersitz oder eine glimmende Zigarette ausmachen.

Das Rondo der Bach-Suite No. 2 in h-Moll begann mit Geigen und Flöte.

Er musterte die Häuserfront gegenüber, doch dort war längst keines der Fenster mehr beleuchtet. Nur ganz unten, bei der betagten Dame, der die Hochparterrewohnung gehörte und die jeden Tag mit Hochsteckfrisur, rot nachgezogenen Lippen und einem Mantel mit Pelzkragen zum Einkaufen ging, konnte er noch Licht sehen. Sie war genauso ruhelos wie er. Genauso altmodisch.

Und genauso allein.

Ob Alexa noch im Büro war? Sicher fand sie auch keinen Schlaf. Er konnte das Bild der gefesselten Frau auf dem Stuhl beinahe vor sich sehen. Sicher würde sie diesen Anblick nicht so leicht abschütteln. Er hatte ihr sofort alle Unterlagen zuschicken lassen. Und hatte gehofft, sie würde sich noch einmal melden. Was natürlich nicht passiert war.

Er hatte auch in diesem Fall recherchiert, der sofort seine

Neugier geweckt hatte. Eine Streitaxt war kein besonders häufiges Mordinstrument, und er war sicher, dass die Waffe etwas mit dem Motiv des Täters zu tun hatte.

Er kannte die Doppelaxt vor allem aus einem Kontext: In den siebziger Jahren galt die Labrys, wie sie in der Fachsprache hieß, als Symbol der Lesben. Damals wurde sie als Amulett getragen oder als Tattoo. Heutzutage wurde zwar als Erkennungszeichen für eine homosexuelle Neigung eher das Regenbogenmotiv gewählt, aber unter Lelas Schleier war eine Kette natürlich viel besser zu verstecken. Und cooler war das Zeichen für ein junges Mädchen außerdem, wenn er an die Amazone als schöne, stolze Kämpferin dachte.

Plötzlich merkte er auf. Eine zerrissene Kette hatte auf dem Boden in Karolins Zimmer gelegen. Ohne Anhänger? War der vielleicht im Kampf verlorengegangen? Er musste unbedingt noch einmal die Liste durchsehen, ob die Kollegen in Karolins Zimmer oder auf dem Flur ein weiteres Schmuckstück gefunden hatten. Erinnern konnte er sich nicht daran. Aber er hatte auch nicht wirklich darauf geachtet, denn es hatte in dem Moment für ihn keine Relevanz gehabt.

Er wischte sich mit beiden Händen über das Gesicht.

Fünf beinahe zeitgleich entführte junge Menschen. Könnten die Fälle in Deutschland vielleicht mit ihrem zusammenhängen? Oder war auch das wieder nur Wunschdenken, um Alexa Jahn wiederzutreffen? Szabo würde ihm sicher den Kopf zurechtrücken. Ihn ermahnen, den Blick nicht ständig hinter sich zu richten, sondern nach vorne.

Aber da gab es für ihn schon lange nichts mehr zu sehen.

Außer einer Sache. Und die hatte er längst verspielt.

Krammer schaute auf seine alte Armbanduhr. Es war schon

nach drei Uhr in der Nacht. Er sollte sich langsam hinlegen, um wenigstens ein paar Stunden Schlaf zu bekommen. Resolut zog er die Vorhänge zu und setzte sich noch einen Moment in seinen karierten Lieblingssessel.

Doch die Stimmen in seinem Kopf wollten keine Ruhe geben. Er versuchte, nicht hinzuhören, sich stattdessen voll und ganz auf die Musik zu konzentrieren. Aber es wollte ihm partout nicht gelingen.

Schließlich stand Krammer auf, ging zu seinem alten Marantz-Verstärker und schaltete ihn aus. Er atmete tief ein, spürte, wie die Stille den Raum einnahm.

Erschöpft ließ er sich auf sein Bett sinken und streckte sich aus, hatte nicht einmal mehr die Kraft, seine Sachen auszuziehen.

Es war eh alles egal.

Er war einfach nur müde.

51.

Als Alexa in die Pension zurückkam, hockte Frau Messerer völlig aufgelöst im Flur und tätschelte dem Hund, den Alexa am Morgen bei ihr gelassen hatte, den Kopf.

»Bin ich froh, dass Sie da sind«, brachte sie stockend hervor.

»Was ist passiert?«, fragte Alexa und führte sie in die Küche. Oskar folgte ihnen schwanzwedelnd.

»Ich saß im Wohnzimmer. Ich hatte mit dem Hund noch eine Runde gedreht, mir gerade einen Tee gemacht und wollte lesen. Da hat Oskar plötzlich angeschlagen. Und als ich den Kopf gehoben habe, war da draußen ein maskierter Mann. Vor dem Fenster. Er stand einfach da, direkt hinter der Scheibe. Aber sein Blick …«

Sie musste einen Moment Pause machen, ihre gefalteten Hände hielt sie eng an die Brust gepresst.

»Ich habe mich so erschrocken und habe laut geschrien. Da ist er weg. Ich konnte noch sehen, wie er über den Rasen lief, mit einem Satz über den Zaun sprang, dann ist er über die Felder abgehauen. Jesus Maria, ich hab solche Angst gehabt.«

Alexa sprach besänftigend auf die Frau ein. Aber gleichzeitig ging ihr wieder ihr aktueller Fall durch den Kopf.

»Ich weiß, das war bestimmt nur einer der Burschen aus dem Dorf«, meinte Frau Messerer. »Hat sich einen Spaß gemacht. Sie halten mich sicher für völlig überspannt.«

»Gar nicht«, versicherte ihr Alexa. »Aber wie kommen Sie darauf, dass es sich um einen Jugendlichen handelte?«

Sie zuckte die Schultern. »Wer sollte denn sonst so was tun?«

»Haben Sie irgendetwas erkennen können? Was er anhatte, zum Beispiel?«

»Es war ja schon recht dunkel, und mit dem Licht hier drin konnte ich nur Schemen erkennen. Ich habe danach sofort die Jalousie heruntergelassen.«

Das war verständlich. Sich abschotten. Das Nest sichern. Eine sehr vernünftige und menschliche Reaktion.

Alexa ließ dennoch nicht locker. »Können Sie denn die Maske beschreiben?«

»Die war aus Holz. Fast schwarz, aber mit silbernen Augen. Richtig gruselig«

Dieses Detail ließ Alexa aufmerken. Die Beschreibung passte genau zu den Masken, die ihr bei ihrem ersten Besuch bei den Hockes aufgefallen waren. Sie musste morgen dort ein Foto machen und es Frau Messerer zeigen.

Allerdings hätte niemand in Hocke einen jungen Mann gesehen. Aber vielleicht Johannes Moser? Jeder konnte an diese Holzmasken rankommen. Für einen einigermaßen sportlichen Menschen war es kein Problem, auf den Balkon der Hockes zu gelangen. Und in dem ungesicherten Schuppen hätte man auch eine Leiter gefunden.

»Und wann war das?«

»Vor fünf Minuten vielleicht? Ich habe keine Ahnung, tut mir leid«, sagte Frau Messerer und fuhr Oskar wieder durch das Fell.

»Eine rot-schwarz karierte Jacke hatte der Mann aber

nicht an, oder? Eine bullige Statur?«, hakte Alexa zur Sicherheit noch nach.

Doch Frau Messerer zuckte bloß die Schultern. »Wie ich schon sagte, es war zu dunkel. Er muss schon ziemlich groß gewesen sein, er nahm ja fast das ganze Fenster ein. Aber mehr … Tut mir leid.« Sie seufzte. »Vergessen wir es einfach. Ist ja weiter nichts passiert. Ich glaube, ich würde mich jetzt gerne mit einem Glas Wein vor den Fernseher setzen, wenn es Ihnen nichts ausmacht. Das lenkt mich sicher ab. Mögen Sie auch eins?«

Alexa verneinte.

»Auch gut. Mir geht es ja schon wieder besser. Und mit Ihnen im Haus muss ich mir jetzt auch keine Sorgen mehr machen.«

Alexa lächelte, auch wenn sie ganz anderer Meinung war: Denn wenn es sich wirklich um eine der Masken von Hocke handelte, hatte diese Aktion vermutlich ihr gegolten und war keineswegs nur ein harmloser Jungenstreich.

Sie wünschte Frau Messerer eine gute Nacht und ließ Oskar bei ihr, damit er ihr ein wenig Sicherheit geben konnte.

Dann ging Alexa hinauf in ihr Zimmer, wo sie zunächst kein Licht machte, sondern durch das Fenster nach draußen spähte.

Mächtig lag der Berg auf der anderen Seite des Ortes. Rauch stieg aus einigen Schornsteinen auf. Eine Katze lief die Straße entlang, hob den Schwanz, setzte eine Duftmarke und verschwand dann hinter einem Gebüsch.

Alles völlig friedlich.

Dennoch stieg ein seltsames Gefühl in ihr auf. Sie wusste nicht, ob es an Otts Vortrag lag oder an dem Erlebnis von

Frau Messerer. Unvermittelt wurde ihr etwas ganz anderes bewusst: Sie waren zwei alleinstehende Frauen unter einem Dach. Eine geschieden, sie selbst bisher ohne Partner. Das perfekte Feindbild der Incels.

Resolut schloss sie die Vorhänge. Eigentlich hatte sie versprochen, sich bei Konstantin zu melden, aber das Gehörte hatte sie zu sehr aufgewühlt. Sie musste unbedingt noch mit jemandem vom Fach darüber sprechen, um zur Ruhe zu kommen. Also schrieb sie ihm bloß rasch eine Nachricht, in der Hoffnung, er würde verstehen, dass dieser Fall keinen Aufschub duldete.

Dann wählte sie Lines Nummer, die sofort am Apparat war.

»Sorry, dass ich mich so spät erst melde. Du hast noch nicht geschlafen?«, fragte Alexa vorsichtig.

»Machst du Witze? Ich bin ein Nachtmensch. Wenn ich schlafen will, dann stelle ich das Handy lautlos.«

Sie hörte Lines Lachen und merkte sofort, wie die Anspannung ein wenig nachließ. Gut, dass sie in Line und Konstantin bereits zwei Menschen gefunden hatte, die mit ihren seltsamen Arbeitszeiten zurechtkamen. Denen es gelang, sie zu erden. Alexa seufzte dankbar und merkte einmal mehr, dass ihre Vorbehalte gegen Oberbayern sich langsam zu verflüchtigten begannen.

»Du hast geschrieben, dass du mit mir über etwas reden willst. Also: Schieß los.«

Alexa schilderte ihr kurz die Hintergründe des vermissten Paares, wie sie das Auto vorgefunden hatten und schließlich alle Details des Leichenfunds in dem Waldstück. »Kannst du daraus ableiten, wie ein möglicher Täter gestrickt sein muss?«

»Das ist natürlich schwer, und ich bewege mich jetzt absolut im Bereich der Hypothesen«, erklärte Line vorweg. »Vergiss nicht, ich bin keine Fallanalytikerin.«

»Das ist mir bewusst.«

»Okay. Zunächst fällt mir auf, dass er die Waffe bei dem Opfer gelassen hat. Und er hat die Frau auf einen Stuhl gebunden und nicht wirklich versucht, ihre Leiche sorgfältig zu verstecken. Einerseits wirkt das auf mich wie eine bewusste und vorab geplante Inszenierung, deren Umsetzung ein gewisses Risiko barg. Es war ihm dennoch wichtig, und er wollte wohl auch, dass sie rasch gefunden wird. Vielleicht wollte er ein bestimmtes Bild kreieren. Oder dieser Ort, der Stuhl oder ihre Haltung haben eine Bedeutung. Andererseits ist die Tat an sich ungemein brutal. Der Täter scheint ein hohes Aggressionspotenzial zu besitzen. Mit dieser Waffe blieb er aber gleichzeitig auf Distanz, anders als beim Würgen oder wenn er sie erstochen hätte.«

»Stimmt. Wenn er die Axt geworfen hat, war er sogar einige Meter von ihr weg.«

»Du hattest zudem erwähnt, dass er die junge Frau betäubt hat. Wenn sie zum Zeitpunkt des Mordes nun überhaupt nicht bei Bewusstsein war, ging es ihm nicht um ihre Reaktion. Auch das hat etwas mit Distanz zu tun. Er ist keiner, der die Angst der Frau genießen wollte, ihr Leid, ihr Betteln. Er wollte nicht spüren, wie sie ihr Leben aushauchte, während er sie im Arm hielt. Es ging ihm allein um den Vorgang des Tötens. Schnell und effizient. Sonst hätte er sie zuvor auch anderweitig mit der Axt verletzten können, um sie zu quälen. Der Wurf war sozusagen der einzige, aber auch der finale Schlag.«

Alexa hörte schweigend zu. Es war interessant, was Line aus den wenigen Details schloss, die Alexa ihr gegeben hatte.

»Der Täter ist außerdem mit eurer Arbeit vertraut, denn er hat die Fingerabdrücke auf dem Mordwerkzeug weggewischt. Das spricht für mich wiederum nicht für eine Tat im Affekt. Und er muss sich recht sicher sein, dass ihr ihm über die Axt nicht auf die Schliche kommt, sonst hätte er sie vermutlich nicht bei der Leiche gelassen. Insofern würde ich sagen, dass die Tat geplant war und nicht impulsiv ausgeführt wurde.«

Alexa nickte. Sofort dachte sie an den gestohlenen BMW. Vielleicht hatte er die Axt ebenfalls irgendwo entwendet, um ihnen die Ermittlungen zu erschweren. Sie selbst war schließlich einfach in den Schuppen der Hockes marschiert und hätte dort jedes Gerät unbemerkt mitnehmen können. »Hast du auch eine Idee, aus welchem Milieu er stammen könnte?«

»Sorry, aber dazu kann ich nicht viel sagen. Er ist in jedem Fall nicht dumm, denn was er getan hat, bedarf sowohl Planung als auch Geschick. Er inszeniert sich als den Starken, den Kämpfer. Den Dominanten. Menschen, die ihr Selbstbild so darstellen, sind oft extrem unsicher. Also wenn du mich fragst, ob Stephan Bach der Täter ist, würde ich spontan nein sagen.«

»Weil es ein anderer Typus sein muss? Ein Mensch mit latenter Aggressivität?«

Line war einen Moment still, bevor sie antwortete. »Nein, nicht unbedingt. Aber wäre es um eine beendete Beziehung gegangen, hätte der Mord anders aussehen müssen. Persönlicher. Intimer.« Sie stockte kurz. »Andererseits können auch völlig unauffällige Menschen unter bestimmten Umständen zu Aggressoren werden. Forscher haben festgestellt, dass zwei männliche Fische in einem Wasserbecken mit Weibchen bereits innerhalb weniger Minuten eine prächtige Farbe entwickelten und ein dominantes Verhalten zeigten, nachdem das Alphatier entfernt wurde. Die Umstände entscheiden genauso über unser Verhalten wie unsere Natur. Aber was rede ich … Nagele mich bitte nicht darauf fest. Ich sagte ja schon, ich bin keine Fallanalytikerin.«

Dennoch notierte Alexa sich alles. Line sah also zwei Versionen: Bei der ersten wäre Stephan Bach der Mörder, verletzte Eitelkeit das Motiv, was jedoch aufgrund der Unpersönlichkeit der Tat eher unwahrscheinlich war. Bei der zweiten Version gab es einen ominösen Dritten, und auch der attraktive Bach war zum Opfer geworden. Würden sie seine Leiche genauso inszeniert in der Umgebung finden? Oder lag er bereits irgendwo verscharrt im Wald, wo man ihn erst in einigen Wochen oder vielleicht nie entdecken würde?

»Und als Letztes«, unterbrach Line ihre Überlegungen, »denke ich nicht, dass ihr nach einem Einzeltäter suchen solltet. Die Leiche zu tragen, ohne dass die Axt aus der Wunde rutscht, ist enorm schwierig. Du sagtest, dass der Fundort kaum Zieh- oder Trittspuren aufwies. Das spricht für mich für zwei Personen, die sie gemeinsam getragen haben.«

Damit hatte Line definitiv recht. Alexa markierte sich ein paar Stellen in ihren Notizen, die sie morgen unbedingt mit Huber durchgehen musste. Vielleicht zog er noch ganz andere Schlüsse.

»Darf ich dich noch etwas fragen: Hast du eigentlich schon die Gelegenheit gefunden, mit Krammer zu sprechen?«, fragte Line in die Stille hinein. »Oder hat der Fall dich zeitlich völlig in Beschlag genommen?«

Alexa legte den Stift hin. Sie hätte ausweichen können. Line hatte ihr eine Steilvorlage für eine Ausrede geliefert. Aber sie wollte ihr gegenüber nicht unehrlich sein. Also erzählte sie von dem kurzen Telefonat bezüglich des gestohlenen Wagens. Und obwohl es ihr peinlich war, gab sie zu, dass sie ihm noch nichts gesagt hatte.

»Und wie war es, mit ihm zu sprechen?«, fragte Line bloß.

»Es war zunächst schon seltsam. Aber da Huber neben mir saß, fühlte es sich schnell wie ein normales Dienstgespräch an. Und er schien auch kein großes Interesse daran zu haben, mit mir zu reden. War kurz angebunden, wie immer. Außerdem hat er sich an Brandl gewandt, als er die Anfrage in Deutschland gestellt hat. Ich scheine also auch keinen bleibenden Eindruck hinterlassen zu haben«, versuchte sie zu scherzen. Doch ernsthafter fügte sie noch hinzu: »Im Moment werde ich wohl am besten einfach alles so belassen, wie es ist.«

»Alexa, ich will mich wirklich nicht in deine Angelegenheiten einmischen. Wenn du sagst, das Leben ist gut so, wie es gerade ist, dann freut mich das natürlich. Ich gebe dir nur eins zu bedenken: Du und Krammer, ihr arbeitet beide in einem Beruf, in dem ihr euch abhärten musstet. Ihr seht traumatisierte Opfer, kaputte Familien, dysfunktionale Beziehungen und auch, was ein plötzlicher Tod mit Menschen macht. Ihr wappnet euch innerlich gegen all dieses Leid, bildet einen Schutzpanzer, um in diesem Umfeld überhaupt funktionieren zu können.«

Line schwieg für einen Moment, doch Alexa ahnte, dass sie noch nicht fertig war.

»Aber du solltest dich fragen, ob dir dein Selbstschutz auf lange Sicht wirklich hilft. Oder ob du es dieses Mal nicht wagen solltest, einen Schritt zu tun, bei dem du den Ausgang nicht kontrollieren kannst.«

»Wie meinst du das?«, fragte Alexa.

»Natürlich kann es schiefgehen. Vielleicht bereichert Krammer dein Leben tatsächlich nicht. Mag auch sein, dass ihr keinen Draht zueinander habt. Dann ist es so. Aber ich finde, er sollte es wissen. Sonst tust du im Grunde genau dasselbe, was du deiner Mutter vorwirfst.«

Alexa schaute zur Decke. Sie wollte etwas erwidern, entschied sich dann aber doch dagegen.

»Noch eine letzte Sache: Wenn du immer nur mit angezogener Handbremse Auto fährst, dann wirst du nie erleben, wie toll es sein kann, mit Highspeed unterwegs zu sein. Und du wirst nie erfahren, was vielleicht noch alles möglich ist.«

52.

Einige Stunden zuvor

»Wieso sind wir hier?«, fragte die Blonde. »Du kannst uns nicht ewig hier festhalten. Also: Was willst du von uns?«

»Anabel«, murmelte der Dunkle beschwörend. »Sei endlich ruhig. Bitte.«

»Nein. Ich war die ganze Zeit still. Ich will das jetzt wissen.«

Der Irre machte ein paar Schritte auf sie zu, sein Gang war steif, sein Körper voller Adrenalin. Doch dann drehte er ab, blieb mitten im Raum stehen und starrte zu Boden.

»Du weißt es nicht einmal«, sagte er leise. »Wir kennen uns.«

Das Mädchen runzelte die Stirn. Lela sah genau, dass sie sich beim besten Willen nicht an ihn erinnern konnte. Und wie vermutet, zuckte Anabel die Schultern und schüttelte den Kopf.

»Es war Anfang Oktober. Kurz nach Mitternacht. Eine ungewöhnlich warme Herbstnacht. Du hast getanzt. Mindestens fünf Songs lang warst du genau hier, wo ich jetzt stehe. Ich habe dich die ganze Zeit dabei beobachtet, wie du dich bewegt hast. Völlig in dir versunken, dein Top klebte an deinem Körper. Alle haben dir zugesehen, aber du, du hast das nicht einmal bemerkt. Dann bist du zur Bar gegangen. Der Schweiß perlte auf deiner Haut, deshalb habe ich dir einen Drink ausgegeben. Du hast mir zugeprostet. Daraufhin bin ich zu dir gegangen, habe dir gesagt, wie toll du tanzen kannst. Das tust du wirklich. Lebendig, sexy. Du hast dich bedankt.«

»Daran erinnere ich mich nicht.«

»Aber dann hast du mich einfach ignoriert. Bist zu diesem Lackaffen Stephan, hast den Arm um ihn geschlungen, ihn geküsst, dich an ihn gedrückt.«

Lelas Kopf fuhr hoch. Sie starrte zu Karolin, aber die war immer noch nicht bei Bewusstsein. Was hatten sie beide damit zu tun?

»Mein Getränk hast du nicht einmal angerührt. Es einfach stehen lassen«, murmelte er dann weiter. Seine Hände waren zu Fäusten geballt. »Genauso wie mich.«

»Und deshalb verschleppst du mich? Weil ich irgendwas nicht ausgetrunken habe? Das ist doch ein Witz!«

Lela zuckte bei jedem Wort zusammen. So sollte sie nicht mit ihm reden. Er war durch und durch angespannt. Gefährlich. Sein Kiefer mahlte unablässig, sein Gesicht war gerötet.

»Nein. Das ist kein Witz. Nichts an dieser Sache ist lustig. Nicht im Geringsten. Du bekommst noch einmal deine Chance.«

Er rannte auf sie zu, kniete sich neben sie, zog ein Messer aus einer Halterung am Bein und durchtrennte ihre Fesseln. Dann ging er zum Tresen, lehnte sich dagegen und hob fordernd sein Kinn. »Los jetzt. Tanz«, befahl er.

Vielleicht gab es noch Hoffnung, vielleicht war alles doch nicht so schlimm, wie sie gedacht hatte. Wenn sie jetzt mitmachte, ließ er sie womöglich alle gehen. Sie starrte die

Blonde an, die genauso überrascht von dieser Wendung zu sein schien wie Lela selbst.

»Wie meinst du das? Jetzt? Hier? Wie …«, stammelte die Blonde irritiert.

»Tanz!«, unterbrach er sie bestimmt und griff nach etwas, das auf dem Tresen lag.

»Aber ich kann nicht. Mein Bein …« Sie deutete auf ihr Knie, dessen Schwellung sich deutlich im Hosenbein abzeichnete. Es war fast doppelt so dick wie das andere.

»Tanz!«, schrie er ungeduldig. Seine Augen waren aufgerissen, das Gesicht zu einer Fratze verzerrt. Er zitterte und machte eine ungeduldige Geste mit der Linken, die andere verbarg er hinter dem Rücken. Jetzt konnte Lela erkennen, was es war: Er hielt eine Axt in der Hand.

Endlich schob sich die Blonde an der Wand hoch, kam wackelig zum Stehen, verschränkte die Arme vor der Brust. Es war der einzige Schutz, den sie hatte. Ihr Pullover war an der Schulter zerrissen, so dass man dort die nackte Haut sehen konnte und den Träger ihres BHs. Lilafarbener Satin.

Auch ihm war das aufgefallen, sein Blick war starr auf diese Stelle gerichtet. Er leckte sich die Lippen.

Doch sie stand einfach bloß da, schüttelte immer nur den Kopf. Ihre Haltung war schief, denn sie musste das Gewicht auf das unverletzte Bein verlagern. Die Scheinwerferlichter, die über ihren Körper glitten, waren das Einzige, was in Bewegung war.

Ein tiefer Bass dröhnte unheilvoll durch den Raum, ließ alles vibrieren.

»Los jetzt«, schrie er. »Ich habe keine Lust, ewig zu warten. Es liegt in deiner Hand, wie es weitergeht. Also … Ich zähle jetzt. Eins.« Sein Mundwinkel zuckte verächtlich nach oben. Er scherzte nicht.

»Das ist doch komplett verrückt. Ich kann das nicht! Und ich will auch nicht! Lass das doch die anderen machen. Vielleicht können die das. Die da drüben zum Beispiel, mit dem kaputten Auge!«

Lela zuckte zusammen, hielt den Mann fest im Blick. Die Blonde sollte ihn besser nicht herausfordern, ihn nicht noch wütender machen. Sie wusste, wie er tickte. Doch sie schwieg.

»Zwei.«

Die Blondine legte den Kopf in den Nacken. Ihre Beine bewegte sie jedoch nicht. Machte keine Anstalten, sich zu fügen. Sie stand einfach nur da. Am liebsten hätte Lela sie geschüttelt. Begriff sie es denn nicht? Warum tat sie nichts?

»Nun mach schon! Anabel, verdammt!«, raunte ihr der Dunkle beschwörend zu.

Der Irre stand völlig reglos da. Nur die Muskeln seines rechten Arms waren in Bewegung, zeigten, wie sehr es in ihm arbeitete. Seine Finger fassten den Holzstiel fester. Seine Lippen waren zu einem schmalen Strich zusammengepresst. Er bemühte sich, lässig zu wirken, aber er traf gerade eine Entscheidung.

»Drei.«

Entschlossen trat er einen Schritt vor, richtete seinen Körper zu ihr aus. Stellte sich hüftbreit hin, suchte einen festen Stand, dann hob er beide Arme über den Kopf. Die Augen der Blondine folgten seiner Bewegung. Voller Entsetzen starrte sie auf die Doppelaxt in seinen Händen.

Ein lautloses Nein formte sich auf ihren Lippen.

Lela wollte schreien, ihn anflehen, ihr nichts anzutun.

Würde es dieses Mal etwas nutzen? Oder riskierte sie damit, dass er auf Karolin losging, oder auf sie selbst?

Bevor sie etwas tun konnte, taxierte er die Blonde, riss die Arme nach vorne, ließ die Axt los, die blitzschnell durch die Luft flog, sich drehte, mit einem hellen, pfeifenden Ton auf ihr Ziel zuhielt.

Lela wünschte, sie würde es verfehlen. Die Blonde stand da wie gelähmt, riss den Mund auf, duckte sich aber nicht einmal weg, den Kopf leicht in den Nacken gelegt, ihr Blick starr auf das Ding in der Luft gerichtet.

Mit einem Geräusch, als würde ein Kürbis zerbersten, drang die Klinge tief in Anabels Schädel ein. Flüssigkeit spritzte in alle Richtungen. Der Kopf des Mädchens wurde von der Wucht nach hinten geschleudert. Ihre Halswirbel knackten wie trockenes Geäst. Dann sackte sie einfach in sich zusammen, als hätte man sämtliche Knochen aus ihrem Körper entfernt.

Sie zuckte noch einmal kurz. Dann lag sie reglos da. Um sie herum bildete sich eine Lache mit Blut. Viel Blut. Es wurde immer mehr, glitzerte im Schein des Lasers.

Anabels Freund stöhnte laut auf, ungläubig starrte er auf ihren Körper, seine Augen weit aufgerissen. »Nein«, murmelte er nur. »Das ist ein Albtraum. Das kann nicht wahr sein. Anabel …« Er schloss die Augen, verstummte, das Gesicht verzerrt.

Lela biss sich auf die Lippe, machte keinen Mucks. Immer wieder sah sie das Bild vor sich, wie die Blonde zu Boden ging.

Plötzlich roch es widerlich nach Erbrochenem. Offenbar hatte sich das dunkelhaarige Mädchen an der Wand übergeben, und Lela spürte, wie eine furchtbare Kälte in ihr aufstieg.

Sie würden hier sterben.

Eine nach der anderen.

In dieser eiskalten Disco. Niemand würde sie hier finden. Die Musik dröhnte schon seit Stunden, und es war ihm egal. Weil er genau wusste, dass niemand darauf achten würde.

Auch nicht auf ihre Schreie.

Der Kerl stand da, starrte die Tote mit schräggelegtem Kopf an. Er musterte ihr Gesicht, ihren Körper, leckte sich dabei die Lippen.

Dann zog er sein Handy heraus, machte ein Foto von ihr. Posierte vor der Leiche für ein Selfie. Grinsend liefen seine Finger über die Tasten, und ein Signal ertönte, als er seine Nachricht verschickte.

Als er fertig war, schob er das Handy in die Hosentasche, drehte sich um und musterte eine nach der anderen.

Rasch senkte Lela den Blick. Sie war noch nicht bereit zu sterben.

»Gut. Wer will als Nächstes?«

Wer dich demütigt, hat Strafe verdient.
Jede dieser Fotzen wird bezahlen.
Wir werden aus dem Schatten treten.
Uns über sie erheben.

53.

Alexa wollte keine Zeit mehr verlieren und Moser endlich direkt gegenübertreten. Ihm in die Augen sehen. Sie hatte Huber gebeten, sie zu begleiten.

Die Autos vom Junior, vom Senior und auch von seiner Frau parkten unter dem Carport im Hof. Huber setzte seinen Wagen direkt dahinter und drehte eine Runde, um die Innenräume der Fahrzeuge zu begutachten.

Oskar, der im Kofferraum saß, beobachtete ihn dabei. Alexa konnte ihn an diesem Tag nicht bei Frau Messerer lassen, sie hatte einen Ausflug nach München mit einem Friseurbesuch geplant, um sich etwas Gutes zu tun und auf andere Gedanken zu kommen.

Gespannt klopfte Alexa an die Tür des Moserhofes. Auch heute öffnete Frau Moser wieder, deren Gesichtsausdruck sich sofort verfinsterte. »Sie schon wieder?«

Doch Alexa ließ sich durch ihre Art nicht einschüchtern. »Wir haben immer noch Fragen an Ihren Sohn. Und da er sich nicht bei uns gemeldet hat …«

»Sepp, Johannes, die Polizei schon wieder«, rief sie. Ihre Miene blieb völlig starr, sie bemühte sich nicht einmal, freundlich zu wirken, trat aber zur Seite.

Huber folgte Alexa ins Haus und ließ sie mit einer kurzen Geste wissen, dass er auf die Schnelle nichts von Belang entdeckt hatte.

In der Wohnküche erhob sich Sepp Moser von seinem Stuhl, stellte sich breitbeinig und mit verschränkten Armen mitten in den Raum. Johannes blieb hingegen auf der Bank sitzen, hob nur kurz den Blick, tat dann wieder unbeteiligt. Selbst in dieser Haltung konnte Alexa erkennen, wie groß und massig der Junior war. Er maß sicher fast zwei Meter, der Senior war etwas kleiner, aber nicht viel schlanker.

Frau Moser bezog direkt neben ihrem Mann Stellung. Die beiden wirkten wie ein Bollwerk zum Schutz ihres Sohnes.

»Wir haben am Sonntag einen leerstehenden Wagen am Ufer der Jachen entdeckt.« Alexa wandte sich an Johannes. »Ein Zeuge hat Sie in der Nähe des Wagens gesehen.«

»Und?«, erwiderte Sepp Moser. »Wir haben unsere Felder hier im ganzen Tal. Da ist es wohl normal, dass der Johannes da zu tun hat.«

»Könnte Ihr Sohn vielleicht meine Fragen selbst beantworten?«, wies Alexa den Senior zurecht.

»Nein. Das wird er nicht«, meldete sich jetzt Frau Moser resolut zu Wort. »Wir haben schon einmal gesehen, wohin das geführt hat.«

Alexa wechselte einen Blick mit Huber, beschloss dann aber, die Gegenwehr der Eltern zu akzeptieren.

»Wir würden einfach gerne wissen, was er am Sonntag in der Früh da im Tal, in der Nähe vom Fluss gemacht hat.«

»Nix«, brummte der Junior nun, ohne sie eines Blickes zu würdigen. »Ich bin da gejoggt. Ist nicht verboten, oder?«

»In einer Jacke?«

»Freilich.«

»Könnten Sie die beschreiben?«

Bevor jemand etwas sagen konnte, lief Frau Moser in den

Flur und holte sie. Wie der Zeuge ausgesagt hatte, war die Jacke schwarz-rot kariert, aus einem dickeren Material und hatte einen schwarzen Schaffellkragen.

»Da!«, sagte sie patzig. »Sie wissen das doch sowieso. Neulich haben Sie schon danach gefragt.« Ihre Augen funkelten.

»Wer war es denn dieses Mal? Wer von den Dorflern hat was über unseren Sohn erzählt, he?«, blaffte nun der Senior, presste die Lippen zusammen und schüttelte den Kopf. »Für alles, was hier in der Gegend passiert, wird der Johannes verantwortlich gemacht. Die zerreißen sich das Maul über uns. Dabei sollten die lieber alle mal vor ihrer eigenen Tür kehren. Als ob hier nicht noch andere Dreck am Stecken hätten.«

Alexa ließ die Tirade über sich ergehen, wich aber keinen Zentimeter zurück.

»Wir tun hier nur unsere Arbeit«, sagte sie, als Sepp Moser sich wieder beruhigt hatte. »Je eher Sie unsere Fragen beantworten, umso schneller sind sie uns wieder los.«

»Ja!«, fuhr Frau Moser sie an. »Von wegen. Sie arbeiten nicht. Sie gehen nur den Weg des geringsten Widerstandes. Einmal schuldig, immer schuldig. Weil es so am einfachsten ist.« Mit einem verächtlichen Gesichtsausdruck stieß sie Luft aus. »Wir werden Sie nie mehr los. Egal was wir machen.«

Der Senior legte seiner Frau die Hand auf die Schulter. »Was wollen Sie denn noch wissen?«, lenkte er ein.

Da Alexa sicher war, dass sie keine detailliertere Auskunft mehr darüber erhalten würde, was der Junior an diesem Morgen getan hatte, kam sie zu der viel wichtigeren Frage: »Johannes, wo waren Sie am vergangenen Freitag? In der Zeit zwischen 17 und 20 Uhr.«

»Das kann ich Ihnen genau sagen: hier. Den ganzen Tag.«

»Kann das jemand bezeugen?«

»Wir«, fuhr Frau Moser dazwischen.

Natürlich. Die Mutter stellte sich wie eine Löwin vor ihren Sohn. Nichts anderes hatte Alexa erwartet.

»Und der Tierarzt«, fügte Moser senior hinzu.

Moser junior saß feixend am Tisch, hatte sie bis zu diesem Augenblick nicht ein einziges Mal angesehen.

»Unsere Irmi war trächtig«, erklärte der Alte. »Wir haben sie am Mittag in die Abkalbebox gebracht. Am frühen Abend ist der Tierarzt gekommen, weil sie Probleme hatte. Um 21 Uhr hat er dann das Junge geholt. Wir waren die ganze Zeit zu dritt. Der Johannes hat die Irmi versorgt. Sie ist unsere beste Milchkuh. Und falls Sie Zweifel an der Uhrzeit haben: Der Johannes hat das alles gefilmt.«

Der Junior lehnte sich auf der Bank zurück und stellte die Arme seitlich auf. Sein Machogehabe war kaum zu ertragen. Aber das allein war kein Grund, Moser ein Verbrechen anzulasten. Erst recht nicht mit einem Alibi. Doch damit war er für Alexa längst nicht aus dem Schneider. Line hatte gemeint, sie würden nach zwei Personen suchen. Vielleicht gab es einen Helfer. Sie mussten herausfinden, mit wem sich Moser so herumtrieb.

»Sonst noch was?«, fragte Frau Moser ungeduldig.

»Die Juliane Hocke. Die haben sie nicht zufällig in den letzten Tagen gesehen, oder?« Alexa war gespannt, wie die Familie dieses Mal auf den Namen reagierte. »Oder vielleicht dem Hof ihrer Eltern mal wieder einen Besuch abgestattet? Gestern zum Beispiel?«

Moser senior runzelte die Stirn und schaute seinen Sohn an. Dieses Mal hatte er offenbar keine Antwort für ihn parat.

Statt etwas zu sagen, verzog der Junior nur den Mund.

»Dachte ich mir schon«, kommentierte Alexa sein Gehabe. Sie warf Huber einen fragenden Blick zu, doch er schüttelte den Kopf. »Gut, für heute war das erst einmal alles.«

Gemeinsam verließen sie den Hof.

»Denkst du das, was ich denke?«, fragte sie Huber.

»Ich denke, wir müssen ihn im Auge behalten. Irgendetwas stimmt nicht mit dem. Fragt sich nur, ob es mit unserem Fall zu tun hat.«

Alexa stieg ins Auto und lugte zur Tür. Frau Moser und ihr Mann sahen ihnen nach.

»Ich kann die Leute aus dem Dorf jedenfalls verstehen. Ist dir aufgefallen, dass er mich nicht ein einziges Mal angesehen hat?«

Huber nickte.

Die Incels und ihre Ansichten über Frauen kamen Alexa in den Sinn – und in dem Zusammenhang auch der nächtliche Besucher mit der Maske.

»Fahr doch bitte rasch bei Hocke vorbei, ich muss da noch kurz ein Foto machen. Was steht denn bei dir als Nächstes an?«

»Ich möchte mir noch einmal Stephan Bachs Wohnung ansehen. Wir haben letztes Mal dort nicht nach einer Axt geschaut oder nach Belegen, ob er vielleicht auch mal in diesem Park war, um seine Wurftechnik zu verfeinern.«

»Gute Idee«, meinte Alexa. Auch wenn sie selbst zunehmend Probleme hatte, Bach als Täter zu sehen, war es gut, in alle Richtungen zu ermitteln. Denn Beweise gab es bisher weder für die eine noch für die andere Annahme.

Sie behielt zunächst für sich, warum sie die Masken bei den

Hockes fotografieren wollte. Erst musste sie wissen, ob es sich um dieselbe Machart handelte wie die, die Frau Messerer gesehen hatte. Sie wollte nicht unnötig Staub aufwirbeln. Schließlich existierte bisher keine Verbindung zu den Vermisstenfällen oder den Incels.

Als sie zu den Schattenhöfen abbogen, kam ihnen eine dunkle Limousine entgegen. »Gibt es eigentlich noch etwas Neues aus Österreich?«, fragte sie Huber. »Hat das Auto irgendwas mit unserem Fall zu tun?«

Der zuckte die Schultern. »Sie haben nichts gefunden, der Wagen war perfekt sauber. Profis. Im Navi war eine Adresse aus Wien eingegeben.«

Alexa runzelte die Stirn. »Innsbruck liegt doch nicht auf dem Weg nach Wien, oder?«

»Ja, das stimmt. Aber vielleicht wurde es den Dieben zu brenzlig. Unter Umständen lag es auch am Wetter, dass sie ihre Pläne geändert haben. Oder sie sind einer Polizeistreife begegnet und haben einen anderen Weg genommen, um ihr aus dem Weg zu gehen.«

Möglich, dachte Alexa, während sie zum Hof der Hockes abbogen. Wieder erinnerte sie sich an das Video, das sie über diesen Elliot Rodger gesehen hatte. Wie er lässig in einem BMW saß. Davon erzählte, dass er Leute töten wollte. Völlig ungerührt.

Wie konnte jemand so viel Hass in sich tragen? Wie konnte man jegliche Empathie verlieren? Weil sich geliebte Menschen abgewandt hatten?

Als sie um die Ecke bogen, sah sie die Masken, die ihr schon zuvor im ersten Stockwerk aufgefallen waren. Doch es gab eine Lücke. Tatsächlich schien eine zu fehlen.

Das Licht am Vorabend, schoss es ihr durch den Kopf.

Wieder musste sie an Johannes Moser denken. Ihm würde sie so manches zutrauen. Es gab diese alte Fehde zwischen den Familien. Und all ihre Instinkte hatten heftig ausgeschlagen, als sie ihm vorhin gegenüberstand. Außerdem war er am Sonntag schon einmal durch das Tal gelaufen. Dabei musste er auch an den Schattenhöfen vorbeigekommen sein.

Aber dann dachte sie an die Szene, wie beide Eltern sich vor ihn gestellt hatten. Passte er wirklich in das Schema, das Ott gezeichnet hatte? Ein Mann, der bei einer kalbenden Kuh blieb? Er hatte seine Strafe abgesessen. Vielleicht hatte ihn der Knast doch verändert. Während sie ihn beobachteten, war er immer auf dem Hof geblieben. Und nachweisen konnten sie ihm bisher nur, dass er in der Nähe eines Autos gesehen worden war. Eines, das vermutlich schon länger dort gestanden hatte.

Zu der Leiche gab es hingegen keine Verbindung.

»Waren vorhin eigentlich Schlammspuren am Auto von Moser junior?«, fragte sie nachdenklich.

Huber verneinte. »Aber der Wagen starrte vor Spritzwasser und Salz. Vielleicht ist er auf der Autobahn gefahren, als der Schnee lag.«

Resigniert schaute Alexa über die Felder. In der Ferne grasten braunweiß gefleckte Kühe. Hatte Frau Moser etwa doch recht mit ihrer Bemerkung, dass sie es sich zu einfach machten?

War der Täter vielleicht eher einer wie Elliot? Dann wäre es doch ein Typ wie Stephan Bach. Dem es nie jemand zugetraut hätte. Der sich völlig lässig unter den Menschen bewegen konnte, weil er es verstand, seine innere Haltung gekonnt zu verbergen?

54.

Von einer plötzlichen Unruhe getrieben, ging Krammer wieder alle Notizen durch, die sie in den letzten Tagen gesammelt hatten. Er war schon früh aufgestanden und seit einer guten Stunde damit beschäftigt.

Wenn Perski am Freitagabend mit dem BMW in Deutschland war, wo Passanten das gestohlene Auto gesehen hatten, konnte er folglich nicht für die Entführung der beiden Mädchen aus dem Studentenwohnheim verantwortlich sein. Aber es musste einen Grund geben, warum sie den Wagen gefunden hatten. Er glaubte nicht an derlei Zufälle.

Krammer suchte nach der Nadel im Heuhaufen. Perski war ihm schon einmal durch die Finger geschlüpft. Dieses Mal musste er cleverer sein.

Ein ganzer Ordner voller Meldungen war aufgrund des Aufrufs von Karolins Eltern an sie weitergegeben worden, Szabo und ein anderer Kollege hatten sie bereits geprüft. Die Rückmeldungen reichten von einer Hellseherin, die versprach, sie mit ihren mentalen Kräften an den Ort zu führen, wo Lela und Karolin sich befanden – natürlich gegen eine lukrative Bezahlung –, bis hin zu Passanten, die eines oder beide Mädchen auf Bahnhöfen, in Kaufhäusern oder Cafés gesehen haben wollten. Was solche vagen Behauptungen an Hoffnungen oder Ängsten bei den betroffenen Eltern auslösen konnten, mochte er sich gar nicht vorstellen.

Aber nichts, was er las, schien für ihn wirklich von Belang zu sein. Natürlich mussten sie dennoch alles genau überprüfen, was hieß, dass sie ein kleines Team brauchten, um jedem einzelnen Hinweis nachzugehen. Eine Sisyphusarbeit.

Als Nächstes nahm er sich die Liste der Gegenstände vor, die die Kriminaltechniker im Studentenwohnheim sichergestellt hatten. Und da fand er, was er im Kopf gehabt hatte: Es war ein silberner Anhänger dabei gewesen. Eine Doppelaxt.

Er rieb sich das Kinn. Dass die beiden Studentinnen ein Paar waren, hatten sie vor den Kommilitonen zu verbergen versucht. Vielleicht wegen Lelas Nationalität. Aber wenn Nasrin Bahno es geahnt hatte, war das Geheimnis vielleicht nicht ganz so gut geschützt, wie sie geglaubt hatten.

Als er den ersten Ordner wegpackte, segelte ein Papier zu Boden. Eine Meldung war direkt beim LKA eingegangen, datiert auf den Vortag, während er mit Szabo in der Universität gesessen hatte. Der Besitzer eines Tattoostudios hatte den Aufruf in den sozialen Medien gesehen und sich an die Polizei gewandt. Auf der Notiz stand, dass er einem Mann vor ein paar Wochen ein Tattoo gestochen hatte, das ihm im Kopf geblieben war. Er hatte sich bei der Schreibweise vertan und musste das C in ein K ausbessern. Via Mail hatte er Elly Schmiedinger ein Foto geschickt, wie er es wohl von jeder seiner Arbeiten machte.

Auf einer bleichen Männerbrust waren zwei gekreuzte Äxte zu sehen. Und darunter nicht nur ein Name, sondern drei: Anabel, Karolin und Juliane.

Verblüfft ließ Krammer das Blatt sinken. Das konnte kein Zufall sein. Er musste sofort nach Deutschland.

Als er gerade seinen Mantel holen wollte, stieß Szabo die Tür auf. Auch sie hatte Zettel in der Hand.

»Der Wagen«, sagte sie atemlos, »die Kameras an der Grenze haben ihn erfasst. Schau. Das ist er!«

Rasch erklärte sie ihm, dass sie noch einmal eine Anfrage gemacht hatte, nachdem Krammer ihr am Vorabend von dem Anruf aus Deutschland erzählt hatte.

»Bisher hatte ich nur die andere Richtung prüfen lassen. Für den Samstag. Aber jetzt haben wir es amtlich. Er ist Freitag nach Deutschland gefahren und am frühen Morgen wieder zurück. Schau.«

Sie legte die Bilder mit der genauen Uhrzeit vor ihn hin.

»Nicht wahr!« Er starrte sie an. »Kann man den Fahrer darauf erkennen?«

Sie schüttelte den Kopf. »Keine Chance.«

»Wann war das?«

»Freitag. Am Nachmittag. Die Zeit könnte hinkommen. Möglicherweise hat er die beiden über die Grenze gebracht und ist dann wieder zurückgekehrt. Er ist uns nur knapp entwischt.«

Krammer schlug mit der Hand auf den Tisch. Jetzt ergab es einen Sinn. Er hatte es gewusst. Die Fälle hingen zusammen. Und nun bestand für ihn kein Zweifel mehr daran, dass sich die Mädchen in Deutschland befanden.

Und Perski hatte ihm am Morgen den Wagen vor die Nase gestellt, zu einer Zeit, wo er gesehen werden musste. Leer und blitzsauber. Eine Provokation. Aber er, Krammer, hatte den Köder geschluckt. Hatte drei verdammte Tage wie ein Fetzenschädel Ausschau nach ihm gehalten. Dabei war Perski mit seinen Gehilfen schon über alle Berge, lachte sich ins

Fäustchen und hatte seine fiesen Tentakel längst um die Hälse der Opfer gelegt. Wieder einmal.

»Ich muss sofort nach Weilheim. Die Kollegen vorwarnen. Sie müssen wissen, mit wem sie es zu tun haben.«

»Soll ich mit?«, fragte Szabo besorgt.

»Nein. Einer muss hier den Laden am Laufen halten. Und dem Chef stecken, warum ich losgefahren bin.«

Szabo nickte. »Das mache ich. Und tut mir leid, dass ich dich auf den falschen Trichter gebracht habe.«

»So falsch war das nicht«, versicherte er Szabo. Perski hatte Frauen immer schon gehasst. Und Ausländerinnen standen sicher auf seiner Liste ganz weit oben.

»Du kannst zwei Dinge für mich tun, Roza. Frag bitte an, ob das Phantombild des Mannes, der im Wohnheim gesehen wurde, bereits fertiggestellt ist. Und dann setz dich mit diesem Tätowierer in Verbindung. Er soll dir den Mann genau beschreiben, dem er das Tattoo gestochen hat. Schick am besten alles auch gleich an Alexa Jahn. Den Rest erzähle ich ihr persönlich.«

Sie nickte und starrte auf das Foto des Tattoos.

»Viel Glück«, rief sie ihm nach, als er schon aus der Tür war.

Das brauchte er. Dringend. Immer wieder sagte er sich, dass Perski nichts von seiner Beziehung zu Alexa Jahn wissen konnte, wenn er selbst bis vor zwei Tagen keine Ahnung gehabt hatte.

Dennoch konnte er die Angst nicht abschütteln, dass es bei alldem nicht nur um ihn, sondern auch um Alexa ging.

55.

Auf dem Weg zu Stephan Bachs Haus begann der Hund im Fond des Wagens plötzlich zu jaulen.

»Ich glaube, Oskar muss mal«, stellte Alexa fest. »Fahr doch mal kurz rechts ran, bitte.«

»Wie lange willst du ihn eigentlich noch bei dir behalten?«, fragte Huber.

Eine gute Frage. Sie wusste selbst, dass sie ihn eigentlich längst in ein Tierheim hätte bringen müssen. Andererseits wollte sie die Hoffnung nicht aufgeben, dass Stephan Bach wohlbehalten wiederauftauchte und sie dem Hund den Aufenthalt dort ersparen konnte.

Huber setzte den Blinker und parkte vor der Diskothek, die in wenigen Tagen abgerissen wurde. Mittlerweile waren Container angeliefert worden, und auch ein Bagger stand schon bereit.

Alexa stieg aus und öffnete den Kofferraum, um Oskar kurz rauszulassen. Sie kraulte ihm den Kopf, aber er entzog sich der Geste. Stattdessen hielt er seine Schnauze hoch in die Luft, seine Nasenflügel weit gebläht.

»Ein echter Spürhund«, lachte Huber.

»Da ist ein Terrier drin«, meinte sie. »Der wittert sicher Rehe.« Als sie den Hund angeleint hatte, ließ sie ihn herausspringen. Sofort drängte das Tier in Richtung des Gebäudes, aus dem wieder laute Bässe drangen.

Sie erinnerte sich daran, dass Gerg ihr gesagt hatte, dass Manuel hier übte. Lange würde er dazu keine Zeit mehr haben. Seitlich türmten sich schon die mit rotem Samt bezogenen Bänke, die aus dem Inneren entfernt worden waren. Vermutlich nutzte der junge Mann seine allerletzte Chance, noch einmal in einem großen Raum seine Musik zu mixen, und träumte von einer steilen Karriere.

Sie zog den Hund weg zu einem Stück Wiese. Endlich gab er nach, schaute zwar immer wieder in Richtung Disco, begann dann aber im Gras zu schnuppern und hob das Bein.

»Die Eltern von Anabel hatten gesagt, sie sei so gerne tanzen gegangen. Auch hierher, in den Stall. Wie lange ist der denn schon geschlossen?«

»Seit ein paar Wochen, glaube ich«, antwortete Huber. »Die hatten ja immer nur sporadisch auf, seit der Pandemie. Es gab mal eine riesengroße illegale Coronaparty. Gerade hier, wo weit und breit niemand was mitbekommt – das war der perfekte Ort. 200 Leute waren da, hieß es. Das Strafgeld, das dem Besitzer dafür aufgebrummt wurde, war nicht ohne. Erst war wegen der Pandemie ewig lange zu, dann das. Davon hat er sich finanziell nie mehr richtig erholt. Er wollte wohl noch Investoren finden, aber ich denke, die meisten werden das Risiko scheuen, ihr Geld in so was zu stecken.«

Als Oskar sein Geschäft erledigt hatte, gingen sie wieder zurück zum Wagen.

Laut hämmerten die Bässe über die Ebene.

Alexa wollte den Hund wieder in den Kofferraum springen lassen. Doch er reagierte nicht, streckte den Kopf vor, hob die Nase in die Luft und hatte die Ohren hoch aufgestellt.

»Sitz«, kommandierte Alexa. Erst schien Oskar nicht zu hören, doch schließlich setzte er sich hin. Er gab einen jaulenden Ton von sich. Sein Verhalten kam ihr seltsam vor. Aber sie hatten von hier aus bereits alles abgesucht. Der Hund war sogar dabei gewesen.

Ganz sicher witterte er bloß die Fährte eines Tieres.

»Oskar! Hopp, rein mit dir!«, befahl sie. Endlich reagierte er und sprang auf die Ladefläche. Als Alexa den Kofferraum schloss, ließ er ein Schnauben hören, blieb reglos stehen, die Schnauze direkt an die Scheibe gedrückt.

»So kenne ich dich gar nicht«, murmelte sie und musterte noch einmal das heruntergekommene Bauwerk. Plötzlich fiel ihr etwas ein.

»Sag mal, gibt es eigentlich noch etwas anderes hier in der Nähe, wo man tanzen kann?«

»Eigentlich nicht. Wieso?«, fragte Huber.

»Hatte nicht Frau Hocke gesagt, dass die Juliane auch gerne tanzen ging?«

»Du meinst …« Huber hielt in der Bewegung inne.

War das etwa die Verbindung, nach der sie so lange gesucht hatten? War sie von ihrem Verdacht gegen Hocke und dann gegen Moser so verblendet gewesen und hatte das Wichtigste übersehen?

»Lass uns doch mal schnell reinschauen«, meinte sie. »Der Junge, der dadrin den DJ macht, hilft auch bei Hocke auf dem Hof aus. Er hat früher in der Disco gearbeitet. Vielleicht weiß er etwas über eine Verbindung zwischen Stephan, Anabel und Juliane.«

Oder zu Moser, fügte sie im Stillen noch hinzu. Vielleicht kannten sie sich alle von hier. Aus dem Stall.

»Warum nicht?«, antwortete Huber. »Ein Versuch kann nicht schaden.«

Sie hielten auf das Gebäude zu, die Lautstärke schwoll immer mehr an. In dem Container, der neben einem Seiteneingang stand, lagen bereits Bauschutt und eine große Menge schwarzer Plastikfolien. Eine Schubkarre lehnte an der Wand. Der rote Corsa, neben dem sie schon vor dem Hochseilgarten geparkt hatte, musste dann wohl von Manuel Vollmer sein.

»Da hat aber jemand nicht gut aufgepasst bei der Trennung«, sagte Huber. »Normalerweise sortieren sie das während des Abbruchs ganz sauber: Schutt, Holz und Metall, jeweils in getrennte Container.«

Alexa schob einen Flügel der breiten Doppeltür auf. Der Widerschein der Laser, die durch die Luft wirbelten, blendete sie.

»Hallo!«, schrie sie in den Raum hinein. »Alexa Jahn, wir haben uns schon mal getroffen. Ich hätte ein paar Fragen.«

Die Musik erstarb, aber das Licht hatte sie zu sehr geblendet. Sie schirmte mit der Hand ihre Augen ab, um endlich etwas sehen zu können.

Die Tür fiel krachend hinter ihnen ins Schloss, und unvermittelt standen sie in völliger Dunkelheit. Das einzige Geräusch war das Rattern der Ventilatoren und eilige, schwere Schritte. Es roch nach Erbrochenem. Dröhnend setzte die Musik wieder ein, die Laserstrahlen zerschnitten die Luft.

»Vorsicht!«, sagte Huber und stoppte sie mit einer Hand.

Während Alexa zu entdecken versuchte, was ihn so alarmiert hatte, zog ihr Kollege schon seine Waffe, stellte sich breitbeinig hin, richtete sie mit ausgestreckten Armen auf jemanden und rief mit fester Stimme: »Polizei. Keine Bewegung!«

Endlich gewöhnte sich Alexa an die Lichtverhältnisse.

Huber hatte richtig gehandelt.

Ihnen gegenüber stand Manuel Vollmer und hielt die Mündung einer Pistole auf eine junge Frau gerichtet, die am Boden lag.

56.

Im Halbschatten des Raumes konnte Alexa weitere Menschen ausmachen. Die Lichtkegel der Beleuchtung fuhren über einen riesigen dunklen Fleck am Boden, vermutlich das getrocknete Blut von Anabel. Jemand war mehrfach durchgelaufen. Die Abdrücke bildeten ein seltsames Muster. Fast so, als hätte jemand eine Anleitung für einen bizarren Tanz dort hinterlassen.

»Hauen Sie ab! Hören Sie? Oder ich knall die alle ab!«, schrie Vollmer.

Er war nicht wiederzuerkennen. Seine Haare waren streng zurückgekämmt, die Haltung kerzengerade. Mit seinem hüftbreiten Stand strahlte er Entschlossenheit aus. Der Krieger, dachte Alexa. Um die Brust hatte er ein seltsames Geschirr geschnallt.

Nun setzten sich auch die anderen Facetten in ihrem Kopf zusammen: Wie er die Axt in Hockes Schuppen genommen hatte. Seine Arbeit in dem Hochseilgarten, wo er seine Treffsicherheit üben konnte. Die schwarze Folie draußen in dem Container, auf der sie sicher Blut von Anabel finden würden. Und in ein paar Tagen wäre das ganze Gebäude dem Erdboden gleichgemacht worden, alle Spuren beseitigt.

Immer wieder wanderte ihr Blick auf die Abdrücke auf dem Boden. Die Szenerie erinnerte sie an die Bilder eines Tatorts, den sie in den Nachrichten gesehen hatte. Eines

Konzertsaals in Paris, in dem es vor einigen Jahren ein furchtbares Massaker gegeben hatte.

Und sie erinnerte sich an Otts Vortrag. An das, was Line gesagt hatte. An Hubers Bemerkung über die toxischen Gruppen. Aber Vollmer war hier allein. Das war ihr einziger Vorteil.

Den musste sie nutzen. Schnell. Es durfte nicht noch ein Mensch sein Leben verlieren. Vollmer hatte bewiesen, dass er nicht zögern würde zu töten. Es gab nur eine Chance, sie war zwar winzig, doch sie musste es einfach versuchen.

Alexa blickte kurz zu Huber hinüber. Dachte an seine Kinder, an das, was sie gerade mit seiner Frau erlebt hatten. Ihm durfte auf keinen Fall etwas passieren.

Langsam hob sie eine Hand nach oben, schob mit der anderen ihre Jacke zur Seite, damit Vollmer ihr Holster sehen konnte und um ihm zu zeigen, dass sie ihn in keinen Hinterhalt locken wollte.

Vollmer blinzelte kurz, verlagerte das Gewicht.

»Was machst du?«, raunte Huber ihr zu.

»Lass mich«, antwortete sie leise. »Ich weiß, was ich tue.«

Alexa ging ein wenig zur Seite, weg von Huber. »Manuel. Ich darf Sie doch Manuel nennen?«, rief sie dem jungen Mann zu.

Er nickte.

Vorsichtig tat sie einen kleinen Schritt in seine Richtung. Dann noch einen. Bis sie einige Meter Abstand zu Huber hatte.

»Ich möchte mit Ihnen reden, Manuel. Ich will Ihnen nichts tun.«

Vollmer trat von einem Bein aufs andere, schüttelte kurz

den Kopf. Seine Bewegungen waren fahrig. Alexa erinnerte sich an die Hautentzündungen in seinem Gesicht, bei denen sie zuvor auf Akne oder eine Allergie getippt hatte. Doch jetzt war ihr klar, dass sie ein Zeichen seines Drogenkonsums waren. Genauso wie die unkontrollierten Bewegungen. Und noch eines erkannte sie: Er war tatsächlich die ganze Zeit in ihrer Nähe gewesen. Unauffällig. Wie sie es zeitweilig vermutet hatte.

Nur hatte sie die Zeichen nicht zu deuten gewusst. Dabei passte Vollmers Körperbau auch perfekt zu Frau Messerers Beschreibung eines Jugendlichen mit einer Maske.

Alexa atmete tief durch. Sie musste erreichen, dass Huber gehen durfte, damit er Hilfe anfordern konnte, während sie versuchte, Vollmer zu beruhigen. Sie wusste genug über die Incels. Jedenfalls hoffte sie das.

Sachte ließ sie sich auf die Knie sinken, die Linke weiter erhoben, zog ganz langsam ihre Waffe hervor, Millimeter um Millimeter, und schob sie dann über den Boden in Vollmers Richtung.

»Spinnst du?«, zischte Huber ihr zu. »Alexa, hör auf! Das ist Wahnsinn!«

Aber sie reagierte nicht darauf, sondern kam ganz langsam mit erhobenen Händen wieder hoch. »Ich werde bleiben. Dafür lassen Sie eine Geisel mit meinem Kollegen gehen. In Ordnung? Haben wir einen Deal?«

Vollmer nickte. »Aber erst muss der da abhauen«, forderte er. »Sonst lasse ich niemanden hier weg.«

»Na los!«, rief sie Huber zu. »Du hast doch gehört, er hat mir sein Wort gegeben. Geh! Und ruf Line an. Sie soll herkommen«, raunte sie ihm leiser zu.

Sie suchte Vollmers Aufmerksamkeit, dessen verbissener Blick sich nicht eine Sekunde von Huber wegbewegte, sich förmlich an ihm festgesaugt hatte. Er nahm sie gar nicht wahr.

Komm schon, du hast mich, dachte sie beschwörend. Ich bin eine Frau. Den willst du gar nicht. Du willst mich. Alexa versuchte sich an einem Lächeln, um ihn milde zu stimmen.

Vollmer hob den Kopf und riss kurz die Augen auf. Etwas in ihr geriet in Panik, als sie die Wut und den Hass darin sah. Wenn Vollmer jetzt durchdrehte, würde er sie alle erschießen.

»Das stimmt doch, oder? Wir haben einen Deal«, fügte sie deshalb noch einmal mit ruhiger Stimme hinzu.

Als Vollmer nicht reagierte, warf sie Huber einen flehenden Blick zu. Warum tat er nicht, was sie sagte, und rief Verstärkung?

Vollmer leckte seine Lippen, verlagerte immer wieder das Gewicht von einem Bein auf das andere. Wie ein Tier im Käfig, das nervös auf äußere Reize reagierte.

Endlich bewegte Huber sich langsam in Richtung Tür.

Alexa hielt die Luft an. Wenn sie einen Hechtsprung machte, sich über den Holzboden gleiten ließ, konnte sie noch an ihre Waffe kommen.

Jetzt hielt Vollmer die Pistole nicht mehr auf das Mädchen gerichtet, sondern auf Huber, folgte jeder seiner Bewegungen genau. Immer wieder streifte sein Finger über den Abzug. Würde Huber nur eine falsche Bewegung machen, stolpern oder stürzen, würde der junge Mann schießen. Ohne Zögern. Dessen war sie sicher.

Tageslicht fiel in den Raum.

Endlich.

Sie hielt die Hände oben, bewegte sich nicht. Nur noch ein paar Sekunden, und sie wäre mit Vollmer allein.

Fieberhaft dachte sie nach, wie sie ihn beschäftigen konnte. Das SEK würde frühestens in einer Stunde da sein. Bei der großen Anzahl Geiseln würden sie das Gebäude allerdings nicht einfach stürmen, würden Zeit brauchen, um eine Strategie zu entwickeln. Sie musste versuchen, Vollmer zu beruhigen oder ihn zum Aufgeben zu bewegen.

Aber erst einmal war es an ihm, sein Versprechen zu halten.

Sie musterte die Menschen, die sie im hinteren Teil des Raumes ausmachen konnte. Eine Frau lag dort, sah mehr tot als lebendig aus. Das musste Karolin sein, das Mädchen aus Innsbruck. Sie erkannte Juliane, die nur Unterwäsche trug, und eine junge Frau mit Kopftuch, vermutlich die andere Studentin aus Österreich. Beide waren verletzt. Stephan Bach hatte Wunden im Gesicht und an seinem Hals.

Als sie fieberhaft überlegte, wessen Freilassung sie fordern sollte, löste sich krachend ein Schuss aus Vollmers Waffe.

Alexas Kopf fuhr herum, und sie konnte gerade noch sehen, wie Huber sich an sein Bein fasste und zur Seite fiel. Dann schlug die Tür hinter ihm zu.

»Verdammt, was soll das?«, entfuhr es ihr.

»Er war nicht eingeladen, und das hier ist meine Party!«, johlte Vollmer.

Wo war bloß der schüchterne Typ hin, mit dem sie bei Hocke und im Klettergarten gesprochen hatte? Sie hatte ihn definitiv unterschätzt.

»War nur ein Streifschuss. Hast du etwa was mit dem, oder warum machst du dir solche Sorgen, he?«, feixte er und stierte sie an.

Seine Nasenflügel hoben sich, und Alexa spürte instinktiv, dass ihre Antwort wichtig war. Sollte sie lügen?

»Nein«, antwortete sie schließlich mit Nachdruck. »Aber du weißt hoffentlich, dass dir das ziemliche Probleme machen wird. Du hast auf einen Polizisten geschossen.«

Er legte den Kopf schief und kratzte sich mit dem Lauf der Pistole die Schläfe. »Ehrlich? Ich kann Probleme bekommen?«, äffte er sie nach und schaute dann zur Decke. »Sag bloß. Habt ihr das gehört?«

Er drehte sich im Kreis. Endlich erkannte sie, was er um den Körper trug. Es war eine Kamera. Was hier passierte, wurde live gesendet. Und er hatte einen Kopfhörer im Ohr, was hieß, dass jemand mit ihm darüber sprach. Jemand, der über die Livebilder genau sehen konnte, was geschah. Vollmer war nicht allein. Lines Vermutung, sie hätten es nicht mit einem Einzeltäter zu tun, war also richtig gewesen.

Ein Lächeln überzog Vollmers Gesicht, während er genussvoll ihr Mienenspiel beobachtete.

»Ich glaube, *du* hast das alles nicht richtig verstanden.« Er richtete die Pistole jetzt direkt auf Alexa. »*Du* bist es hier, die so richtig in der Scheiße steckt.«

Dann ging er ein paar Schritte zur Seite. Nun bemerkte Alexa ein Drucksprühgerät aus Alu mit einer langen Spritze daran, auf dem ein Warnzeichen prangte: Säure.

Sie begann zu zittern, ihr Blick ging zu den Frauen, zu Stephan Bach, alle gefesselt, und keiner von ihnen machte noch einen Mucks. Sie hatten seit Tagen nichts gegessen oder getrunken, schätzte sie. Waren verängstigt und geschwächt. Von ihrer Seite konnte sie keine Hilfe erwarten. Sie war allein auf sich gestellt.

Aber er durfte ihr diese Verunsicherung nicht anmerken. Sie musste etwas völlig Paradoxes tun. Ihn überraschen. Deshalb streckte sie den Rücken durch und sah Vollmer direkt in die Augen. Kurz zögerte sie, doch dann ließ sie sich einfach auf den Boden niedersinken und kreuzte die Beine, um große Gelassenheit vorzutäuschen.

»Okay. Du hattest jetzt deinen Spaß. Steck das Ding weg.« Sie deutete auf die Waffe und fuhr mit festem Ton fort: »Ich bin hier. Ich habe meinen Teil der Abmachung erfüllt. Jetzt bist du dran. Du hast mir versprochen, eine der Geiseln gehen zu lassen. Also?«

Ohne zu blinzeln, starrte Alexa ihn weiter an. Sie wusste, wie groß das Risiko war, ihn herauszufordern. Aber sie musste es versuchen. Irgendwo in diesem Pseudo-Rambo steckte noch der unsichere junge Mann, den sie zuvor erlebt hatte. Wenn sie ihm beikommen wollte, dann nur mit Stärke.

Vollmer schaute nun zu den Geiseln, musterte eine nach der anderen. Dann wandte er sein Gesicht zur Tür.

Wenigstens hatte er die Waffe gesenkt.

Alexas Herz schlug heftig. Er schien nachzudenken.

Sollte sie noch einmal nachsetzen? Sie hatte schon einiges über Verhandlungen mit Entführern gelesen, aber eben nie in der Realität erprobt. Ihre Gedanken überschlugen sich, sie konnte sich kaum mehr daran erinnern. Rasch musterte sie noch einmal die Geiseln.

Karolin würde er nicht gehen lassen, denn die müsste rausgetragen werden. Darauf würde er sich nicht einlassen. Blieb nur eine der anderen Frauen. Aber wen sollte sie nennen?

In dem Moment drehte Vollmer sich einmal um die eigene Achse und deutete mit der Waffe in die dunkle Ecke.

»Du! Arschloch!«, rief er Stephan zu. »Beweg dich.«

»Er ist gefesselt«, sagte Alexa. »Du musst ihn schon losmachen. So kann er nicht aufstehen.«

Vollmers Kopf fuhr herum, er duckte sich leicht und sah sie gereizt an. Ihr Ton musste diese Veränderung hervorgerufen haben. Wieder wirkte er wie ein Tier, sein Blick gehetzt.

Sie musste vorsichtiger sein.

Als sie gerade sanfter noch etwas hinzufügen wollte, bewegte sich Vollmer endlich auf Stephan zu.

Na also, dachte Alexa und ließ langsam die Luft ab, die sie für einen Moment angehalten hatte. Eine der Frauen wäre ihr lieber gewesen, aber sie war nicht in der Position, irgendwelche Forderungen zu stellen.

Während er zu Stephan lief, versuchte Alexa zu erkennen, ob das Mädchen, das im hinteren Bereich des Raumes lag, noch lebte. Sie war nicht gefesselt und hatte sich bisher nicht bewegt. Alexa fixierte ihren Brustkorb. Aber sie war zu weit weg, konnte von ihrem Platz aus nicht erkennen, ob sie noch am Leben war.

In dem Moment stoppte Vollmer, stellte sich breitbeinig hin, richtete sich zu voller Größe auf. Dann hob er die Waffe und schoss. Direkt in Bachs Gesicht.

Jemand schrie.

Blut, Gehirnmasse und Knochenpartikel stoben durch den Raum. Die Kleidung von Lela Neshan, die ihm am nächsten saß, war von roten Spritzern übersät. Doch sie reagierte nicht, starrte bloß unverwandt auf ihre Füße und wippte mit dem Oberkörper. Ihre Lippen bewegten sich tonlos.

Vermutlich betete sie. Alexa beneidete sie, wünschte sich, sie hätte auch einen Gott, den sie um Beistand bitten könnte.

Denn Alexa ahnte, dass sie sich mit dem Falschen angelegt hatte.

Die Hälfte von Stephans Kopf fehlte.

»Hupsa!«, sagte Vollmer, riss die Augen weit auf und schaute auf den Lauf seiner Waffe. Dann lachte er und sagte: »Na, du wolltest doch, dass ich jemanden gehen lasse. Das wäre dann ja wohl erledigt.« Triumphierend drehte er sich zu Alexa um und verzog den Mund zu einer fiesen Grimasse.

Dann hob er die Nase in die Luft, schnupperte und ließ einen genüsslichen Ton hören. »Na endlich. Jetzt kann ich sie riechen, deine Angst. Wurde auch Zeit, dass du kapierst, dass wir nicht zum Vergnügen hier sind, Alexa.«

Er grinste.

»Zumindest was euch anbelangt«, fügte er mit einem Blick in die Runde an, richtete die Waffe der Reihe nach auf jede einzelne der jungen Frauen und ahmte dabei das Geräusch eines Schusses nach. »Aber ich werde eine Menge Spaß haben. So viel ist sicher.«

Dann stand er in der Mitte des Raumes, schürzte die Lippen und sah sich um. Lief triumphierend zu Stephan, beugte sich vor und machte ein Foto von seinem Gesicht.

Alexa musste die Zähne zusammenbeißen, um sich nicht laut schreiend auf ihn zu stürzen. Aber er hatte die entsicherte Waffe in der Hand und verstand, damit umzugehen. Sie würde höchstens das Leben einer Geisel riskieren.

Erst brauchte sie einen Plan.

Unvermittelt drehte Vollmer sich zu Alexa um, vermied es aber, ihr in die Augen zu sehen. »Wer ist überhaupt Line?«, fragte er. »Lass mich raten: Das ist die hübsche Blondine, die letzte Woche schon mal bei dir war, oder?«

Jetzt sah er ihr in die Augen. Eine Augenbraue zuckte hoch, und er genoss ihren überraschten Blick. »Cool, dass du sie zu unserer Party eingeladen hast. Wo doch einige unserer Gäste leider schon früher gehen mussten.«

Er drehte sich einmal im Kreis, wie ein Tänzer.

Alexa lief eine Gänsehaut über die Arme. Plötzlich fiel ihr etwas ein: die Eingangstür. Sie war offen gewesen, als sie mit Huber hereinkam. Völlig ungesichert.

Vollmer hatte keine Angst. Er wusste, dass er hier nicht lebend rauskommen würde. Und es war ihm egal. Sie hatte nicht gut genug zugehört, dabei hatte Ott mehrfach den erweiterten Suizid in seinem Vortrag erwähnt. *Den ER machen.* Abtreten wie das große Idol.

»Ich glaube, wir brauchen wieder Musik, was meint ihr?«, rief Vollmer nun in den Raum.

Sein Lachen hallte noch nach, während er in Richtung des Mischpults ging und die Musik dröhnend laut aufdrehte.

Zeig ihnen, wozu du in der Lage bist.

Töte sie.

Alle.

57.

Krammer passierte gerade den Achensee, dessen Oberfläche heute unruhig gekräuselt war. Wie so oft in den letzten Tagen braute sich wieder ein Sturm zusammen, fast schwarz war die Wolkenfront, die über dem Tal hing. Wellen schlugen unruhig an das Ufer.

Immer wieder hatte er versucht, Alexa zu erreichen, aber es sprang nur die Mailbox an. Endlich klingelte das Handy, und er hoffte, dass es der ersehnte Rückruf war.

Ohne das Tempo zu drosseln, ging er ran.

»Der Zeichner ist fertig«, hörte er Szabo sagen.

An ihrer gedämpften Stimme konnte er bereits erkennen, dass er die ganze Zeit recht gehabt hatte.

»Es ist Perski. Mit fast hundertprozentiger Sicherheit.«

Krammer krallte seine Finger fester um das Lenkrad.

»Ich habe die Leute in Weilheim schon informiert«, fuhr sie fort. »Jetzt kümmere ich mich um den Tätowierer. Sein Laden macht gleich auf.«

Krammer antwortete nicht. Seine Gedanken überschlugen sich.

»Kann ich sonst noch etwas tun?«

»Ich erreiche Alexa Jahn nicht. Bitte schick die Zeichnung noch direkt auf ihr Handy. Und auch auf das von ihrem Kollegen Florian Huber.«

Nachdem er den Anruf beendet hatte, setzte er das mobile

Blaulicht auf das Wagendach. Er schob sich fest in den Sitz, dann trat er das Gaspedal bis zum Anschlag durch. Immer schneller raste die Landschaft an ihm vorbei, genauso wie die Bilder, die ihm durch den Kopf jagten.

Sein Handy vibrierte. Auf dem Display rief er die eingegangene Nachricht auf. Mit einem kurzen Blick erkannte er, dass Szabo ihm Koordinaten geschickt hatte. Etwas war in Deutschland passiert. Vor wenigen Minuten.

Um die Nachricht zu lesen, blieb keine Zeit. Aber mit zwei schnellen Klicks hatte er die angegebenen Daten in den Bordcomputer übernommen. In weniger als einer halben Stunde würde er die Adresse erreichen.

Plötzlich scherte von einem Parkplatz ein Auto auf die Straße ein. Krammer stieg hart auf die Bremse, fuhr hupend einen Bogen um den Wagen des älteren Herrn, der ihn mit offenem Mund anstarrte. Das war verdammt knapp gewesen. Er hatte enormes Glück gehabt, dass ihm niemand entgegengekommen war, sonst hätte seine Fahrt hier geendet.

Dennoch dachte er nicht daran, seine Geschwindigkeit zu verringern. Er durfte nicht noch einmal zu spät kommen.

Als Krammer die Adresse in Deutschland erreichte, erkannte er das Auto von Huber, der seitlich auf dem Fahrersitz saß und über Funk mit jemandem sprach. Alexa hingegen konnte er nirgends entdecken.

Kies spritzte von den Reifen auf, als er auf den weitläufigen Parkplatz einbog. Obwohl er seine Ungeduld kaum bezähmen konnte, zwang er sich dazu, das Tempo zu drosseln, und hielt direkt neben Hubers Audi.

Er nahm das Blaulicht vom Dach, schaute rasch noch einmal, ob nicht doch eine Nachricht von Alexa eingegangen war, dann stieg er aus.

Im Kofferraum von Hubers Auto befand sich ein Hund, der ohne Unterlass bellte. Das Tier stand da, das Fell gesträubt, hob immer wieder den Kopf und gab kurze, kräftige Laute von sich. Als Krammer an dem Wagen vorbeiging, nahm der Hund keinerlei Notiz von ihm, hielt den Blick bloß unverwandt auf das Gebäude gerichtet.

Interessiert schaute Krammer in dieselbe Richtung. Die doppelflügelige Metalltür hatte Rost angesetzt, und das schiefhängende, zerfetzte Schild darüber wurde immer wieder vom Wind in die Höhe getrieben. Vielleicht machte das den Hund so verrückt.

Dann ging er weiter auf Huber zu, der sich noch immer nicht gerührt hatte. Erst als Krammer seine blutverschmierte Hose sah, verstand er warum: Er hielt eine Kompresse auf seinen Oberschenkel gedrückt.

»Was ist passiert? Wo ist Alexa? Kommt sie noch?«

Huber schüttelte den Kopf. »Wir … Wir sind da rein. Wir hatten doch keine Ahnung … Alexa wollte diesen Jungen, der dadrin Musik machte, nur etwas zu dem vermissten Paar fragen. Wir konnten ja nicht wissen, dass er bewaffnet ist. Die Tür war nicht einmal abgesperrt.«

Wie zur Untermalung ertönte ein tiefer Bass, der Krammers Brustkorb leicht vibrieren ließ. Der Hund knurrte jetzt und zog die Lefzen hoch.

»Wie heißt er?«

»Manuel Vollmer. Ich habe gerade erst die Daten aus Weilheim bekommen. Er lebt mit seinen Eltern hier in der Gegend. Ein unbeschriebenes Blatt. Vierundzwanzig Jahre alt, nicht einmal ein Ticket für Falschparken.« Huber hielt Krammer das Bild hin. »Vor zwei Tagen erst haben wir uns hier zu unserer Suche versammelt. Direkt vor seiner Nase. Er war sogar dabei. Der Kerl lief die ganze Zeit neben mir, ich habe mich mit ihm unterhalten.«

Krammer nickte. Sein Mund war trocken. Wenn Alexa mit Huber in den Raum gegangen war, wo war sie dann jetzt?

»Es war dunkel, wir haben erst nicht viel gesehen«, fuhr Huber endlich fort. »Das hat er ausgenutzt und eiskalt eine Waffe auf eine der Geiseln gerichtet.«

»Wie viele Personen sind es?«

»Ich konnte es nicht genau erkennen. Da lag eine Frau mit roten Haaren, aber im hinteren Teil des Raums waren vermutlich auch noch andere, glaube ich … Es ging alles so schnell, und dann zog dieser Kerl auch schon die Waffe …« Huber brach ab. »Aber so, wie der Hund sich aufführt, tippe ich mal, dass Stephan Bach auch dabei ist. Es ist seiner, musst du wissen. Gesehen habe ich ihn allerdings nicht.«

Krammer ließ seinen Blick über das Gelände schweifen. Überall war Wald. Das Gebäude riesig. Abgelegen. Niemand würde Schüsse hören. Oder Schreie. Der perfekte Ort für ein Verbrechen.

»Und Alexa?«, wagte Krammer nun zu fragen.

Huber warf den Kopf in den Nacken. »Sie hat nicht einmal ihre Waffe gezogen. Ich konnte nicht wissen, was sie vorhatte. Sie hob plötzlich die Hände, redete beruhigend auf den Kerl ein. Dann nahm sie diesem Irren das Versprechen ab, sich selbst gegen eine Geisel einzutauschen.«

Krammer hielt die Luft an.

»Sie hat ihm ihre Waffe zugeschoben und mir gesagt, ich

solle Verstärkung rufen und diese Psychologin vom KIT.« Seine Stimme war heiser. »Ich habe getan, was sie wollte. Was hätte ich auch sonst tun sollen? Der Typ ist verrückt … und die Geiseln … Kurz bevor ich draußen war, hat er dann das Feuer eröffnet. Es ist zum Glück nur ein Streifschuss.«

»Sie ist also immer noch dadrin!«

Huber seufzte. »Ich frage mich schon die ganze Zeit, ob ich etwas anders hätte machen können. Dabei hatte sie mir fest versprochen, keinen Alleingang mehr zu unternehmen. Und jetzt das …«

Krammer hörte nicht mehr, was Huber zu sagen hatte. Seine Gedanken liefen auf Hochtouren. »Und den Mann auf dem Phantombild, das Szabo geschickt hat, den kennst du nicht, oder?«

Huber schüttelte den Kopf. »Nie gesehen.«

Der Hund bellte zu dem abgehackten Stakkato, das aus dem Inneren des Gebäudes drang.

Die Tür war nicht abgeschlossen, wiederholte Krammer in Gedanken. Der Mann hatte nichts zu seiner Sicherung getan. Die Musik war brüllend laut, er würde nicht einmal hören, wenn das SEK mit Sirenen und Tamtam hier eintraf.

»Ich kann nicht länger hier stehen und abwarten«, sagte er mehr zu sich selbst als zu Huber. Dann machte er entschlossen kehrt, ging zurück zu seinem Wagen und öffnete den Kofferraum.

»Krammer, das geht nicht!«, schrie Huber jetzt. »Der Kerl wird sofort schießen! Der ist irre, glaub mir. Schlimm genug, was bisher gelaufen ist. Wir müssen auf Verstärkung warten. Und hoffen, dass Alexa bis dahin durchhält und ihr nichts passiert ist.«

»Wie meinst du das?«, fragte Krammer alarmiert.

»Nachdem ich raus bin, ist noch ein Schuss gefallen. Ich habe keine Ahnung, ob er jemanden getroffen hat.« Huber wechselte die Hand, mit der er die Mullbinde auf sein verletztes Bein gepresst hielt.

Krammer überlief es eiskalt. »Und du bist wirklich sicher, dass er allein ist? Kein Komplize? Wir haben es nur mit einer Person zu tun? Und er hatte keine Möglichkeit, hintenrum abzuhauen?«

»Das kann ich nicht mit Bestimmtheit sagen«, antwortete Huber und zuckte die Schultern. »Die Disco ist riesengroß, überall voll mit gestapelten Tischen und Stühlen. Wie gesagt: In dem Licht konnte man nicht viel sehen. Und ich war ja nur ein paar Minuten drinnen. Außerdem gibt es in dem Gebäude sicher Hinterzimmer und einen Keller mit Lagerräumen. Die Hauptausgänge liegen alle hier vorne. Nur der Notausgang ist an der Seite.«

»Sind die Geiseln nahe der Tür?«, wollte Krammer wissen.

»Nein. Am anderen Ende des Saals. Ich habe schon die Pläne angefordert, aber sie bisher noch nicht bekommen.«

»Und Alexa?«

»Ungefähr in der Mitte. Drei, vier Meter von der Tür entfernt.«

»Und wann genau hast du das SEK angefordert?«, fragte Krammer weiter.

»Direkt danach. Es kommt auch Verstärkung aus Weilheim und aus München vom LKA. Das war vor einer guten halben Stunde. Sie müssen jeden Moment eintreffen.« Er starrte auf sein Bein, hob kurz die Kompresse hoch. »Es war der totale Wahnsinn, was sie da gemacht hat! Und ihr toller Deal mit der

Geisel hat nicht einmal geklappt. Aber wenn Alexa sich etwas in den Kopf gesetzt hat … Du kennst sie ja inzwischen.«

Krammer blickte immer wieder zwischen Huber und der Tür hin und her. Dann zog er seinen Mantel aus. »Eben nicht. Ich kenne sie viel zu wenig«, murmelte er.

Entschlossen legte er seine schusssichere Weste an, schloss den Kofferraum und schlüpfte dann wieder in den Mantel.

»Was tust du da?«, schrie Huber jetzt. »Herrschaftszeiten, Krammer. Nimm doch wenigstens du Vernunft an!« Er schob sich aus seinem Sitz hoch und ging ein Stück Richtung Straße, um Ausschau zu halten. »Die anderen müssen jeden Moment hier sein.«

Krammer zog seine Dienstwaffe und entsicherte sie.

»Scheiße«, rief Huber. »Du meinst das also wirklich ernst. Verdammt, Krammer, du bist genauso verrückt wie sie!«

Damit hatte Huber voll ins Schwarze getroffen. Krammer zuckte die Schultern. »Ich kann nicht anders. Sie ist meine Tochter.«

Mit diesen Worten stieg er wieder in seinen Wagen und legte die Waffe in die Mittelkonsole.

Er hatte nur eine Chance: auf das Überraschungsmoment zu setzen. Er wendete, richtete die Front des Wagens direkt auf die Flügel der Eingangstür aus.

Nie hatte er die Möglichkeit gehabt, etwas für Alexa zu tun. Aber diesen Versuch war er ihr schuldig. Was mit ihm passierte, war egal.

Krammer ließ die Scheiben runter, vergewisserte sich, dass seine Waffe nicht verrutschen konnte, und hoffte, dass die Airbags nicht versagten.

Dann gab er Vollgas.

58.

Alexa kniete noch immer in der Mitte des Raumes, ließ Manuel Vollmer keine Sekunde aus den Augen. Glücklicherweise hatte er sie bisher nicht gefesselt. Er fingerte etwas aus einer Tüte und steckte es sich in den Mund. Gut so.

Wenn er high war, konnte sie ihn vielleicht überrumpeln. Gleichzeitig konnte er dadurch noch unberechenbarer werden … Sie hoffte auf Ersteres, wollte jedoch zur Sicherheit ein paar Minuten abwarten, bis die Wirkung einsetzte. Es blieb ihr gar keine andere Wahl. Sie musste es versuchen.

»Dann machen wir mal weiter«, hörte sie ihn sagen.

Plötzlich zog etwas seine Aufmerksamkeit auf sich. Vollmer wandte den Blick in Richtung des Eingangs. Instinktiv hechtete Alexa in Richtung der Tische, um Deckung zu suchen.

Mit einem lauten Krachen flogen die Türen auf, dann schoss ein Pkw in den Raum. Metall kreischte, der Motor heulte auf, und erst nach ein paar Metern kam der Wagen auf der Tanzfläche zum Stehen. Mauersteine und Glassplitter flogen mit Wucht durch die Luft, und eine riesige Staubwolke nahm Alexa die Sicht.

Instinktiv hob sie die Arme, um ihren Kopf so gut es ging zu schützen. Doch sie brauchte nur wenige Sekunden, um zu begreifen, dass jetzt alles eskalieren würde.

Manuel hatte sich fast ebenso schnell aus seiner Schockstarre gelöst wie sie. Und sie erkannte, dass er auch jetzt nicht gewillt war, seine Mission zu beenden. Er wollte die Mädchen töten. Er überlegte nur noch, mit wem er beginnen sollte.

Mit einem Satz war sie auf den Füßen, rannte zu den Geiseln und warf sich über den Körper der schwerverletzten Karolin, die bereits zuvor im Visier des Täters war. Alexa konnte den Schuss nicht hören, doch schon spürte sie einen heftigen Schmerz in der rechten Schulter.

Geschockt fasste sie an die Stelle, sah Blut an ihren Fingern. Sie war getroffen. Verdammt!

Sie lugte über ihre Schulter. Vollmer hielt die Waffe auf sie gerichtet, und Alexa wappnete sich für den nächsten Schuss. Rasch senkte sie den Kopf. Die Einschlagstelle pochte heftig, gleichzeitig wurde das umliegende Gewebe langsam taub.

Die Sekunden schienen endlos. Ihr Herz raste. Doch nun spürte sie, dass der Körper unter ihr warm war und dass das Mädchen atmete. Sie lebte! Ein Glücksgefühl durchströmte Alexa, gab ihr wieder Kraft.

In dem Moment feuerte Vollmer zum zweiten Mal. Aber nicht auf sie. Durch die staubige Luft konnte sie sehen, dass es Juliane erwischt hatte. Bauchschuss. Blut breitete sich auf ihrer nackten Haut aus, lief über ihren Unterleib, dann fiel sie zur Seite.

Ein Stück weiter kauerte Lela, die Beine eng an den Körper gezogen. Sie machte sich so klein wie möglich. Wusste, dass sie die Nächste war.

Alexa wandte den Kopf. Breitbeinig stand Vollmer vor dem Podest mit dem Mischpult, hielt die Waffe mit ausgestreckten Armen auf Lela gerichtet, versuchte, genau zu zielen, als etwas wie ein Pfeil durch die Luft schoss.

Blitzschnell war der Hund in den Saal gerannt und gesprungen.

Vollmer wurde zur Seite gerissen. Ein Schuss löste sich. Mit einem wütenden Knurren hatte Oskar sich in Vollmers Arm verbissen. Mit hektischen Bewegungen versuchte dieser, das Tier abzuschütteln.

Erst jetzt riskierte Alexa einen raschen Blick zu dem Fahrzeug, aus dem noch zischende Geräusche kamen. Die Motorhaube wirkte, als hätte ein gigantischer Riese sie einfach zerknüllt. Der Motorblock hing schief herunter, es dampfte, und verschiedene Flüssigkeiten traten aus, bildeten eine ölige Schmiere auf dem Boden.

Die laute Musik war wie die Untermalung zu einem gigantischen Actionfilm. Seitlich pendelte das völlig verbogene Kennzeichen, auf dem sie gerade noch das Landeskürzel von Österreich erkennen konnte.

Langsam begriff Alexa, woher sie das Auto kannte. Krammer war für diese Aktion verantwortlich. Hinter der zerborstenen Frontscheibe, die erstaunlicherweise standgehalten hatte, sah sie weiße Airbags. Sonst nichts.

Sie konnte nicht erkennen, ob er darin war, meinte aber, eine Bewegung am Wagen zu sehen.

Ihre Gedanken rasten, doch sie war wie gelähmt. Und dann verdunkelte sich der Raum erneut, zahlreiche schwarz gekleidete Männer mit Helmen und Nachtsichtgeräten drängten in den Saal. Endlich! Die Verstärkung war da.

Kurze Kommandos wurden gerufen, jeder einzelne Winkel des Saals gesichert.

Sofort ließ der Hund von Manuel ab, wandte seine Aggression jetzt gegen die Eindringlinge, stellte sich mit gefletschten Zähnen schützend vor Alexa, die merkte, wie ihre Kräfte nachließen, und der es einfach nicht gelingen wollte, sich aufzurichten. Sie redete beschwichtigend auf Oskar ein, doch das Tier schien sie nicht zu hören.

Im Augenwinkel sah sie, dass Vollmer trotz seiner Verletzung noch immer nicht bereit war, aufzugeben. Obwohl alle Männer ihre Waffen auf ihn gerichtet hatten, rannte er los, schlitterte über den blutverschmierten Boden, direkt auf Alexas Pistole zu. Er packte sie und hob sie hoch. Alexa duckte sich wieder und murmelte beschwichtigend auf Karolin ein, die sich unter ihr bewegte.

»Werfen Sie die Waffe weg!«, schrie einer der Beamten.

Die Musik erstarb für eine Sekunde. Es war völlig still. Alexa hielt den Atem an und lugte aus den Augenwinkeln in Richtung des Täters.

Sie hörte Vollmers irres Lachen, der mit dem Rücken zu ihr auf dem Boden lag. Er hob mit einem Ruck ihre Waffe, zielte, aber bevor er auf einen der Männer feuern konnte, streckte ihn ein gezielter Schuss nieder. Die Pistole entglitt seinen Händen, sein Kopf fiel herab. Dann bewegte er sich nicht mehr.

Mit voller Lautstärke setzte ein neues Lied ein.

Einer der Beamten lief zu Vollmer, zog den Handschuh aus und fühlte seinen Puls. »Er ist tot«, brüllte er seinen Kollegen zu.

Es war vorbei.

Vorsichtig ließ sich Alexa von Karolins Körper gleiten, presste die Hand fest auf die schmerzende Stelle an ihrer Schulter und stemmte sich mühsam hoch. Sie musste mit eigenen Augen sehen, dass Manuel Vollmer keine Gefahr mehr darstellte.

Im Hintergrund entdeckte sie jetzt Huber, der mit einem anderen Beamten gerade Krammer durch das Fenster auf der Fahrerseite aus dem Auto half. Dann traten sie gemeinsam weiter in den Raum hinein.

Das Bild, das sich ihnen bot, war schrecklich: zwei Leichen, zwei Schwerverletzte, der ganze Boden übersäht von Blut, Öl, Glasscherben und Wrackteilen.

»Eine Beamtin ist verletzt! Hierher«, schrie Krammer und deutete in Alexas Richtung. Während der Notarzt eine Trage anforderte, trafen sich ihre Blicke. Kurz nickte er Alexa zu.

Schon erschien ein Sanitäter neben Krammer, sprach kurz mit ihm, untersuchte die Prellung in seinem Gesicht, legte ihm vorsorglich eine Nackenmanschette an und begann dann damit, eine Schnittwunde an seinem Arm zu versorgen.

Alexa beobachtete ihn währenddessen aufmerksam und war erleichtert, dass er von seinem Manöver offenbar keine schlimmeren Verletzungen davongetragen hatte. Sie hatte diesem Mann ihr Leben zu verdanken. In zweifacher Hinsicht.

Ein Arzt untersuchte inzwischen auch ihre Schussverletzung, säuberte sie und desinfizierte die Wunde, bevor er sie abdeckte.

»Sie haben Glück gehabt. Die Kugel steckt wohl im Knochen. Das kriegen wir hin. In drei Wochen sind Sie wieder ganz die Alte.«

»Was ist mit den anderen?«, fragte Alexa. »Sind sie am Leben?«

Noch immer dröhnte die Musik durch den Raum, während der Sanitäter sich nun Karolin widmete. Vorsichtig schob er ihr Shirt hoch. Ihr gesamter Körper war voller Schwellungen und Hämatome, Rippenbrüche und innere Verletzungen konnten nicht ausgeschlossen werden. Und wahrscheinlich war sie vollgepumpt mit Drogen. Sie musste sofort in ein Krankenhaus gebracht werden.

Juliane wurde ebenfalls mit einer Trage abtransportiert. Tagelang fast nackt, war ihr Körper stark unterkühlt, doch auch sie hatte Glück gehabt. Es handelte sich um einen glatten Durchschuss, und es waren keine Organe verletzt.

Lela war dehydriert, stand noch unter Schock und sollte ebenfalls genauer untersucht werden. Jemand führte sie nach draußen, als Einzige konnte sie gestützt selber laufen.

Als Alexa auf eine Trage gehoben wurde, stellte endlich jemand die Musik aus.

Erschöpft ließ sie ihren Kopf auf das Polster sinken. Wenigstens waren die Mädchen am Leben. An ihrer Linken spürte sie die kalte Schnauze des Hundes, der dicht neben den Rettungskräften herlief und nicht von ihrer Seite wich.

Als sie endlich nach draußen ans Licht kamen, atmete sie tief durch. Die Luft war kalt und klar. Wieder frischte der Wind auf, aber dieses Mal genoss sie das Gefühl auf ihrer Haut. Sie hatte überlebt.

Am Himmel, ganz hoch über ihr, zog ein Vogel seine Kreise.

Dann hörte sie irgendwo die Stimme von Huber, der mit dem verschleierten Mädchen sprach, das unter Tränen berichtete, dass Vollmer alles gefilmt hatte und offenbar Anweisungen über das Telefon bekam. Huber humpelte eilig an ihr vorbei, vermutlich, um das Handy und die Kamera zu sichern.

Es gab also einen Hintermann. Line hatte mit allem recht gehabt.

Dann schloss Alexa die Augen.

Sie war plötzlich furchtbar müde.

59.

Obwohl es schon spät war, hatte Krammer darauf bestanden, sich von einem der deutschen Kollegen im Bad Tölzer Krankenhaus vorbeifahren zu lassen, in das Alexa zuvor gebracht worden war.

Natürlich war ihm längst zugetragen worden, dass es ihr gut ging, aber bevor er nach Innsbruck zurückkehrte, musste er sich mit eigenen Augen vergewissern, dass es ihr wirklich an nichts fehlte. Er schritt den nüchternen Flur entlang, auf dem um diese Zeit niemand mehr zu sehen war. Aus einem Zimmer in der Mitte des Ganges drangen Stimmen, eine Pflegerin in einem blauen Schlupfkasack lehnte im Türrahmen, hielt eine Tasse Tee in der Hand, in der noch der Beutel hing.

Er nickte ihr kurz zu, ging weiter, den Blick unverwandt auf die Nummerierung der Zimmer gerichtet. Das von Alexa musste auf der rechten Seite des Ganges sein.

Bevor er klopfte, stellte er sein Handy auf Vibrationsalarm.

Dann hob er die Hand. Zögerte. Er zog die Lippen nach innen, legte den Kopf in den Nacken und starrte zur Decke. An den Seiten verliefen abgedeckte Neonröhren, und die Mitte bestand aus einzelnen Quadraten, die der Geräuschdämmung dienten. Alle paar Meter waren Luftschlitze für die Klimaanlage eingelassen.

Ob sie ein Einzelzimmer hatte?

Er drehte sich kurz um, ob jemand sein Zögern bemerkt hatte, doch er war immer noch allein.

Mit einer Hand fuhr er sich durchs Haar und räusperte sich. Dann machte er eine Faust, klopfte zaghaft an.

Vielleicht schlief sie längst, schoss es ihm durch den Kopf.

Doch schon hörte er ihre Stimme, die ihn hereinbat.

Er öffnete die Tür und lugte in das Zimmer.

Alexa war im Bett aufgerichtet, daneben saß auf einem roten Kunstlederstuhl eine blonde Frau, die Krammer bereits kannte. Line Persson, die Psychologin vom KIT.

»Oh, ich wollte nicht stören«, murmelte er.

»Komm ruhig herein«, sagte Alexa.

Krammer bemerkte, dass sich an Alexas Hals rote Flecken bildeten. Sie war genauso nervös wie er.

»Ich wollte sowieso gerade gehen«, meinte die Blonde, erhob sich von ihrem Platz und bedeutete ihm, dass er sich setzen könne.

Alexa wollte gerade etwas einwenden, doch Line Persson schüttelte nur den Kopf und sagte: »Ich lass euch dann mal allein. Wir sehen uns morgen.«

Sie drückte Alexas Arm, lächelte Krammer an, nickte ihm kurz zu, raffte Mantel und Handtasche zusammen und war schon verschwunden.

Krammer verharrte zögernd im Zimmer, wusste nicht, wohin mit seinen Händen. Ein großer Blumenstrauß stand in einer Vase neben Alexas Bett, und schon ärgerte er sich, dass er daran nicht gedacht hatte.

Ein Monitor überwachte ihren Puls, den Blutdruck und die Sauerstoffsättigung. Ihr rechter Arm lag auf einem großen Schulterkissen. Unter dem Krankenhauskittel lugte der

Rand eines riesigen Pflasters hervor, das die Schusswunde verbarg.

Er holte gerade Luft, um sie zu fragen, ob sie Schmerzen habe, als Alexa zu sprechen begann. »Was …«, sagte sie, brach dann aber ab.

»Du zuerst«, meinte er und ging einen Schritt auf sie zu.

»Was ist mit den …«, begann sie. Doch wieder erstarben die Worte auf ihren Lippen. Sie verzog den Mund, schob sich im Bett ein Stück weiter hoch, schaute jedoch auf die Bettdecke. »Ich muss dir etwas sagen. Ich weiß nur gerade überhaupt nicht, wie und wo ich anfangen soll.«

Krammer spürte einen Kloß im Hals. Er hatte seit Jahren nicht mehr geweint, und er würde nicht gerade hier und jetzt damit anfangen.

»Du musst nichts sagen«, brachte er mit kratziger Stimme hervor. »Ich weiß Bescheid.«

Alexas Kopf fuhr hoch, und mit verblüffter Miene sah sie ihn an.

»Deine Mutter hat mich angerufen«, erklärte er hastig. »Vor zwei Tagen schon. Sie macht sich große Sorgen.«

Alexa wandte den Kopf wieder ab und fuhr mit dem Finger über das Pflaster, mit dem der Venenzugang auf ihrem Handrücken verklebt war. Er bemerkte zum ersten Mal, wie klein ihre Hände waren.

»Ich weiß. Ich habe schon mit ihr telefoniert. Vorhin. Damit sie es nicht aus der Presse erfährt.« Sie ließ sich auf das Kissen sinken und schloss die Augen.

Krammer stand still da, mitten im Raum, schüttelte den Kopf, so als könne er damit seine Gedanken vertreiben. Was hatte er sich nur dabei gedacht? Alexa hatte heute in dieser

Diskothek die Hölle durchgemacht, und jetzt stand er hier und musste sie auch noch mit dieser Geschichte überfahren.

Kein Wunder, dass sie so reagierte. Er kam über dreißig Jahre zu spät.

Als er sich gerade verabschieden wollte, damit sie sich weiter ausruhen konnte, sagte sie: »Ich habe keine Ahnung, wie man so was macht. Wir ...«

Doch schon brach sie wieder ab, atmete tief ein und schaute ihn bedauernd an. Die Art, wie sie dabei den Kopf schräg hielt, erinnerte ihn plötzlich an seine eigene Mutter.

Er stand noch einen Moment da. Dann zog er entschlossen den Stuhl zu sich heran und nahm darauf Platz.

»Ich weiß auch nicht, wie man das macht«, begann er. »Aber wir könnten es ja einfach mal probieren.«

Zum ersten Mal an diesem Tag breitete sich ein Lächeln auf Alexas Gesicht aus. »Gute Idee«, meinte sie, bettete ihren Kopf auf das Kissen und sah ihn abwartend an.

Dann begann Krammer zu erzählen.

60.

Am nächsten Tag wurde Krammer gemeinsam mit Huber von Brandl befragt, was sich am Dienstagmorgen in der Diskothek zugetragen hatte. Da verschiedene Ortsansässige in die Morde verwickelt waren, wollte Brandl selbst die Ermittlungen leiten. Nach und nach setzte sich die Geschichte für das Weilheimer Team zu einem vollständigen Bild zusammen. Durch die Aufnahmen der GoPro gelang es ihnen auch, die Abläufe der vergangenen Tage zu rekonstruieren.

Manuel Vollmer wurde von allen, mit denen sie sprachen, als völlig unauffälliger, schüchterner Typ beschrieben. Ein netter Junge, höflich, hilfsbereit, ein wenig wortkarg, so charakterisierte ihn Tobi Gerg, der den jungen Mann seit frühester Kindheit kannte. Auch in den sozialen Medien deutete nichts auf die Machenschaften hin, deren Zeugen sie geworden waren. Sein einziges Manko: Er war unglücklich mit seinem Aussehen, konnte sich nur selten überwinden, ein Mädchen anzusprechen, und hatte noch nie eine Freundin.

Bevor er über das Internet Kontakt zu den Incels aufnahm, äußerte sich sein kritischer seelischer Zustand bereits dadurch, dass er sich selbst verletzte. Das Forum gab ihm endlich Halt, und er fand Menschen, die ihm ähnelten, seinen Frust verstanden. Durch die anderen wuchs aber auch sein Hass auf Frauen – genau wie Ott es beschrieben hatte. Seine Wut richtete sich auf die, die ihn abgewiesen hatten.

Mehr und mehr wurde das Thema zur Besessenheit. Während der Pandemie verlor er obendrein seinen Job, war gezwungen, wieder bei seinen Eltern einzuziehen. Doch verschaffte ihm das genügend Zeit, den drei Frauen zu folgen, bis er jeden ihrer Schritte kannte.

Karolin hatte er in der Diskothek kennengelernt.

Während die Universität vor einigen Monaten pandemiebedingt nur Online-Unterricht anbot, wohnte sie längere Zeit bei ihren Eltern und war mit einer ehemaligen Schulfreundin zu der geheimen Coronaparty gegangen, die später von der Polizei aufgelöst wurde.

An jenem Abend war Vollmer den beiden Frauen mit dem Auto bis nach Wolfratshausen gefolgt, hatte es sogar gewagt, Karolin direkt anzusprechen. Doch sie wimmelte ihn ab, behauptete, sie sei nie auf dieser Party gewesen, und ließ ihn einfach stehen. Tagelang hatte er sie im Verborgenen beobachtet und schließlich auch herausgefunden, wo sie in Innsbruck lebte.

Für Anabel hatte Vollmer schon ewig geschwärmt. Immer wieder machte er heimlich Fotos von ihr, wenn sie nach ihrer Schicht aus der Pizzeria kam. Er holte dort auch regelmäßig Essen für die Leute der Bergwacht, nur um sie zu sehen. Seine Wut auf sie war am stärksten, denn während sie Vollmer eiskalt abblitzen ließ, tat sie mit Stephan alles. Er hatte sogar ein verwackeltes Foto davon gemacht, wie Anabel und Stephan im Wald Sex hatten. Vermutlich an dem Ort, an dem man später ihre Leiche fand.

Juliane kannte er vom Hof ihrer Eltern, wo er aushalf. Dass nicht einmal die übergewichtige junge Frau ihn beachtete, war die größte Schmach für Vollmer und der letzte Kick, um sich zu radikalisieren. Er wollte sie vor laufenden Kameras vergewaltigen, endlich mit ihr seine Unschuld verlieren. Doch als sie völlig stoned im Keller vor ihm lag, wollte ihm nicht einmal das gelingen.

Immer häufiger griff Vollmer zu Drogen, nahm unter anderem Speed, Ecstasy und Kokain. Bei einem seiner Wochenendtrips nach Innsbruck, wo er Lela und Karolin nachspioniert hatte, ließ er sich im Rausch sogar die Namen der Frauen eintätowieren.

Bei der Durchsuchung von Vollmers Zimmern, die er im Haus seiner Eltern unter dem Dach bewohnte, konnte die Polizei einiges an Beweismaterial sicherstellen: Die Einträge in seinem Kalender belegten genau, wann und wo er die Mädchen beobachtet hatte. Es existierten auch Notizen darüber, wie er sich ihre Tötung vorstellte. Die Beweislast war erdrückend, an Vollmers Schuld gab es keinen Zweifel. Genauso wenig wie an den eiskalten Morden an Anabel und Stephan, die mit der Kamera festgehalten worden waren.

Die Verbindung zu den Incels konnte ebenfalls eindeutig belegt werden. Unter dem Usernamen *The Axe Man* war Vollmer dort bereits seit mehr als einem Jahr aktiv. Auf seinem Profilbild hatte er sich selbst als kernigen Typ inszeniert: Das Kinn und die Gesichtskonturen wurden via Filter kantiger gemacht, die Wangenknochen verbreitert. Das Fakegesicht hatte er auf den Körper eines bulligen Kerls gesetzt, der Camouflage-Hosen zu einem weißen Unterhemd trug und mit einer riesigen Streitaxt posierte – Manuels Lieblingswaffe.

Doch was Brandl zunächst weiter Rätsel aufgab, war die Frage, wie Vollmer es geschafft hatte, die Frauen in seine

Gewalt zu bringen. Wann Juliane zu ihren Eltern kommen wollte, hatte er bei seiner Aushilfstätigkeit auf dem Schattenhof erfahren. Und auf einem Foto, das einer der Kollegen des Dachdeckers David Gross gemacht hatte, war Vollmer deutlich zu erkennen – an einer Hauswand lehnend, direkt gegenüber von Julianes Wohnhaus in München.

Sie aufzugreifen, hatte aber ein anderer übernommen: Lorenz Kolb, der Sohn der Besitzerin des Jachenauer Dorfladens, mit dem Manuel Vollmer eng befreundet war. Dieser hatte dem Taxifahrer, der eigentlich längst Feierabend machen wollte, ein besonders hohes Trinkgeld versprochen, wenn er Juliane fuhr und, anstatt sie nach Hause zu bringen, bei dem Loipenparkplatz rausließ. Kolb erzählte ihm, dass er dort eine Geburtstagsüberraschung für sie plane – was natürlich eine Lüge war. Vollmer hatte allerdings heimlich ein Video gedreht, auf dem zu sehen war, wie Kolb dem Taxifahrer das Geld reichte. Genug, um den Mann belasten zu können – der daraufhin aus Angst, seinen Job zu verlieren, Kolb deckte und die Geschichte erfand, die er den Ermittlern zuvor aufgetischt hatte.

Das angeblich entwendete Schneemobil fanden sie schließlich im Wildengraben. Kolb hatte es dort in der Nacht abgestellt, damit es so aussah, als sei es gestohlen worden. Rudi Obermeyer aus dem Hochseilgarten, der ihm dabei zur Hand gegangen war, hatte ihm danach noch ein blaues Auge verpasst, damit der Überfall echt wirkte. Dann war Kolb stundenlang durch die Berge gelaufen.

Stephan Bach lockten sie mit einem Anruf aus der Wohnung: Anabel wolle sich am Abend mit ihm treffen, um sich mit ihm zu versöhnen. Gemeinsam mit Obermeyer war es

Vollmer gelungen, den jungen Mann zu überwältigen und ihn anschließend zu betäuben. Dieselbe Geschichte tischten sie auch Anabel via WhatsApp auf, zerrten sie am vereinbarten Treffpunkt in Stephans Auto und verabreichten ihr im Wagen sofort Ketamin, das sie in Sekunden außer Gefecht setzte. Anschließend stellten sie den Golf am Ufer der Jachen ab, um den Verdacht auf Stephan zu lenken. Zuletzt fuhren sie zu Bachs Wohnung, betäubten den Hund mit einem Köder und wählten dann von seinem Anschluss aus Anabels Nummer, um die Polizei auf eine falsche Fährte zu setzen.

Am schwierigsten gestaltete sich wohl die Entführung in Innsbruck. Laut den Aufzeichnungen wollte Vollmer eigentlich nur Karolin entführen. Lela war somit ein Zufallsopfer. Wieso er sie nicht betäubt in Karolins Zimmer zurückließ, wurde nicht abschließend geklärt. Und gerade dieses Detail war für die Ermittlung von Vorteil: Denn das folgende Geschehen konnten sie mit Lelas Aussagen genauestens rekonstruieren. Und sie war auch das zentrale Bindeglied, das Perski, der ansonsten im Hintergrund agiert hatte, ganz direkt in Verbindung mit den Entführungen brachte. Er war in Innsbruck dabei gewesen, genau wie Krammer die ganze Zeit vermutet hatte.

Während Perski, der beiden Frauen zuvor eine hohe Dosis Liquid Ecstasy gespritzt hatte, mit Karolin durch das Wohnheim vorausging und ihr ein Messer an den Hals hielt, folgte Vollmer mit Lela. Ihre Gesichtsverletzungen verbargen sie mit dem Kopftuch. Tatsächlich begegneten sie in den Fluren niemandem, doch Lela gab zu, dass sie auch nicht gewagt hätte, etwas zu unternehmen, um nicht das Leben ihrer Freundin zu gefährden.

Vollmers Plan sah vor, ein Video zu drehen: über seine Party, bei der er mit den Frauen tun würde, was er wollte. Sie töten, missbrauchen oder ihre Gesichter entstellen, damit sie verstanden, wie er sich fühlte. Die Schlechtwetterperiode kam ihm dafür wie gerufen: Alle wollten in diesem Chaos nur nach Hause, würden es vermeiden, vor die Tür zu gehen, und auch nicht darauf achten, was um sie herum geschah.

Zur Tarnung beteiligte Vollmer sich als Mitglied der Bergwacht aktiv an der Suche nach den Vermissten. Er hatte Gergs Suchteam sogar zu Anabels Leiche geführt, die er mit Rudi Obermeyer dort platziert hatte – weit weg von dem Ort, an dem er seine Geiseln festhielt. Dass die Suche ausgerechnet auf dem Disco-Parkplatz startete, war Zufall, bot für Vollmer aber den ultimativen Kick.

Stephan Bach sollte später als Sündenbock herhalten. Sie wollten die gesamten Fotos der toten Frauen auf seinen Rechner laden, und schon lange hatten sie einen Fake-Account für ihn angelegt.

Die Jachenau leistete der Gruppe aber noch einen anderen guten Dienst: Johannes Moser wohnte dort. Perski, der die Männer in dem Forum wie Soldaten rekrutiert hatte und sämtliche Fäden im Hintergrund zog, war klar, dass Moser mit seinem ellenlangen Vorstrafenregister ins Visier der Ermittler geraten würde. Die perfekte falsche Fährte.

Bei der Analyse der Daten aus dem Netzwerk stellte sich heraus, dass neben Lorenz Kolb von der Bergwacht und Rudi Obermeyer auch ein junger Polizist aus Miesbach in dem Forum aktiv war. Er hatte sich ebenfalls an der ersten Suche beteiligt. Noch am selben Tag konnten alle drei Personen festgenommen werden.

Brandl, Krammer und Huber führten gemeinsam über viele Stunden die Vernehmungen durch. Immer wieder versuchten die Männer, sich zu verteidigen. Zwei behaupteten, sie hätten nur konsumiert, seien nie an der Entführung der fünf Menschen sowie an der Ermordung von Anabel und Stephan beteiligt gewesen.

Lorenz Kolb war der Schlimmste: Mit tränenerstickter Stimme hatte er immer wieder seine Unschuld beteuert. Dabei war aus Manuel Vollmers Aufzeichnungen eindeutig zu erkennen, dass die Idee, Juliane aufzulauern und dass Vollmer sie vergewaltigen sollte, ursprünglich von Kolb gekommen war. Weil sie seine Liebe verschmäht hatte.

Der Staatsanwalt, mit dem sie sämtliche Protokolle und Beweise durchgingen, hielt hart dagegen. Das brachte er auch gegenüber den Eltern von Manuel Vollmer zum Ausdruck, die in ihrem Sohn ein Opfer sahen, dessen Drogensucht von einem gewieften Hintermann für seine Zwecke ausgenutzt worden war.

Die Videobeweise, die durch Alexas, Hubers und Krammers beherztes Eingreifen sichergestellt werden konnten, sowie die Zeugenaussagen und Chatprotokolle waren jedoch erdrückend. Sie und nicht zuletzt die Schüsse, die Vollmer auf Huber und Alexa abgegeben hatte, bildeten ein massives Fundament für die Anklage gegen die vier Männer.

»Die Verantwortung für den Ausgang des Verfahrens und die Taten selbst liegen einzig und allein bei den vier Beschuldigten. Was geschehen ist, kann nicht als etwas anderes gewertet werden als eine exakt geplante und gezielte Rachetat. Die Grundsätze des Vorsatzes und der Heimtücke sind eindeutig erfüllt, und ich bin überzeugt, dass kein Richter dieses

Landes bei dieser Beweislast für etwas anderes entscheiden würde als eine mehrjährige Haftstrafe«, ließ der Staatsanwalt bereits in den Abendnachrichten verlauten.

Das Verfahren wurde schließlich sogar erweitert, denn in dem beschlagnahmten Videomaterial tauchten auch eine seit dem Frühjahr 2020 verschwundene Wanderin sowie eine junge Geflüchtete auf, die vermutlich ebenfalls Opfer des Netzwerks geworden waren.

Nur einen konnten sie nicht finden, da er es wieder geschafft hatte, sich rechtzeitig aus dem Staub zu machen. Den Mann, der die ganze Zeit in Verbindung mit Vollmer gestanden und ihm nicht nur die Drogen beschafft, sondern ihm auch telefonisch alle Kommandos gegeben hatte: Roland Perski.

Er war nur ein einziges Mal in Erscheinung getreten, in Innsbruck, deshalb kannten die Männer angeblich weder sein Aussehen noch seinen wahren Namen. Für sie war er nur *der Assassine,* wie er sich im Forum genannt hatte. Sie waren Perski auch nie selbst begegnet, behaupteten sie. Lediglich Vollmer war mit ihm in persönlichem Kontakt, vermutlich weil er der weichste und formbarste Charakter war.

Perski war es erneut gelungen, alle Spuren zu verwischen. Sie konnten weder herausfinden, mit welchem Auto er unterwegs war, noch wo er sich in den vergangenen Monaten aufgehalten hatte. Selbst die IP-Adresse seines Rechners war via VPN verborgen. Nur auf einem Dokument tauchte sein Name auf: Er hatte die Diskothek übernommen und einen lukrativen Deal für die Neubebauung der Fläche ausgehandelt. Der Ausweis, den er im Notariat hinterlegt hatte, war jedoch eine Fälschung. Doch die Ermittler gaben die Hoffnung nicht auf, mit dem Phantombild, mit dem nach Perski gefahndet wurde, oder über seine Bankdaten im Laufe der Zeit mehr herauszufinden.

Dennoch stand Krammer nun zum zweiten Mal vor einem Fall, den er nicht vollständig aufklären konnte.

Nur eines gab ihm Trost: dass Alexa überlebt hatte und schon bald gesund werden würde.

Den wahren Grund, der Krammer dazu bewogen hatte, das riskante Manöver durchzuführen, um den Täter zu überrumpeln, kannte nur Huber. Doch der hüllte sich darüber in Schweigen. Auch Brandl gegenüber.

61.

Einige Tage später

Zufrieden ging Alexa den schmalen Weg entlang, der durch den Vorgarten zur Straße führte, und schloss das kleine Tor im Staketenzaun hinter sich. Dann drehte sie sich noch einmal um und ließ den Blick über die Holzfassade gleiten. Ihr neues Zuhause.

Mit einem simplen Handschlag hatte sie gerade besiegelt, zum ersten Mai die hübsche Wohnung im Bergweg in Lenggries zu beziehen. Da zurzeit niemand darin wohnte, konnte sie jedoch sofort mit der Renovierung beginnen und hatte bereits den Schlüssel in der Tasche.

Sie freute sich auf die Wohnung im Erdgeschoss mit einem großen Wohn- und Essbereich, zwei weiteren Zimmern und im Garten Auslauf für den Hund. Sie hatte es nicht übers Herz gebracht, Oskar in ein Tierheim zu geben, und sich entschlossen, ihn zu behalten.

Im Stockwerk darüber wohnte Frau Messerers Mutter, die sich glücklich schätzte, jemanden von der Polizei im Haus zu haben.

»Mit dir fühlt meine Mutter sich endlich sicher«, hatte Kati Messerer, mit der sie sich jetzt duzte, ihr verraten. »Sie ist sowieso ein ängstlicher Typ. Aber gerade nach allem, was ihr kürzlich aufgedeckt habt, war sie tief beunruhigt. Sie kannte ja doch einige der Männer. Oder zumindest deren Eltern. Und nach neulich Nacht war mir auch nicht wohl dabei, sie so ganz allein in dem Haus zu wissen.«

Alexa konnte nicht sagen, wer von ihnen sich über die neue Wohnsituation am meisten freute. Denn wie Kati ihr vor dem Treffen verraten hatte, tat sich die Mutter bislang damit schwer, jemanden ins Haus zu nehmen. Immer wieder hatte sie die Bewerber mit fadenscheinigen Argumenten abgelehnt. Bis heute.

Ihr Glück, dachte Alexa.

Sie spürte, wie ihr Handy vibrierte, das sie lautlos gestellt hatte. Sicher war das Line, der sie zuvor von ihrem Termin erzählt hatte und die sich erkundigen wollte, wie es gelaufen war.

Aber statt Lines Name stand der von Konstantin auf dem Display. Seit Tagen hatte sie schon nicht mehr mit ihm gesprochen und ein total schlechtes Gewissen. Die Nachbereitung des Falls, die Arbeit mit der Presse sowie das Gespräch mit Krammer und die Aussicht auf die neue Wohnung hatten sie völlig in Beschlag genommen.

»Normalerweise müsste ich sauer sein«, begann Konstantin auch schon. »Du hast mich ganz schön hängenlassen. Aber dann habe ich gerade in der Zeitung von diesem Fall in der Jachenau gelesen. Du musst nichts sagen, ich weiß, du darfst nicht über die Details reden, aber ich bin sicher, dass du es warst, die diese Kerle geschnappt hat. Insofern schätze ich, es ist jetzt an mir, mich zu entschuldigen.«

»Dich entschuldigen? Wieso?«, wunderte sich Alexa, die seltsam berührt von seinem Kompliment war.

»Offen gestanden war ich ziemlich sauer. Erst bist du einfach ohne ein Wort nach dem Konzert abgehauen. Da habe ich mich noch damit getröstet, dass wir nichts abgesprochen hatten. Aber dann kam diese Sache mit deinem Kollegen, wegen dem du dich nicht gemeldet hast.« Er machte eine kurze Pause. »Ich korrigiere mich: Sauer trifft es eigentlich nicht. Vielleicht klingt das jetzt völlig übertrieben, wir kennen uns ja kaum, dennoch … Ich war echt eifersüchtig. Und dann hast du versprochen, dich zu melden, aber nichts kam mehr. Ich dachte, ich kann einen Haken hinter die Sache machen.«

Bei dem Gedanken, jemand könne auf Huber eifersüchtig sein, musste Alexa unweigerlich grinsen. Doch gleichzeitig berührte Konstantins Offenheit sie tief. Und ihr wurde bewusst, dass es auf ihn wie Ghosting gewirkt haben musste, als sie nichts mehr von sich hören ließ.

»Und jetzt?«, fragte sie vorsichtig, als er weiter schwieg.

»Ich wollte dir etwas vorschlagen. Aber vorher habe ich noch eine wichtige Frage: Du magst doch Coldplay, oder?«

»Ich? Klar. Wieso?«, antwortete Alexa, die nicht einordnen konnte, worauf das Gespräch hinauslief.

»Wusste ich es doch!«, rief er begeistert. »Ich habe damals bei der Befragung bemerkt, wie du das Konzertplakat in meiner Wohnung gemustert hast. Okay, dann wage ich es jetzt: Wie wäre es mit einem Neustart für uns beide? Mit einem echten Date. Coldplay tourt wieder. Na ja … und ich habe zwei Karten für das Konzert in Frankfurt und würde gerne mit dir als meiner Begleitung hingehen. Es ist ein Samstag. Was hältst du davon?«

Sie war zu überrascht, um ihm sofort zu antworten. Gerade, als sie Luft holte, redete er schon weiter.

»Danach sehen wir dann einfach, wozu wir noch Lust haben. Ich will dich nicht drängen. Dieses Mal will ich nur ganz klarmachen, worum es mir geht. Nicht um das Konzert. Um dich«, fügte er eilig hinzu. »Also?«

Ein Lächeln breitete sich auf Alexas Gesicht aus. Auf diese Frage konnte es nur eine Antwort geben: »Riesig gerne!«

62.

Die Sonne stand hoch am Himmel. Die Hitze, die über das Inntal hereingebrochen war, machte Krammer glauben, dass schon Sommer war, obwohl der Mai gerade erst begonnen hatte. Er wischte sich den Schweiß von der Stirn und blickte über die saftig grünen Wiesen in das Tal weit unten. Ein Rabe zog über ihm kreischend seine Runde, Zitronenfalter schwebten lautlos von Blüte zu Blüte.

Viel zu lange war er nicht mehr in den Bergen gewandert, und auch wenn ihm der Aufstieg einiges abverlangt und er mehrfach über seine schmerzenden Knie geflucht hatte, so wurde er doch reich beschenkt von dieser Aussicht. Beinahe hatte er vergessen, wie sehr er sein Heimatland liebte und die Natur ihn mit allem versöhnen konnte, was in seinem Leben passierte.

Hier oben schienen die Probleme nichtig, der Mensch nur ein kleiner, unbedeutender Teil in einem grandiosen Meisterwerk, das die Zeit überdauern würde. Er atmete tief ein und spürte, wie die Anspannung langsam von ihm abfiel, die er noch die gesamte restliche Woche verspürt hatte.

Eines Tages würde er Alexa das alles zeigen. Seiner Tochter. Seit er es zum ersten Mal vor Huber ausgesprochen hatte, war neben all der Wut, die er gegen Susanna hegte, vor allem eines in ihm gewachsen: die Neugier darauf, diese beeindruckende, mutige junge Frau näher kennenzulernen.

Er straffte die Schultern, schaute auf die Uhr und machte sich daran weiterzugehen. Er wollte bis Mittag in der Walderalm sein, um dort die besten Kaspressknödel zu genießen, die man in Österreich bekommen konnte, als der Vibrationsalarm an seinem Handy die Ankunft einer Nachricht signalisierte.

Kurz zögerte er, doch dann schaute er nach, ob es vielleicht Alexa war, die ihm geschrieben hatte. Er wollte ihr Zeit lassen, ihr nicht zu nahe rücken. Dennoch hoffte er, dass sie recht bald das Gespräch aus dem Krankenhaus fortsetzen könnten. Hoffentlich schlug sie nicht vor, dass sie sich heute noch treffen sollten – der Abstieg würde etwas dauern, seine alten Knochen vertrugen kein schnelles Tempo mehr.

Doch die zwei Zeilen, die er in der Vorschau las, ließen ihn augenblicklich erstarren.

Wieder warmgelaufen? Dann pass jetzt gut auf deine Leute auf. Wir sehen uns. R. P.

Das Blut rauschte in Krammers Ohren, ihm wurde übel, und er spürte, wie sein Brustkorb eng wurde. Noch einmal starrte er auf die Zeilen, rang nach Luft, hob dann den Blick in den blauen Himmel, an dem keine einzige Wolke zu sehen war.

Wie hatte er bloß so deppert sein können anzunehmen, es sei vorbei? Die Sache in der Jachenau war nur das Vorspiel gewesen, eine leichte Übung, um Krammer zu demonstrieren, dass Perski nichts, aber auch gar nichts von seinen Talenten eingebüßt hatte.

Eilig steckte Krammer das Handy weg. Er musste schleunigst nach unten und in sein Büro.

Die Geschichte fing gerade erst an.

NACHWORT UND DANK

Wieder habe ich im »Grenzfall« die deutsch-österreichische Bergwelt des Karwendels sowie den Isarwinkel unsicher gemacht. Und wie schon im ersten Teil möchte ich betonen, dass es dort längst nicht so furchtbar zugeht, wie ich es beschrieben habe. Im Gegenteil: Wer unberührte Natur, geruhsames bayerisches Leben, das Bimmeln von Kuhglocken und weite Wiesen liebt, der ist an dem Handlungsort des zweiten »Grenzfalls« sehr gut aufgehoben. Ob bei Wandertouren, Nordic Walking oder beim Skilanglauf, die Jachenau ist definitiv eine Reise wert.

Die Trübnis der Landschaft ist wie so oft in meinen Büchern ein Produkt meiner Phantasie, genauso wie die beiden beschriebenen Höfe. Weder den Moserhof noch den der Hockes kann man dort genau so finden. Die Schattenhöfe gibt es allerdings wirklich, in Wahrheit wirken sie jedoch keineswegs abweisend oder gruselig. Im Jachenauer Dorfladen kann man tatsächlich alles kaufen und man wird jederzeit freundlich empfangen, genauso wie beim Dannerer am Loipenparkplatz, wo sehr leckerer Kaffee und frischer hausgemachter Kuchen serviert werden.

Die Diskothek »Der Stall« habe ich mir für diesen Roman ausgedacht. Im Schwarzenbachtal, wo ich sie errichtet habe, findet sich lediglich schroffer Felsen und Wald. Aber es gibt in dem Gebirgstal einen lohnenswerten kurzen Rundweg.

Innsbruck möchte ich unbedingt als touristisches Ausflugsziel empfehlen, sowohl die Stadt wie auch die nähere Umgebung. Besonders bedanken möchte ich mich dort bei Dr. Andrea Regler, die mir meine Fragen zum Wohnheim Am Gießen prompt beantwortet hat, als ich wegen Corona nicht über die Grenze fahren konnte, um selbst zu recherchieren.

Ich danke weiterhin meiner lieben Kollegin Ellen Dunne, die mir als gebürtige Österreicherin jederzeit gerne meine Fragen zur Farbe der Abschleppwagen oder zu bestimmten Ausdrücken und Eigenheiten beantwortet hat.

Wie so oft standen mir auch dieses Mal wieder wunderbare Kriminalbeamte zur Seite, die ihr Wissen und ihre Erfahrung mit mir geteilt haben: Chefinspektor a. D. Toni Walder aus Tirol, Kriminalhauptkommissar Ludwig Waldinger vom Bayerischen Landeskriminalamt sowie Jörg Schmitt-Kilian aus Koblenz – Kriminalhauptkommissar, Drogenfahnder, Autorenkollege und Gitarrist aus Leidenschaft.

Den Brüdern Gascha aus Lenggries möchte ich danken, weil sie mich durch einen winzigen Kommentar neugierig gemacht haben und ich so auf die Idee kam, einen Fall in der Jachenau spielen zu lassen.

Meinen Testleserinnen Dani, Sabine, Steffi und Vanessa und meinem Lektor Carlos danke ich für den kritischen und scharfen Blick und ihr Feedback.

Mein ganz besonderer und ultimativer Dank geht jedoch an das großartige Team im S. Fischer Verlag (vor allem an die wunderbare Iris) sowie an die vielen engagierten Buchhändlerinnen und Buchhändler, die mitten im Lockdown im Frühjahr 2020 den ersten Teil meiner Serie bestellt, gelesen und den Leserinnen und Lesern vor Ort empfohlen haben.

Ob im Radio (bitte bewahre dir deine Begeisterungsfähigkeit und deine Bücherliebe, Mike), in der Zeitung, am Telefon oder im direkten Kundengespräch. Durch diese Zusammenarbeit stieg meine Serie sofort in die Top 20 der Spiegel-Bestseller ein. Einen besseren Start hätte ich mir nicht wünschen können, und damit ist für mich ein Traum in Erfüllung gegangen!

Ich hoffe, der neue Fall hat euch, liebe Leser*innen, ebenso gut unterhalten. Ich mache mich jetzt jedenfalls gleich daran, den dritten Teil zu schreiben, und freue mich schon sehr auf meine Recherchen in Tirol.

HAT IHNEN DER ZWEITE FALL VON ALEXA JAHN UND BERNHARD KRAMMER GEFALLEN?

Dann lesen Sie gleich weiter –
hier die exklusive Leseprobe zum dritten Band

Ab Frühjahr 2023 überall da, wo es Bücher gibt.

PROLOG

Die Sonne brannte heiß vom Himmel. Ein Greifvogel zog seine Kreise hoch über ihnen, stieß von Zeit zu Zeit einen gellenden Schrei aus. Die schwüle Luft flimmerte. Im Laufe des Tages würde es bestimmt ein Gewitter geben, erste Wolken zogen bereits auf.

Der Architekt Rainer Röder beeilte sich, die Pläne des Neubauprojekts auf der Motorhaube seines schwarzen SUVs auszubreiten und erklärte dem Leiter der Baustelle noch einmal eindringlich, was dem Bauherrn besonders wichtig war. Ein dickes Millionenprojekt wie dieses bekam er nicht jeden Tag rein, und er war darauf erpicht, dass alles optimal funktionierte, um diesen Kunden zufriedenzustellen, in der Hoffnung, er möge weitere betuchte Menschen zu ihm führen.

Die letzten Monate waren finanziell nicht gut für sein Büro gelaufen. Immer wieder hatte er auf Ersparnisse zurückgreifen müssen und nun einen dicken Kredit gebraucht, um weiter über die Runden zu kommen. Es hatte relativ wenige Ausschreibungen gegeben und wenn, dann hatte ihn jedes Mal ein Konkurrent unterboten.

Ein Teufelskreis.

Röder verstand nicht, wie die anderen das machten. Vermutlich mit unterbezahlten Leiharbeitskräften. Anders war das gar nicht möglich. Der Kostendruck wurde auf die Schultern von illegalen Bauarbeitern aus dem Ausland abgewälzt, eine moderne Art des Menschenhandels. Aber genau das war der Pluspunkt an dem neuen Bauherrn. Seine Bedingung: absolut saubere Arbeit, gute Fachkräfte, beste Materialien. Echte Wertarbeit, die über Jahrzehnte halten sollte. Eine Seltenheit – und ein Segen für einen Architekten. Denn in alles andere mischte er sich nicht ein, sondern ließ ihm völlig freie Hand.

In der näheren Umgebung des Halltals wohnten Mitglieder der weit über Tirol hinweg bekannten Swarovski-Familie. Vielleicht gab es Folgeaufträge, wenn er das Projekt perfekt über die Bühne brachte. Bisher lief alles wie am Schnürchen, und alle, die am Bau arbeiteten, hatte Röder handverlesen.

»Also: Du garantierst mir, dass wir mit dem Ausschachten Ende der Woche fertig sind?«, wollte Röder von seinem alten Spezl Hans Pertl wissen. Neben der markierten Fläche hatten sie in einem großen Container Wurzeln und Geäst aufgeschichtet, dicke Baumstämme lagen daneben, die sie als Erstes entfernt hatten, um heute noch mit dem Ausschachten zu beginnen. Der Bagger machte sich gerade daran, die letzten Reste aus dem Boden zu heben.

»Herrschaftszeiten, ja! Hab ich dir doch schon beim letzten Mal versprochen. Du brauchst das jetzt nicht jeden Tag zu wiederholen. Natürlich schaff ich das …«

Ein lauter Pfiff hallte plötzlich durch das Tal. In dem Moment verdunkelte sich der Himmel. Die riesige Wolke, die noch vor ein paar Minuten in weiter Ferne schien, hatte sich vor die Sonne geschoben. Schon fielen dicke Tropfen vom Himmel.

Röder raffte die Pläne zusammen und suchte mit Pertl Schutz in seinem Auto. Der Regen verdichtete sich, und noch bevor ein Donner durch das Tal krachte, begann es auch noch zu hageln.

»Halt!«, schrie einer der Arbeiter und gestikulierte wild mit den Armen. »Sofort aufhören!«

Doch der Baggerführer stoppte nicht, sondern zerrte mit dem Greifer weiter an dem tiefsitzenden Wurzelwerk.

Der Wind peitschte den Regen auf das Dach des SUVs, so dass Röder nur noch Schemen erkennen konnte. Er startete den Scheibenwischer.

Gerade sah er, wie sich die Front des Baggers vom Boden hob, während er weiter an dem letzten Wurzelstück zog. Der Regen lief in schmalen Bächen den Hang hinab. Endlich hatte er Erfolg, die Verankerung des Baumes löste sich, und der Bagger krachte wieder nach unten. Die Wucht der Regengüsse nahm noch einmal zu, und bevor der Baggerführer den Rest wegbringen konnte, gab ein Teil des Bodens nach und das Fahrzeug geriet ins Rutschen.

»Scheiße«, entfuhr es Röder. »Pertl, schau nur!«

Durch die Scheibenwischer konnten sie lediglich einen Bruchteil dessen erkennen, was dort draußen passierte. Der Bagger hatte sich gedreht, der Fahrer ließ die Ketten schneller laufen, aber der schlammige Boden bot zu wenig Halt. Unaufhaltsam rutschte er rückwärts den Berg hinab.

Pertl riss die Autotür auf und sprang raus, auch einige der anderen Bauarbeiter waren hinausgeeilt, starrten ungläubig auf das Fahrzeug. Mit Wucht ließ der Baggerfahrer den Greifer hinabsausen. Das Metall kreischte auf dem Felsen, und gerade rechtzeitig kam er wieder zum Stehen. Der Fahrer stürzte aus der Kabine und brachte sich in Sicherheit.

»Jessasmaria«, murmelte Röder.

Pertl stieg nass bis auf die Knochen zu ihm ins Auto. »Das ist noch einmal gut gegangen. Aber die gebrochene Kante müssen wir wieder aufschütten und stabilisieren. Das dauert, wenn das halten soll.«

Besser jetzt, als wenn das Gebäude bereits gestanden hätte, dachte Röder.

Während Pertl sich aus der nassen Jacke schälte, betrachtete Röder die schmalen Rinnen, über die das Wasser lief. Am Horizont wurde es bereits heller. Im Kopf überschlug er die Kosten und versuchte abzuschätzen, wie viel Verzögerung es bedeuten würde. Aber wenigstens waren ihm Ermittlungen wegen eines Unfalls erspart geblieben. Das hätte ihn definitiv weit länger aufgehalten.

Als der Regen nachließ, kamen die Arbeiter aus dem Bauwagen, in den sie sich geflüchtet hatten. Röder und Pertl stiegen aus dem SUV, um gemeinsam die Bescherung zu begutachten.

»Hätte schlimmer sein können«, meinte Pertl und klopfte ihm auf die Schulter.

Doch Röder konnte das nicht wirklich beruhigen. Das Erdloch, das sie für die doppelte Unterkellerung graben wollten, musste besonders tief sein. Eine unterirdische Garage für zehn Oldtimer sollte dort entstehen, die mit einem Fahrstuhl nach oben transportiert werden sollten. Und er fragte sich gerade, ob die Örtlichkeit das überhaupt hergeben würde.

Aufgeregt liefen ein paar der Männer an den Rand der Bruchstelle und deuteten nach unten. Röder wechselte einen kurzen Blick mit Pertl und eilte dann ebenfalls zu ihnen.

Ein blauer Plastiksack lag in der weggeschwemmten Erde.

»Ach, da hat nur jemand sein altes Glump entsorgt«, meinte Pertl. »Heb den Sack da raus«, wies er einen der Arbeiter an, »und leg ihn neben den Container. Den entsorgen wir dann später mit dem Rest. Jetzt los, wir müssen den Rand stabilisieren. Bevor der nächste Regen kommt«, fügte er mit einem Blick nach oben hinzu.

»Und wenn das Gefahrgut ist?«, fragte Röder.

»Schmarrn.« Pertl winkte ab.

Doch anders als der Bauleiter wollte Röder sichergehen, dass nichts dort lag, was nicht hundertprozentig in Ordnung war.

»Kannst du erkennen, was das ist?«, rief er dem Mann zu, der an dem Beutel zerrte.

Röder knetete nervös seine Handflächen. Das alles gefiel ihm nicht. Wenigstens schloss das Plastik aus, dass es sich um einen archäologischen Fund handelte, der eine Baustelle sofort stilllegen würde. Vor dem Herbst sollte der Rohbau stehen, und bis dahin hatten sie noch eine Menge zu tun.

Doch zu seiner Erleichterung winkte der Arbeiter ab.

»Alles gut. Da hat bloß jemand Müll entsorgt«, rief er. Er versuchte, den Sack, dessen Inhalt recht sperrig wirkte, aus dem Schlamm zu ziehen, hielt dann aber in der Bewegung inne. Ganz langsam ging er in die Knie und legte den Kopf schief. Der Sack war seitlich aufgeplatzt.

»Was?«, rief Röder ihm zu. Er hatte ein ungutes Gefühl. Irgendetwas stimmte nicht, er spürte es genau. Erneut schob sich eine graue Wolke vor die Sonne und verdunkelte die Szenerie. Er hastete selbst zu dem Bauarbeiter.

»Nun mach schon, wir haben nicht den ganzen Tag Zeit!«, rief Pertl ungeduldig.

Die Stille, die plötzlich eintrat, war unwirklich. Sämtliche Blicke waren auf den Arbeiter gerichtet, der sich noch immer an dem Inhalt des Sacks zu schaffen machte.

Als Röder schon fast bei ihm war, fand er endlich seine Sprache wieder. »Dadrin liegen ausgestopfte Tiere. Zwei riesige Dachse«, rief er seinem Chef zu.

»Und wieso glotzt du dann so?«, meckerte Pertl. »Los, los, los. Beißen werden die toten Viecher ja wohl keinen mehr.«

Doch keiner der Männer folgte seinem Befehl.

Endlich konnte Röder den ominösen Fund selbst erkennen. Tatsächlich handelte es sich um zwei Dachse, die eingerollt nah beieinander auf einer mit Moos bezogenen Holzplatte montiert waren. Sie sahen aus, als würden sie friedlich schlafen. Aber offenbar hatte der Bagger das Ding irgendwie beschädigt und ein Loch in das Fell eines der Tiere gerissen. Aus dem Inneren hatte der Arbeiter die Füllung gezogen, die er in seinen Händen hielt: den Strampler eines Säuglings, bedruckt mit hellrosa Streublumen.

»Was hat das zu bedeuten?«, fragte Röder.

Dem Mann zitterte die Hand, als er mit seinem Handy in das Innere des Tieres leuchtete. »Keine Ahnung. Aber schauen Sie … Es sieht so aus, als wäre dadrinnen noch mehr.«

Röder trat noch einen Schritt näher und sah, was nun am Rand des Loches hing. Eine blonde Locke mit einer zartrosafarbenen Schleife daran.

»Langsam wird mir das unheimlich«, sagte der Arbeiter und legte den Strampler vorsichtig weg.

Röder fuhr sich durch die Haare. Es war vielleicht nur altes Zeug, aber sein Gefühl sagte ihm, dass der Bau nicht so unproblematisch verlaufen würde, wie er gehofft hatte.

»Ist in der letzten Zeit hier jemand verschwunden? Ein Kind vielleicht?«, fragte Röder den Mann.

Denn dass jemand ohne Grund die Sachen dort im Boden vergraben hatte, konnte er sich beim besten Willen nicht vorstellen.

Der Bauarbeiter nickte und schaute Röder direkt in die Augen. »Das ist ja das Unheimliche. Der Peter Fichtner und sein Sohn. Vor zwei Jahren war das. Die Polizei hat nach ihnen gesucht, aber nie eine Spur gefunden«, berichtete er. Der Mann starrte auf den schlammigen Boden und machte vorsichtig zwei Schritte zurück. »Und der Fichtner … Er war Tierpräparator.«

Sie können den nächsten Roman von

ANNA SCHNEIDER

kaum erwarten?

Wir informieren Sie über diese
und weitere spannende Neuerscheinungen
mit unserem kostenlosen Newsletter.

Hier können Sie sich anmelden:
fischerverlage.de/newsletter

Anna Schneider
GRENZFALL -
Der Tod in ihren Augen
Kriminalroman

Am Brauneck in Lenggries wird an einer Felswand eine leblose Frau entdeckt. Ein grausam inszenierter Mord, wie sich herausstellt. Dem Oberkörper der Toten wurden Beine aus Stroh angenäht. Kurz darauf tauchen weitere Leichenteile am Achensee in Tirol auf. Weshalb wurde die Leiche auf zwei Länder verteilt? Für Oberkommissarin Alexa Jahn, die gerade bei der Kripo Weilheim angefangen hat, ist es die erste große Ermittlung. Sie könnte Unterstützung gebrauchen, doch auf den österreichischen Kollegen, Chefinspektor Bernhard Krammer, kann sie zunächst nicht zählen.

Der erste Fall für Jahn und Krammer

432 Seiten, Klappenbroschur

Weitere Informationen finden Sie auf
www.fischerverlage.de

Anne Mette Hancock
Leichenblume
Thriller

»Anne Mette Hancock überholt Nesbø und Adler Olsen auf den Bestsellerlisten.« *Berlingske*

Journalistin Heloise Kaldan steht vor dem beruflichen und privaten Aus. Da erhält sie Post: von der gesuchten Mörderin Anna Kiel.

Kommissar Erik Schäfer hat jahrelang nach Anna Kiel gefahndet. Nun bekommt er unerwarteten Besuch.

Anna Kiel träumt davon, sich endlich aus ihrem Versteck zu wagen. Ist jetzt die Zeit gekommen?

Aus dem Dänischen von Karoline Hippe
400 Seiten, Klappenbroschur

Anne Mette Hancock
Narbenherz
Thriller

Kopenhagen: Investigativ-Journalistin Heloise Kaldan hat gerade eine Recherche zu traumatisierten Soldaten begonnen, als sie eine persönliche Entscheidung treffen muss über Leben und Zukunft. Noch bevor sie irgendetwas tun kann, erfährt sie vom Verschwinden eines zehnjährigen Jungen. Vor Ort trifft Heloise ihren guten Freund Kommissar Erik Schäfer, der in dem Fall ermittelt. Die Spuren sind verwirrend, nichts passt zusammen. Heloise versucht, Erik Schäfer zu helfen, das entscheidende Muster zu erkennen. Und begegnet ihren innersten Dämonen.

Der zweite Fall für Heloise Kaldan und Erik Schäfer

Aus dem Dänischen
von Friederike Buchinger
384 Seiten, Klappenbroschur

Tom Voss

Hundstage für Beck

Kriminalroman

Nordbek – Natur, Einsamkeit und Ruhe prägen das Dorf im Norden von Hamburg. Genau dorthin zieht es Nick Beck, als er sich nach einem traumatischen Polizeieinsatz versetzen lässt. Mit der Ruhe ist es aber bald vorbei, als er betrunken eine Frau überfährt. Doch hat er sie wirklich getötet? Die Schäden an seinem Auto sprechen eine andere Sprache. Nur was ist passiert? Als Nick Beck zusammen mit Cleo Torner vom LKA Hamburg die Ermittlungen aufnimmt, stößt er auf menschliche Abgründe, die tiefer sind, als er sich hätte vorstellen können ...

400 Seiten, broschiert

Tom Voss

Eiszeit für Beck

Kriminalroman

Der Polizeidienst in Nordbek scheint Nick Beck gut zu tun. Das Leben wird beschaulicher, der Alkohol weniger. Doch eines Morgens findet er im Briefkasten einen Zettel mit einer kryptischen Botschaft. Erst hält er es für ein Versehen. Als dann aber noch das LKA anruft und ihn bittet, zurück ins Team zu kommen, kann es dafür nur einen Grund geben: der Elbripper ist zurück. Nachdem er zwei Jahre verschwunden war, setzt er im winterlichen Hamburg seine Mordserie fort. Doch ist er es wirklich? Nick Beck und Cleo Torner nehmen die Ermittlungen auf. Alle Spuren scheinen erst einmal ins Leere zu laufen, doch die Gefahr ist hautnah spürbar ...

368 Seiten, broschiert

Weitere Informationen finden Sie auf
www.fischerverlage.de

Eva Ehley

Falscher Glanz

Ein Sylt-Krimi

In einem Kampener Juwelierladen wird der extrem attraktive Verkäufer Adnan Jashari tot aufgefunden. Seine Kehle ist durchgeschnitten, in seinen Augenhöhlen stecken zwei teure Ohrringe. Erste Ermittlungen ergeben, dass der Tote aus einem kriminell aktiven arabischen Clan stammt, der in Berlin lebt. Weil auf seinem Konto größere Geldsummen bewegt wurden, vermutet man einen Fall von Geldwäsche. Als Winterberg, Kreuzer und Blanck jedoch von Jasharis Verhältnis mit seiner erheblich älteren Chefin erfahren, kommt auch Eifersucht als Motiv in Frage. Doch dann bringt die Entdeckung einer weiteren, ebenfalls mit Schmuck dekorierten Leiche alle Theorien zum Einsturz …

304 Seiten, broschiert

Weitere Informationen finden Sie auf
www.fischerverlage.de